MONIKA TAUBITZ

DURCH LÜCKEN IM ZAUN

D1729957

MONIKA TAUBITZ

Durch
Lücken im Zaun

Eine Kindheit zwischen 1944 und 1946

Monika Taubitz

Bergstadtverlag Wilhelm Gottlieb Korn
Würzburg

Abbildung Umschlag:
»Eisersdorf/Grafschaft Glatz«, Gemälde von Friedrich Iwan.

Deutsche Bibliothek – CIP-Einheitsaufnahme

Taubitz, Monika:
Durch Lücken im Zaun; eine Kindheit zwischen
1944 und 1946 / Monika Taubitz. Würzburg:
Bergstadtverlag Korn, 2002
    ISBN 10: 3-87057-248-5
    ISBN 13: 978-3-87057-248-8

Dieses Buch ist aus alterungsbeständigem Papier nach DIN-ISO 9706 hergestellt.

Gesamtproduktion: fgb · freiburger graphische betriebe, Freiburg i.Br.
Printed in Germany

ISBN 10: 3-87057-248-5
ISBN 13: 978-3-87057-248-8

Dies ist eine Erzählung, die sich eng an Erlebtes hält,
an Geschehnisse, die sich tatsächlich so ereignet haben,
an Gedanken, die gedacht,
an Träume, die geträumt worden sind,
an Landschaften, Orte und Häuser, die es gab
oder teilweise noch gibt,
und an reale Menschen, deren Namen in
einigen Fällen verändert wurden, besonders dann,
wenn sie noch am Leben sind.

Geräuschlos verläßt das Kind die warme Betthöhle, tappt mit bloßen Füßen zum Fenster und hält die Luft an, damit es die knarrenden Dielen überfliegen kann. Leise öffnet es das Fenster und taucht Gesicht und Arme in die warme Dämmerung. Tief aufatmend läßt es seine heimlichen Flügel hinausschwingen und starrt ihnen mit dunklen Nachtaugen nach. Es zählt bis sieben und seufzt erleichtert auf. Sie haben unbeschadet den hohen Zaun überflogen. Jetzt gleiten sie über den Weg, der wie ein Lichtband vorbeiführt. Sie reiten über die Dächer, deren Ziegelrot dunkel geworden ist. Unbemerkt erreichen sie die Straße, auf der einzelne Schritte widerhallen. Nur der Hund des Nachbarn bemerkt sie und bellt ihnen nach. Die Wiese liegt im Nachttau unter ihnen, und nun steigt der Mond über dem Märzdorfer Walde auf. Riesengroß wächst seine rötliche Scheibe. Die Flügel verharren reglos über der nächtlichen Wiese, bis der rote Schimmer verglüht, der Mond auf seine Nachtgröße zusammengeschrumpft ist und Silber ausgießt. Wenn der erste Strahl den Fluß trifft, gleiten die Flügel auf der metallisch glänzenden Brücke zum jenseitigen Ufer hinüber. Unbeschadet und mühelos. In diesem Augenblick sind die Wasser der Biele gebannt, greifen nicht aus, um mit den Armen der Ertrunkenen ein feines gefährliches Wassernetz zu versprühen. Auf der anderen Bieleseite ist wieder eine Straße zu überqueren. Sie ist jetzt nicht mehr sichtbar und somit ungefährlich. Die Bauernhöfe sind zu Schatten geworden und mischen sich mit den Schatten der alten Baumriesen vom Märzdorfer Wald. Als ihre Wächterreihen überflogen sind, weicht der gespannte Ausdruck vom Gesicht des Kindes. Es murmelt eine Zauberformel, und die Lähmung läßt nach.

Mit weichen vorsichtigen Bewegungen zieht es sich in seine Betthöhle zurück. Wärme legt sich um seine Schultern, Schwere überzieht seine Glieder. Unter geschlossenen Lidern sprühen Sterne auf. Durch den Druck seiner Hände gegen die Augen versucht es, Sternenwirbel zu erzeugen. Ein farbiger Sprühregen entzückt das Kind. Feuerkreise wachsen in Bruchteilen von Sekunden und vergehen, schwächer werdend, in der Schwärze, die sich auszubreiten beginnt. Es wächst der große dunkle Raum in seinem Innern. Erwartungsvoll hält es ihn offen für die Rückkehr der Flügel.

Wie Träume kommen sie während des Schlafes heim. Über die Schräge des Daches erreichen sie das schlafende Haus, das leise aufstöhnt. Ein fast unhörbares Knarren in den Dielen, ein Ticken in den Dachbalken, ein leises Schlagen des offenen Fensterflügels.

Nebenan bewegt sich die Mutter unruhig in ihrem Bett. Der Mond gleitet über das Dach, ein Rauschen kommt von den Bäumen drüben im Park. Mit dem letzten Flügelschlag kehrt Stille ein. Bunte Bilder fallen auf das atemlos wartende Kind.

Wie es sich für Eisersdorf gehört, wecken die Hähne das Dorf auf. Mit ihren langgezogenen Schreien locken sie die Sonne über den Bergwald. Ihr Feuerball wird sogleich durch das Bieletal rollen und rötliches Gold in die Fensterscheiben werfen.

Doch kurz bevor die Sonne erscheint, erheben sich Scharen von Vögeln und kreisen schreiend über dem Tal. Tauben kommen aus ihren Schlägen und folgen ihnen langsamer und schlaftrunken. Sekunden vor Sonnenaufgang verstummen die Vögel. Sie lassen sich auf Dachfirsten und Bäumen nieder und erwarten schweigend das große Licht.

Beim Henschelbauern knarrt schon die Stalltür. Seine Bunte begrüßt ihn muhend und rückt auf ihrer Streu. Der Hund kriecht träge aus seiner Hütte, schüttelt sich und bellt kurz auf. Milchkannen klappern. Ein Trecker rattert mit einer taufeuchten Grasladung vorüber. Sein Tuckern wird leiser und schläfert das Kind wieder ein. Später rufen die Glocken zur Frühmesse. Aus dem Schwesternhaus schräg gegenüber huschen Schwester Hedwig und Schwester Eusebia mit sanften Flügelschlägen auf die Straße heraus. Fräulein Franke tritt aus dem Nachbarhause und schlägt mit leicht vorgeneigtem Kopf den Weg zur Kirche ein. Mit leisem Unbehagen folgen ihr die Augen des Kindes. Mit ihr ist eine dunkle Wolke durch den Sommermorgen gezogen. Da entdeckt es hinter dem Gartenzaun im Gemüsebeet Frau Weber und unterdrückt einen Freudenruf. Schweigend beobachtet es die Nachbarin, die sich eifrig bückt, Bohnen in ihre blaue Schürze sammelt, den gebeugten Rücken aufrichtet und in ihrem weißgetünchten Häuschen verschwindet.

Das Kind wendet den Kopf zu den Bäumen hinüber, wo der Wind hörbar mit den Blättern spielt. Der süße Duft irgendwelcher Blüten weht zum Fenster herein. Halb verdeckt von den Parkbäumen blitzt das Dach des Treibhauses in der Morgensonne auf. Erschrocken nimmt das Kind die Gestalt der Schloßherrin wahr. Nur selten ist sie zu sehen.

Sie ist eine vornehme Dame, sagen die Leute, gut und mildtätig, freundlich zu jedermann und ohne Hochmut, obwohl sie doch Hofdame bei der Kaiserin gewesen ist. Grüßend neigt sie den Kopf selbst gegen den Ärmsten im Dorf, so daß die Feder auf dem breiten Hutrand wippt. Das Tor zu ihrem weitläufigen Park steht jedem offen.

Unter den alten Baumriesen spielen die Kinder Verstecken. Flache Steinchen lassen sie über das Wasser des Schloßteichs hüpfen und sehen ihre zerfließenden Gesichter aus seinem zerrissenen Spiegel auftauchen. Auf den breiten Wegen rennen sie um die Wette, sie lassen sich über den Hang rollen an mächtigen Douglastannen und Rosenbüschen vorbei. Sie unterdrücken ein Aufjauchzen und liegen dann stumm nebeneinander auf der Lichtung. Sie starren in das Blau zwischen den Baumkronen, sehen weiße Wolken vorübersegeln und spüren schaudernd, wie sich die Erde dreht. Ihre Erde, diese winzige Kugel im unendlichen Weltall, die der liebe Gott in seinen Händen dreht, daß einem manchmal ganz schwindelig davon wird. Aber bald ist dieses Gefühl vorüber.

Die Kinder setzen sich auf, stecken die Köpfe zusammen und tuscheln miteinander. Scheue Blicke werfen sie aus sicherer Entfernung auf das dunkle Schloß, das sich drohend hinter den Bäumen erhebt. Auf dem Turm dreht sich knarrend die eiserne Wetterfahne. Das ist der einzige Laut, der von dorther je vernehmbar wird. Kaum eines der Kinder würde es wagen, die Bannlinie zu überschreiten, die das Schloß unsichtbar umgibt. Von den Erwachsenen will keiner zugeben, daß es verzaubert ist, daß sich die steinernen Figuren zu Füßen der Freitreppe bewegen, wenn man nur lange genug hinschaut.

Nur Christian, der Lehrerssohn und mutigste der Dorfjungen, war einmal im Schloß gewesen, jedoch nicht, ohne zuvor ein heimliches Zeichen vor das Tor zu malen. Vom Wintergarten her hatte er den leisen Ruf der Schloßherrin vernommen und war eingetreten. Eingetreten in einen dunklen Wald von fremdartigen Gewächsen, begrüßt von der krächzenden, boshaften Stimme eines Papageis, angegrinst von einem ausgestopften Alligator hatte er zu Füßen einer Leiter gestanden und emporgestarrt zu den Palmenwipfeln und dem falschen Himmel aus Glas. Artig grüßend hatte er sich verbeugt und dann wieder hinaufgeschaut zur obersten Sprosse, worauf sie saß und in einem Buch las.

»Es ist der wärmste Platz hier im Schloß«, hatte sie erläutert und ihn freundlich aufgefordert, bald einmal wiederzukommen, nachdem er die Nachricht des Vaters überbracht hatte. Er fühlte sich unwiderstehlich angezogen und zog sich doch zugleich befreit zurück unter die schützenden Bäume des Parks, wo die Kinder bereits auf ihn warteten und seinen geflüsterten Erzählungen begierig lauschten.

An all das muß das Kind nun denken, während es die auf- und abtauchende Gestalt drüben im Schloßgarten nicht aus den Augen läßt. Der weite, rote Rock, die grüne Jacke, das weißgetupfte, rote Kopftuch, sie deuten auf eine der gefährlichen Verwandlungen hin, die sich ab und zu in der Verborgenheit des Schlosses vollziehen mußten. Doch auf jede vorsichtige Anspielung hin, ja selbst beim Hinweis auf die Ähnlichkeit solcher Gestalten im Märchenbuch, lächelt die Mutter ungläubig und sagt nur: »Dummscheck! Daß du mir auch ja immer höflich grüßt!«

Fröstelnd zieht das Kind sein Nachthemd enger um sich und sucht angestrengt, seinen Blick zu befreien. Wie gut, daß die Mutter ruft.

Es sinkt in die Arme einer geliebten, vertrauten Welt, und vor den Fenstern liegt das Dorf in der Sonne. Stimmen werden laut, die einander begrüßen, Pferdegetrappel auf der Straße und Vogelzwitschern ringsum in den Zweigen. Der Pfiff einer Lokomotive ertönt: Der aufgeregte kleine Bummelzug auf seiner Durchfahrt von Glatz nach Bad Landeck.

Die Sonne steht schon ziemlich hoch, als das Kind auf einem Bein zur Tür hinaushüpft, den Kopf wie ein Storch in den Nacken wirft und regungslos in den wolkenlosen Himmel blinzelt. Dabei spürt es die Wärme der Steinstufen durch seine nackten Fußsohlen wohlig im Körper aufsteigen. Nun streckt es die Arme aus, bewegt sie flatternd, das zweite Bein kommt unter dem Kleid zum Vorschein — und mit einem Sprung ist es im Garten.

Jubelnd umkreist es das Haus und rennt in den Grasgarten, wo Mutter die Wäsche zum Bleichen ausgebreitet hat. Es hüpft, wieder auf einem Bein, über die schmalen Grasstreifen, die vom Sprengen der Wäsche kühl und naß sind wie nach einem Aprilregen. Die schneeweißen Rechtecke der Leintücher müssen ängstlich gemieden werden. Doch scheinen sie das Kind so unwiderstehlich anzuziehen, dieses »Betreten verboten!« ist so verlockend, daß der Körper fast aus dem Gleichgewicht gerät. Ein kurzes »Paß auf« der Mutter hilft zum sicheren Sprung auf die Wiese zurück. Mutter hält die Gießkanne empor und läßt in hohem Bogen frisches Wasser auf die Wäsche sprühen. Dabei zaubert sie einen farbigen Regenbogen in die rieselnden, glitzernden Wassertropfen. Als das Spiel zuende und die Mutter ins Haus zurückgegangen ist, wirft sich das Kind in das hohe Gras drüben am Zaun.

Still liegt es mit ausgebreiteten Armen. Zwei Falter, Bläulinge, durchsichtiger und zarter als das Blau des Himmels, flattern ganz nahe an seinem Gesicht vorüber und gaukeln hintereinander her. Das Kind zählt die Punkte auf dem Flügelpaar eines Marienkäfers, eine Ameise krabbelt über seine Hand. Leichte Windstöße bewegen die Grashalme wie Wellen. Die Schmetterlinge nähern sich wieder. Aber als das Kind sehnsüchtig seine Hand nach ihnen ausstreckt, flattern sie davon und zergehen im Blau.

Ein fremdes Geräusch zieht durch das Bieletal, ein langgezogener häßlicher Ton, der plötzlich zu furchtbarem

Dröhnen anwächst und ebenso rasch wieder vergeht, erinnert die Menschen, es ist Krieg. Ein Geschwader Kampfflugzeuge entfernt sich in Richtung Breslau. Das Kind ist beim ersten Anschwellen des Getöses aufgesprungen und in fliegender Hast auf das Haus zugestürzt. Es rennt in den Keller hinunter wie damals, als es noch ein Großstadtkind war, und kauert sich zitternd auf eine leere Obstkiste. Angstvoll hält es sich die Ohren zu, und vor seinen geschlossenen Augen fällt Feuer vom Himmel. Die Menschen schreien, und das Kind spürt wimmernd die Stöße der vom Luftdruck bebenden Mauern.

Nur langsam kommt es zu sich und schüttelt die Vorstellung ab. Das Haus in Eisersdorf steht ruhig auf seinem Platz. Fest und unerschütterlich! Sein Fundament ist aus großen Steinblöcken errichtet. Großvater hat es so erbauen lassen, und schon zweimal hat es die Hochwasser der Biele unbeschadet überstanden. Immer und ewig wird es so stehen, und keine Bombe wird ihm je etwas anhaben können. Langsam steigt das Kind die Kellertreppe hinauf.

Die Mutter ruft aus der Küche und hält die Einkaufstasche bereit.

»Hier ist der Zettel, und da ist das Geld. Paß gut auf die Lebensmittelmarken auf!«

Das Kind läuft hinaus, setzt einen Fuß auf den Torflügel und stößt sich mit dem anderen kräftig ab. Quietschend dreht sich das schwere Tor in den Angeln. Ein paarmal läßt sich das Kind hin- und herschwingen, springt dann leichtfüßig ab und eilt die Dorfstraße hinunter.

Der strohblonde Heiner kommt ihm pfeifend entgegen, barfüßig und rotbackig. In kühnen Kreisen schwingt er die

Milchkanne über seinem Kopf. Mit einer kraftvollen und zugleich lässigen Bewegung aus dem Schultergelenk heraus bewegt er sein Riesenrad, ohne daß auch nur ein Tropfen Milch verlorenginge. Das Kind versucht zaghaft, seine Tasche ebenfalls kreisen zu lassen, aber der Geldbeutel fällt sofort in den Straßenstaub. Erschrocken hebt es ihn auf und zählt das Geld nach. Die Lebensmittelmarken sind zum Glück auch noch alle da. Heiner zeigt ihm triumphierend eine lange Nase, ohne nur einen Augenblick mit dem Kreisen der Milchkanne innezuhalten. Es schluckt seinen Ärger hinunter bei dem tröstlichen Gedanken, daß bald die Schule beginnen wird. Und dann wird es den Schulschwänzer mit hängendem Kopf wieder hinter dem Dorfpolizisten hertrotten sehen. Sein Arm wird flügellahm herunterhängen, den kleinen Finger wird ein böses Gewicht beschweren: Der Riemen mit den Schulbüchern.

Vor dem Kaufmannsladen steht die Frau des Postboten, die jetzt den Dienst ihres Mannes versieht. Er ist wie so viele andere Eisersdorfer Soldat, irgendwo draußen in der weiten Welt. Sie hält dem Kind eine Karte entgegen und sagt: »Nimm sie mit heim, da spar' ich mir den Weg. Deine Tante Maria schreibt aus Neurode. Es geht ihr gut, sie will euch nächste Woche besuchen kommen. Und sie hat eine Überraschung für dich.«

Das Kind lacht und freut sich, geht in den Laden hinein und denkt: Hoffentlich ist es wieder ein Buch.

Frau Steiner beugt sich freundlich über den Ladentisch und nimmt ihm die Tasche ab. Es macht Spaß, ihr beim Hantieren zuzusehen, wie sie die Einkaufstasche füllt, das

Geld wechselt und die Lebensmittelmarken mit flinken Bewegungen abschneidet.

Scheu rückt das Kind zur Seite, als es an der Ladentür Frau Werner begegnet. Es schluckt, der Hals ist ihm plötzlich wie zugeschnürt, wenn es in das Gesicht der Frau Werner blickt. Ihre schwarzen Kleider erschrecken es nicht. Tragen doch viele im Dorf jetzt Trauer, wo kaum mehr ein Haus zu finden ist, in dem man nicht um seine Gefallenen jammert und weint. Bei Frau Werner jedoch ist es etwas anderes. Sie schaut einen an und sieht einen nicht, und der Gruß verdorrt einem im Halse.

Während der Heuernte war es geschehen. Die Feuerglocke läutete hoch und schrill, die Leute schrien einander zu:

»Im Niederdorf brennt's!« Minuten später raste die Feuerwehr die Dorfstraße entlang. Neugierige schwangen sich auf ihre Fahrräder und eilten hinterher. Gerüchte flatterten von Haus zu Haus:

»Der Wernerhof brennt!«

Stunden später kamen die Männer zurück, erschöpft und mit rußgeschwärzten Gesichtern. Wer in ihre Nähe kam, spürte den Brandgeruch und sah ihnen an, daß sie zu spät gekommen waren. Erst als die Flammen zu den Fenstern herausgelodert hatten, waren die weit entfernt wohnenden Nachbarn auf das Unglück aufmerksam geworden und hatten Hilfe herbeigeholt. Beide Kinder waren erstickt. Sie hatten mit Streichhölzern gespielt, während die Eltern weit draußen auf den Feldern gearbeitet hatten.

Das Kind tritt fröstelnd in die Sonne hinaus. Am Brückengeländer turnt Sigrid und dreht sich mit fliegenden

Zöpfen wie ein Rädchen. Gemeinsam gehen sie über die Bielebrücke, steigen zum steinernen Brückenbogen hinunter und werfen bunte Kieselsteine ins Wasser. Eine Trauerweide hängt ihre Zweige wie Fahnen in die Biele und läßt immer wieder Blätter ins Wasser fallen, die von den eiligen Wellen wie schmale leichte Boote mitgenommen werden.

»Wohin?« fragte das Kind,

»In die Glatzer Neiße«, erklärte Sigrid mit klugem Gesicht. »Und dann in die Oder und dann ins Meer.«

Das Meer! Da ist wieder dieses Wort, das einen unerklärlichen Zauber auf das Kind ausübt.

In der Mittagssonne spielen die Kinder unten am Fluß. Wenn Christian dabei ist, braucht keine der Mütter ihre Kinder zu warnen, sich vor der reißenden Biele in acht zu nehmen. Er kennt eine seichte Stelle, frei von gefährlichen Strudeln und führt seine Schar dorthin. Andere größere Jungen haben ihm geholfen, eine kleine Treppe aus Steinen zu errichten. Für die jüngeren Kinder, die noch nicht schwimmen können, haben die älteren eine niedrige Mauer erbaut. Das gestaute Wasser ist warm, und die Kinder tummeln sich schreiend darin.

Else, die wie Christian schon vierzehn Jahre alt ist und beinahe so gut schwimmen kann wie er, springt in ein waghalsiges Abenteuer, um den Kleinen die Lust zu nehmen, in einem unbewachten Augenblick das Mäuerchen doch zu übersteigen. Sie stürzt sich in das reißende, eiskalte Wasser und läßt sich davontreiben. Augenblicklich ist sie so weit entfernt, daß man ihr lachendes Gesicht nicht mehr erkennen kann. Ein tückischer Strudel reißt sie in die Tiefe. Sekunden später tauchen ihre Arme auf. Die Kinder stehen wie erstarrt am Ufer, hören ihre gellenden Hilfeschreie. Ein Weinen steigt in ihnen auf. Christian rennt ein Stück am Ufer entlang, wirft sich in die Biele, kämpft mit kräftigen Stößen gegen die Strömung und taucht nach Else. Er umfaßt ihren Kopf mit beiden Händen und schwimmt mit dem leblosen Mädchen an Land. Prustend steigt er aus dem Wasser und bettet Else ins Gras. Sie schlägt die Augen auf, bricht in schallendes Gelächter aus, springt auf und schüttelt sich das Wasser aus den blonden Locken.

»Laßt doch den Blödsinn«, sagte Verena, Christians Schwester.

Nun liegen alle am Ufer und schauen in die blitzenden Wellen. Das Kind hält bunte Kieselsteine in seinen Händen, die das Wasser in endlosem Darübereilen abgerundet hat. Die leuchtenden Farben, das tiefe Altrosa, das moosige Grün, der warme Goldton und das klare Weiß verblassen, sobald die Sonnenstrahlen die Kiesel getrocknet haben. Enttäuscht läßt sie das Kind nach einer Weile ins Wasser zurückgleiten und streckt die Hände aus nach neuem Glanz, der auch wenig später wieder vergeht.

Mit ernstem Gesicht beugt es sich über das Wasser, erblickt die bunten Schätze am Grund und erkennt seine eigene Gestalt mit seinen zerflossenen Zügen, durch die unaufhörlich Wasser strömt. Kleine, unruhige Wellen zucken ihm über Kinn und Wangen, hell blitzt es ihm aus seinen Augen und Haaren entgegen. Es ist, als tauche zuweilen ein anderes Gesicht neben ihm auf, das mit dem seinen in eines verfließt, grünhaarig und mit lockenden Augen. Der fremde Mund öffnet sich hinter seinem und spricht die Wassersprache der Biele. Grüne Algenarme umschlingen seine braunen Zöpfe und flechten schimmernde Fäden hinein. Es nähert sein Gesicht dem seinen, das doch ein anderes ist. Aug' in Auge mit ihm erschrickt es vor dem Fremden darin, und vor der Kälte der Wasserlippen zieht es sich entsetzt zurück. Mit beiden Händen hat es sich an Grasbüscheln festgekrallt, unter seinen Fingernägeln bleibt ein brauner Rand aus Erde zurück.

Während sich die anderen Kinder wieder kreischend in das aufspritzende Wasser stürzen, überquert es rennend die Straße und den kleinen Acker und jagt am Zaun entlang durch das offenstehende Gartentor dem Hause zu. Hinter dem Windfang duftet es nach Streuselkuchen. Stimmen sind zu vernehmen. Das Kind bleibt im Flur stehen, ohne auf die Worte zu achten und erwärmt sich an den vertrauten Lauten. Es hat dann plötzlich keine Zeit mehr, in die Küche zu gehen und läuft zurück in die Sonne hinaus. Den entfernten Stimmen der anderen Kinder eilt es nach und wirft doch einen kurzen Blick auf das kleine Nachbarhaus.

Herr Weber sitzt am offenen Fenster bei seiner Heimarbeit. Das Kind winkt hinüber, tritt bald darauf in die niedrige Stube ein und läßt sich auf der Fußbank nieder.

Auf der Fensterbank stehen viele kleine Holzfiguren aufgereiht, der frische Lack glänzt in der Sonne. Es riecht nach Terpentin. Herr Weber hält einen kleinen Matrosen in der Hand und malt ihm gerade ein lachendes Gesicht. Das Kind schaut dem tanzenden Pinsel zu, der alles kann, was Herr Weber ihm befiehlt.

Auf das Bitten des Kindes hin erzählt der Nachbar ihm von der letzten großen Überschwemmung im Frühjahr vor ein paar Jahren. Er berichtet ihm zum wiederholten Male davon, doch es lauscht ihm mit gespannter Miene und vergißt die Spielkameraden draußen in der Sonne. Dabei unterbricht er sich immer wieder und bittet das Kind um kleine Handreichungen.

»Du bist so wertvoll wie ein zweites Bein«, sagt er, »gerade im richtigen Augenblick bist du hereingekommen.« Und nach einer kleinen Pause fährt er fort:

»Wie du weißt, ist dein Großvater vier Jahrzehnte hier Lehrer gewesen, und mindestens ein Dutzendmal hat er erlebt, wie die Biele über die Ufer trat und zu einem reißenden Ungeheuer wurde. Aber er hat diesen gefräßigen Unhold jedesmal genau beobachtet, und ehe er ein eigenes Haus baute, hat er gesagt, von meinem Haus soll die Biele nicht das kleinste Steinchen bekommen! — Jetzt rück' mir mal die rote Farbe näher. Matrosen haben rote Backen vom Seewind und rote Nasen vom Schnaps. —

Ja, und so kam es, daß dein Großvater ein Fundament wie für eine Burg errichten ließ, so wie es die Eiersdorfer noch nie gesehen hatten. Einige schlossen Wetten miteinander ab, denn manch einer wollte nicht glauben, daß man sich gegen das Hochwasser der Biele wehren könnte, solange kein Damm gebaut würde.

Es wird sich rächen, sagten ein paar alte Weiber, als dein Großvater mächtige Quadersteine heranfahren ließ.—

Schieb' mal den Lacktopf aus der Sonne! Nun schau bloß her, wie die Nase meines Matrosen glänzt.«

Herr Weber dreht die Figur zwischen seinen Fingern hin und her und pfeift dazu ein paar Takte.

»Als euer Haus fertig war und im nächsten Frühjahr die Biele von den Wassern der Schneeschmelze vom Gebirge her anschwoll und es tagelang dazu regnete, lud uns dein Großvater zu sich in das neue Haus ein. Mit Sack und Pack zogen wir hinüber, schleppten stundenlang, und wir waren ja nicht wenige. Meine Frau und ich, unsere beiden Jungen, die voriges Jahr gefallen sind und Else, die damals fast so klein wie du gewesen ist.«

Herr Weber zieht ein riesengroßes Taschentuch hervor und schneuzt sich umständlich und geräuschvoll, ehe er fortfährt:

»Als wir mit dem Umzug fast fertig waren, setzte ein solcher Sturm ein, daß wir die letzten Möbelstücke stehenließen und ich mich nur mit Mühe auf meinen Krücken zu eurem Hause schleppen konnte. Meine Frau kämpfte sich noch einmal zu unserem Häusel hinüber und öffnete die Türen für das Wasser, und wir beteten, daß Gott uns gnädig sein möge. Auch die anderen Leute im Bieletal, die in so kleinen Häuschen wie wir wohnten, hatten mit ihren wichtigsten Sachen und ihrem Vieh Zuflucht in größeren Häusern oder in höhergelegenen Gehöften gesucht.

Es war höchste Zeit gewesen. Die ganze Nacht über stieg das Wasser. Die Biele kam aus ihrem Bett, das ihr der liebe Gott vor Jahrmillionen zugewiesen hatte, erhob sich ungehorsam und mit Getöse und verwandelte das grüne Tal in einen gewaltigen Strom. Die ganze Nacht über konnte keines von uns ein Auge zutun. So laut riß der Sturm an den Fenstern, so unheimlich rauschten die Fluten ringsum, in solcher Todesangst brüllte das Vieh.

Als der Morgen heraufdämmerte, sahen wir, daß deines Großvaters Haus zu einer Insel geworden war. Wie ein Felsen widerstand es den gelben, schlammigen Wellen, die vergeblich dagegen brandeten. Und von unserem Häusel schaute nur das Dach aus dem trüben, unruhigen Wasser.«

Er hält inne und blickt vor sich hin und hat wohl das Kind einen Augenblick lang vergessen. Das Kind aber schließt die Augen und ihm ist, als fülle der kalte Strom wieder das Haus, als sei es untergetaucht in ein fremdes Wasserreich zu Fisch und Nixe.

»Was kam da alles an Großvaters Haus vorüber!« nimmt Herr Weber den Faden wieder auf.

»Entwurzelte Bäume reckten uns ihre Arme entgegen. Tischplatten trieben als kleine schwimmende Inseln vorüber, Schuppendächer ragten aus dem Wasser. Und vom großen neuen Wohnhaus gegenüber war eine ganze Hausecke weggebrochen. Man konnte in Fräulein Frankes Stube im ersten Stock sehen. Ihr Schrank war mit all ihren Schätzen davongeschwommen. Am schrecklichsten aber war der Anblick der ertrunkenen Tiere. Tote Kühe und Schweine trieben vorüber. Auch den leeren Kinderwagen werde ich nie vergessen.«

»Mann, warum erzählst du dem Kind diese traurige Geschichte«, unterbricht ihn Frau Weber, die eben zur Tür hereingekommen ist.

»Ich bin gleich fertig damit«, wirft er ein.

»Der Sturm ließ im Laufe des Tages nach. Die gewaltige

Strömung verlor an Stärke. Mutige Männer hatten Flöße zurechtgezimmert und ruderten vorsichtig, um da und dort Hilfe zu bringen und zu bergen, was noch zu retten war. Langsam sank die Flut, und die Biele ging ein paar Tage später in ihr Bett zurück. Aber wie sah es ringsum aus! Die Felder waren verwüstet, unsere Gärten schlammbedeckt, die Straßendecke war hier und da aufgerissen, und ganze Uferstücke hatte das Wasser mitgenommen. Im Gebüsch und im Geäst der Bäume fand sich allerlei Hausrat aus fremden Dörfern. Aus den Kellern mußte das Wasser ausgepumpt werden. Unser Häusel sah schlimm aus, aber es hatte standgehalten, und Wände und Fußböden trockneten nach und nach wieder aus. Gottlob, wir lebten alle, aber es dauerte lange, bis Eisersdorf wieder so schön aussah wie heute.«

»Und wenn die Biele noch einmal steigt, dann kommt ihr wieder zu uns«, sagt jetzt das Kind und schaut vertrauensvoll durchs Fenster zu dem Haus hinüber, das so sicher dort steht, als hätte der Großvater es gegen jegliches Unglück für alle Zeiten abgesichert.

An warmen Sommertagen sitzt die Mutter meistens am Spätnachmittag draußen im Garten. Im Schatten des Fliederbusches ist sie mit einer Handarbeit zu erblicken, oder sie beugt sich über ein Fotoalbum. Das Kind, noch ganz befangen von des Nachbars Erzählungen, setzt sich zu ihr und fragt nach dem Bild des Großvaters. Die Mutter zeigt es ihm:

Da steht er ernst und schmal auf der Haustreppe, leicht auf das Geländer gestützt und blickt durch seine Brille forschend dem Betrachter entgegen. Beiden, Mutter und Kind, kommt er etwas fremd vor. Die Mutter hatte ihn kaum gekannt und das Kind konnte sich nicht an ihn erinnern. Aber er lebt in der Erinnerung der älteren Dorfbewohner, die alle das Lesen, Schreiben und Rechnen bei ihm gelernt hatten.

Von ihnen her bekam er Leben und mildere Züge, Musik tönte durchs Haus, und in der Kirche spielte die Orgel. Im Garten band er die jungen Obstbäume fest, er beschnitt die Rosen, und man sah ihn bei kranken Tieren. Schüler für die Präparandie in Habelschwerdt standen unter seiner Obhut und wurden bei bescheidener Kost vorbereitet. Seine eigenen Kinder wurden Pfarrer oder ebenfalls Lehrer.

Anlaß zu befreiendem Gelächter gab es selten. Zufriedenheit schenkte der heitere Anblick der lieblichen Natur ringsum, ein ruhiges Gewissen, sowie die Gegenwart Gottes in der nahen Kirche.

Wer mehr zu sagen hatte, als sich in einfachen, klaren Worten ausdrücken ließ, tat dies mit Musik. In ihr wehte Heiterkeit durchs Haus oder bekam die Schwermut Gestalt. Sie sprach, von Kinderhänden hervorgelockt, zu den Herzen. Zu Begegnungen voller Wärme und Harmonie kam es im Zusammenspiel von Violine, Cello und Klavier, oder im gemeinsamen Gesang.

Protest drückte der Knabe, der spätere Vater des Kindes, durch die herausfordernden Klänge der Trompete, der Klarinette, der Tuba aus, die auf der Orgelempore an Haken hingen und ihm bald alle gehorchten. Andere zu übertönen vermochte er nur, wenn er die Register der Orgel zog. Seine Schwester tat es ihm gleich. Stundenlang saßen sie gemeinsam sommers und winters in der Kirche und übten sich in der Sprache ihrer Herzen.

Als der Großvater im großen Saal des Gasthauses die neue Oper von Engelbert Humperdinck, »Hänsel und Gretel« aufführte, sangen die Geschwister die Titelrollen mit solch schönen und bewegenden Stimmen, daß niemand im Dorf es so schnell vergessen konnte.

Im folgenden Winter holten sich beide bei langem Aufenthalt in der ungeheizten Kirche die Lungenentzündung. Die vierzehnjährige Schwester starb und fand ihren Platz auf dem Eisersdorfer Kirchhof neben dem Grab ihrer früh verstorbenen Mutter.

Von der zweiten Frau des Großvaters befindet sich kein Bild im Album, auch gab es von ihr nicht viel mehr zu erzählen, als daß sie mit Strenge die Kinder regiert hatte.

Vom ältesten Sohn wußte man ebenfalls wenig. Ihm war die Sprache der Musik schwerer zugänglich gewesen als den anderen Geschwistern. Das Schweigen und die Strenge hatte er als Fessel empfunden. Eines Tages war er heimlich davongezogen.

Das war eine Geschichte, an die niemand zu rühren wagte, und Großvater erwähnte nie mehr seinen Namen. In stiller Übereinkunft schwieg man ihn tot, und nach wenigen Jahren konnte sich kaum einer im Dorf seiner so recht erinnern.

»Nach Großvaters Tode aber«, sagt die Mutter, »fand dein Vater ein Kästchen mit einem Bündel Briefe darin, die Marken und Poststempel aus den entferntesten Ländern der Erde trugen. In vielen Sprachen stand dort in allen dasselbe, auf verblichenem Papier die Antwort auf vergebliches Suchen und Nachforschen.«

Das Kind beugt sich jetzt noch einmal dicht über die Fotographie und spürt unbewußt über dem letzten Bild des Großvaters verschwiegenes Leid. Aus dem forschenden Blick des alten Mannes tritt ihm die Frage entgegen: Wo ist mein Sohn?

Wo ist mein Sohn? vernimmt das Kind abends im Dunkel seiner Kammer eine Stimme. Wo ist er nur? Es müßte jetzt seine Flügel nach allen vier Himmelsrichtungen ausschicken, über Berge und Meere, mit jedem Flügelschlag ein verlassenes Haus berühren, selbst in den Ländern suchen, wo immer Winter ist und nie die Sonne scheint. Es müßte sie ausstrecken nach den heimlichsten Winkeln, nach jeder eingedrückten Mulde im Heuboden. Auch versenken ins Meer, das nach salzigen Tränen schmeckt, wo die Schiffe am Grund liegen und von abertausend Muscheln besiedelt werden.

Aber wer kann den Sohn erkennen, von dem es kein Bild gibt? Wem soll es zuflüstern: Großvater ist traurig wegen dir? Und du? Du auch? Komm in das schöne Haus, das wie eine Insel ist, wenn die Biele über die Ufer tritt.

Die Flügel kehren vorzeitig heim. Überall sind Grenzen. Ringsum ist Krieg. Jagdbomber rasen über den nächtlichen Himmel, wo sonst nur Mond und Sterne standen.

Doch hier schlafen alle Menschen ruhig in ihren Betten,

während anderswo die Luftschutzkeller beben und die Häuser brennend in sich zusammenstürzen.

Allein dieses Tal hat der Krieg nicht gefunden. Es liegt still und dunkel in der Hand Gottes wie in einer weltfernen Wiege. Das Kind spürt, vom Schlaf befangen, das sanfte Schaukeln und vernimmt eine leise Musik in Großvaters Haus.

Der Morgenwind kommt von den Bergen herunter und bringt den würzigen Duft der Tannen mit. Er gibt der Mutter Gedanken vom Walde, und sogleich nach dem Frühstück wird ein Vesperkorb zurechtgemacht. Kannen und kleine Eimer werden bereitgestellt.

Das Kind hüpft klappernd an der Seite der Mutter aus dem Hause. Es ruft dem Lehrer Böhm, dem vielgeliebten Nachbarn, einen fröhlichen Morgengruß über den Zaun zu. Seit dem frühen Morgen arbeitet er schon in seinem Garten und winkt nun mit seinem Strohhut herüber. Seine Augen folgen den beiden freundlich bis zur Wegbiegung. Sie halten sich links und tauchen zwischen den goldgelben Wellen der Kornfelder unter. In der Nähe des Pfarrhofes, dessen mächtiges Scheunendach in der Sonne glänzt, beginnt der Weg leicht anzusteigen. Nun überqueren sie die Allee mit den schattigen Bäumen und die Bahnlinie. Jetzt kann man die beiden alten Kalköfen erkennen, die heute hell in der Sonne liegen.

Sie müssen älter sein als das Gebirge, vermutet das Kind, denn die mächtigen Steinblöcke zerbröckeln wie morsches Holz. Wenn man es wagt einzutreten, sieht man den blauen Himmel durch ein großes unregelmäßiges Loch scheinen. Zwischen den Ritzen hausen Fledermäuse, Moos und Gras wachsen auf den alten Steinen. Der Wind nistet dort wie ein gefangener Vogel und klagt und jammert nachts mit den unerlösten Seelen. Die Dorfkinder erzählen es einander flüsternd, wenn sie im Herbstwind auf den Stoppelfeldern in der Nähe die Drachen steigen lassen.

Auf dem zweiten Kalkofen wächst eine Kiefer, die ihre verkrüppelten Zweige in die Luft streckt. In der Dämmerung sieht sie aus wie eine verzweifelte menschliche Gestalt, aber heute morgen kann das Kind deutlich den Baum erkennen. Dennoch ist es erleichtert, daß sie an der Weggabelung den steileren Pfad einschlagen, der nicht direkt dort vorbeiführt.

Der schattige Tannenwald nimmt sie in seine grünen Arme. Unter ihnen liegt das Dorf. Aber das Kind schaut jetzt nicht zurück. Es hebt sich den Blick auf für den Aussichtsturm oben auf der Weißkoppe. Jetzt öffnet es im Augenblick der größten Verzauberung die Augen.

Die Welt ist unendlich groß und weit. Hinter dem Tal breiten sich die Höhen und Berge der Grafschaft Glatz aus, die in der Ferne blau werden wie der Himmel. Es ist ihm nicht mehr möglich, die Grenze wahrzunehmen. Wie im Meer, das tageweit entfernt liegt, stürzt das Blau ineinander. Ein leichtes Schwindelgefühl ergreift das Kind, und es holt seinen Blick zurück in die vertraute Nähe.

Eisersdorf liegt im Tal. Die weiße Kirche mit ihrem Zwiebelturm steht in der Mitte auf einem Hügel. Rechts schmiegen sich die Bauernhöfe, die beiden Gasthäuser, der Kaufmann, der Bäcker, der Fleischerladen und das alte Schulhaus an. Ein wenig abseits steht der düstere Wohnturm.

Zur Linken sieht man den Pfarrhof, fast so groß wie die Kirche selbst. Und dort steht das Haus. Das Kind hat es entdeckt und deutet mit dem Finger hinunter.

»Unser Haus, siehst du es?« fragt es die Mutter.

Das Nachbarhaus von Böhm ist halb vom Akazienberg verdeckt, und aus dem angrenzenden Schloßpark ragt nur der spitze, verzauberte Turm heraus. Die Biele schlängelt sich durch die Wiesen und Felder, auf beiden Seiten von den Dorfstraßen begleitet. Bauernhöfe liegen verstreut im Tal. Wie farbige Rechtecke unterschiedlicher Größe schieben sich die Felder nah an die Wälder heran. Die Wege leuchten weiß in der Sonne. Unterhalb der Weißkoppe liegen die neuen Kalkwerke, die in Betrieb sind.

Gleich einer schwarzen Raupe kriecht der Zug aus Bad Landeck auf den Bahnhof zu. Vor dem unbeschrankten Bahnübergang stößt er einen schrillen Pfiff aus, der hier oben noch vernehmbar ist. Einige der weißen Dampfwölkchen bleiben eine Weile in den Alleebäumen der Landstraße hängen, ehe sie in der blauen Luft zerfließen.

»Nun komm aber, rasch an die Arbeit!«

Die Mutter rafft sich zuerst auf, und bald verschwinden beide tief im Wald. Im Dickicht, in enger Nachbarschaft zu Eichhorn, Hase, Reh und Vogelnest finden sie ihren verwunschenen Himbeergarten wieder. Hier hängen die reifen Früchte an schwankenden Zweigen ungewöhnlich hoch. Man kann sie pflücken, ohne sich danach bücken zu müssen. Hier lassen sich Eimer und Kannen rasch füllen. Die Mutter kennt auch die besten Blaubeerplätze. Später im Jahr werden sie dorthin gehen, und im Herbst werden die Brombeeren im dornigen Gewirr ihrer Ranken reifen. Dann wird auch die Zeit für die Pilze da sein. Das Kind empfindet an diesem Sommertag das Glück aller künftigen Tage hier oben im Walde voraus und freut sich darauf.

Am späten Nachmittag lassen sie ihre gefüllten Gefäße hinter einem Busch versteckt zurück und streifen noch ein wenig durch den Wald. Sie gelangen in die Nähe des Steinbruchs, der jäh vor ihnen abfällt in bodenlose Tiefe, wie es dem Kinde vorkommt. Es tritt ängstlich zurück und hängt am Arm der Mutter.

Weit drüben führt die Landstraße über den Melling nach Habelschwerdt.

»Wir müssen umkehren, ehe die Schatten zu lang werden, sonst stolpern wir mit unseren Gefäßen über die Baumwurzeln und verschütten die Beeren«, sagt die Mutter.

Heimwärts erscheint der Weg weiter und mühseliger. Die süße Ernte wird schwerer und schwerer. Immer häufiger muß die Mutter dem Kinde zuliebe rasten. Die Glocken läuten schon den Angelus, als sie aus dem Walde treten. Mücken tanzen wie goldener Staub über dem Weg, der ins Dorf zurückführt.

Vom Akazienberg herab schallt Gelächter, das bald wieder verstummt. Aber das Kind hat die anderen bereits ent-

deckt und beeilt sich, den steilen Abhang, auf dem Akazienbäume mit ihren gefiederten Blättern wachsen, emporzusteigen. Dieser Berg ist ein verzaubertes Miniaturge-
birge, die kleine abgeschlossene Welt der Kinder und der
Ziegen, die hier um die Wette miteinander herumklettern.
Es gibt sonnige Mulden, windgeschützte Nester, in denen
man für die Welt unten unsichtbar wird, in denen man
nichts sieht als das blaue Tuch des Himmels, die wiegen-
den Fächer der Akazienblätter, oder das spitzbärtige Gesicht einer Ziege.

Es gibt weiter oben verborgene Höhlen, groß genug, um
bei einem warmen Sommerregen hier Unterschlupf zu finden, um dicht aneinandergedrängt Geschichten zu erzählen und Geheimnisse auszutauschen.

Auf der Höhe, in starken Astgabelungen, befinden sich
Hochsitze, von denen aus jeder beobachtet werden kann,
der in das Reich der Kinder eindringen will. Das geschieht
selten genug, denn der Akazienberg gehört zum weitläufigen Grundstück des Lehrerhauses, und das ist gut
umzäunt. Die Kinder teilen ihn also nur mit den Ziegen,
den Perlhühnern und Truthähnen und kommen einander
selten ins Gehege.

Hier oben verrinnen die Sommertage, während die
Stunden bewußtlos ineinanderfließen. Die Geräusche aus
dem Dorf klingen herauf, werden aber nicht wahrgenommen. Die Stimmen der Erwachsenen, der Stunden-
schlag der Kirchturmuhr, das Motorengeräusch eines vor-
beifahrenden Autos, der Pfiff der Lokomotive sind unwirklich und wie von einem fremden Stern. Nur an den
wandernden Schatten mißt man die Zeit.

In vielen Verstecken haben die Kinder ihre Schätze zusammengetragen: Bunte Steine aus der Biele, seltsam geformte Wurzelteile, Kugeln aus farbigem Glas, Bilder aus Glanzpapier oder eine Seerose aus dem nahen Schloßteich.

Die größeren Jungen besitzen Taschenmesser. Sie schnitzen aus den Zweigen des Holunderbusches Flöten für sich und die Mädchen. Der Wind trägt manchmal ein dünnes Geharf über den Zaun hinweg.

Von allen fremden Augen geschützt tagt in der letzten Höhle das Tabakskollegium, dem das Kind anzugehören die Ehre hat. Unter der selbstgezimmerten Bretterbank liegen die Pfeifen verborgen. Sie werden mit einem seltsamen Gemisch aus kleinen Lederbeuteln gestopft, welches die Kinder unter der Schürze oder in der Hosentasche verborgen meistens bei sich tragen.

Das Kind wurde in die Gemeinschaft der Großen aufgenommen, einmal, weil es verschwiegen ist, zum andern unter der besonderen Obhut des Anführers Christian steht und vor allem aus dem gewichtigen Grunde seiner Freundschaft mit Herrn Weber.

Dieser wiederum hat in seinem Garten ein Beet mit Tabakstauden. Täglich beobachtet er, auf seine Krücken gestützt, das Wachsen der empfindlichen, fremdländischen Pflanzen. Das Kind lehnt dann oft am Zaun und schaut ihm dabei zu. Er unterrichtet es währenddessen über die feineren Tabakgewächse aus Brasilien und Sumatra, die es jedoch in Kriegszeiten leider nicht zu kaufen gibt. Besorgt sucht Herr Weber sein eigenes Kraut nach Schädlingen ab. Das Kind ist inzwischen zu ihm in den Garten geschlüpft und bückt sich an seiner Stelle nach den unteren Blättern, um sie sorgfältig zu beäugen. Dabei entdeckt es gewissenhaft vergilbte, gekräuselte oder fleckige und besonders löchrige Blätter und meldet das erfreut dem Nachbarn. Er pafft nachdenklich mehrere Züge, kneift dann verschmitzt die Augen zusammen und sagt bedächtig:

»Na, nimm sie dir halt. Du hilfst mir ja so oft, und da hast du sie dir ehrlich verdient. Aber pack' sie unter deine Schürze, und was ihr auch immer damit vorhabt, das ganze Dorf braucht's nicht zu sehen. Zu meiner Zeit jedenfalls haben sich Mädchen für Tabak noch nicht interessiert.«

Auch heute trägt das Kind kostbare Blätter auf den Akazienberg. Christian hat bereits auf einem Brett trockene Eichenblätter gehäckselt und irgendeine geheime würzige Mischung daruntergemengt. Nun holt das Kind die Tabakblätter unter seiner Schürze hervor und legt sie feierlich in Christians Hände, der sie langsam und andächtig zerbröckelt und dann mit ihnen der wunderlichen Mischung einen Hauch von Echtheit verleiht. Gerecht besorgt er die Teilung, überwacht Stopfen und Anzünden und achtet darauf, daß die jüngeren Kinder keinen Schaden nehmen.

Still kauern sie nun nebeneinander, schauen verzückt in den beißenden Qualm und erfahren mit geschlossenen Augen die Verwandlung des Akazienberges in das Land der Apachen. Der wunderbare Berg besitzt die Eigenschaft, sich mit seinen Bewohnern an jeden beliebigen Punkt der Erde versetzen zu können. Der tropische Regenwald erhebt sich über ihren Häuptern und die einsamen Gipfel des Himalaya. Die Kinder führen ein unruhiges Nomadendasein und ziehen hinter ihren Ziegen her über die Tundra. Sibiriens unendliche Waldeinsamkeit und das grenzenlose Eis Grönlands umgeben sie. Sie befinden sich auf Safari in Afrika und schleppen die Beute in ihre Höhle: Eine getigerte Hauskatze und einen flügelschlagenden Truthahn mit geschwollenem Kamm. Gemeinsam ertragen sie alle Mühen und Gefahren, brennenden Durst und quälenden Hunger, während sie als Forscher in das Innere Australiens vordringen.

Der Akazienberg löst sich aus der Grafschafter Erde, zieht den Anker ein und schifft über die sieben Weltmeere. Sie hocken in der engen Bordküche, geraten in Seenot, fallen Seeräubern in die Hände, überstehen eine Schlacht und den Bombenkrieg, helfen einander im Lazarett und im Bunker, doch manchmal ist es auch vergebens. Sie erleiden den Tod mit dem Trost einer sofortigen Auferstehung.

Ihr Berg wird zum Luftschiff, gleitet durch die Wolken und dringt in die Regionen der fernsten Gestirne vor. Nach allen überstandenen Gefahren verwandelt er sich in ein friedliches Eiland voll fremdartiger Schönheit. Könige sind sie und empfangen mit Würde ihresgleichen. Der Paradiesgarten selbst ist dieser Akazienberg, und der liebe Gott ist bei ihnen zu Gast.

Hier üben sie sich ein in das Glück und das Leid des Daseins und leben aus dem verschwenderischen Schatz ihrer Phantasie wie ein üppig blühender Baum. Noch trägt jede der Blüten die Möglichkeit zur Frucht. Aber sie wis-

sen es nicht und leben in reiner Freude und Zweckent-
bundenheit.

Es versteht sich, daß sie dort oben schwer erreichbar
sind, daß die Rufe der Erwachsenen einfach nicht bis zu
ihnen vordringen. Sie werden bei Namen gerufen, die sie
vorzeiten von ihren Eltern bekommen haben und längst
ablegten.

Mitten in die wichtigen Verhandlungen, sogar wäh-
rend des Rauchens der Friedenspfeife wie jetzt eben, hallt
vom Fuße des Akazienberges her ein so hartnäckiges
Rufen, daß die gestörte Runde sich endlich doch zum
Abstieg bequemt. Meistens gibt es unten für jeden einen
Becher voll schäumender Ziegenmilch.

»Sie ist gesund und bekömmlich, nicht nur für Kriegs-
und Großstadtkinder«, erklärt Frau Böhm.

Und Herr Böhm, der dazukommt, meint lächelnd:

»Auch zu Füßen des Olymps warteten die Hirten den
Göttern mit frischer Ziegenmilch auf!«

Man hat jetzt keine Lust mehr, auf den Akazienberg
zurückzukehren. Doch zeigen sich die Kinder geneigt, im
Garten bei der Beerenernte mitzuhelfen. Schwatzend verschwinden sie hinter den Beerensträuchern und füllen
Becher um Becher. Sie eilen damit zur Küche und heimsen
viel Lob ein, wenn ihnen die älteren Töchter, Barbara und
Isolde, die Ernte abnehmen.

Mit dem Mittagläuten rennen die meisten Dorfkinder
heimwärts. Vom Nachbarhause her dringt wiederholtes
Rufen. Doch Frau Böhm hebt einen Suppenteller in die
Höhe, und dieses Zeichen versteht die Mutter des Kindes.
Sie nickt, und ihr Kopf verschwindet hinter dem Fenster.

Bald sitzt das Kind inmitten der anderen am großen Familientisch. Ihm gegenüber kaut Christian, zu dessen Gefolgsleuten es gehört, mit vollen Backen und wirkt sehr appetitanregend auf das schmale Kind. Neben ihm hat die munter plaudernde Verena ihren Platz, deren dicke lange Zöpfe wunderschön anzusehen sind. Isolde zählt sich nicht mehr zu den Kindern. Sie ist etwas verschlossen und schweigt am liebsten zu den kindlichen Gesprächen. Barbara, die älteste, hat die hellen Augen ihrer Mutter und verbreitet Fröhlichkeit und Vertrauen. Die Kinder wissen, daß sie alles kann und in allem Rat weiß. Aber nicht nur deshalb, auch ihrer schönen Stimme und ihres Lachens wegen, wird sie geliebt. Ihr Gesang verbreitet Wärme und Frohsinn im Haus, so daß die Eltern zuweilen die Sorge um die im Felde stehenden Söhne zu vergessen scheinen. Frau Böhm blickt das Kind aus gütigen Augen an und spricht zu ihm mit einer Stimme, die ihm vertraut erscheint wie die der eigenen Mutter. Sie weiß ihre Gaben und ihre Liebe so zu verschenken, daß die eigenen Kinder nichts einbüßen und die fremden sich nicht mit einem Weniger begnügen müssen.

Noch ein anderes Mädchen, das nicht zur Familie gehört, sitzt mit bei Tische, da seine Mutter heute nach Glatz gefahren ist. Josef ist jetzt auch immer da. Er ist scheu und spricht kaum ein Wort. Und wenn er etwas sagt, so bringt er seine Worte nur stotternd hervor. Aber die Kinder lachen ihn nicht aus, denn sie wissen, daß sein Rücken voller Striemen ist, die nur langsam abheilen. Wenn Frau Böhm ihn abends zu Bett bringt, streicht sie mit behutsamer Hand Salbe darüber und denkt an die eigenen unbehüteten Söhne irgendwo weit draußen an der Front, die noch auf die Schulbank gehörten und nicht in den Krieg.

Josef ist der Sohn fremder Leute, die noch nicht lange im Dorf sind und in dem großen neuen Haus an der Biele wohnen. Der Vater des Jungen, der nur gebrochen Deutsch spricht, hat das Kind oft mißhandelt.

Doch Herr Böhm ist nicht einer der Lehrer, dem die Kinder nur anvertraut sind, während sie in den Schulbänken reihenweise vor ihm sitzen, er ist ihr Freund auch während der übrigen Zeit, und wenn es sein muß, ihr Anwalt. Sein Gartentor steht selbst in der Ferienzeit allen Kindern offen. Er hat ein geübtes Auge, um heimlichen Kummer zu entdecken und die richtigen Worte, um ihn zu vertreiben. Mit Josefs Vater allerdings hatte er vergebens gesprochen, immer wieder. Jedoch aufgegeben hatte er nicht. Schließlich bewirkte er bei den Behörden, daß der gemißhandelte Junge unter seine eigene Obhut kam. Daß er in Josefs Vater einen Feind im Dorf bekommen hat, stört ihn wenig. Wie gefährlich er ihm einmal werden wird, ahnt freilich noch niemand.

Das Kind blickt in die vertrauten Gesichter ringsum und lächelt glücklich vor sich hin.

»Du denkst an was Schönes«, rät Verena und möchte gerne wissen, was es ist. Aber das Kind kann darauf keine Antwort finden.

Für diese sommerlichen Eisersdorfer Tage, in denen die Gesichter der Menschen und der Natur in einem Bild zu verschmelzen scheinen, das der liebe Gott selbst freundlich anschaut, müßte es ein Wort geben. Doch das wird es erst viel später wissen, wenn die Fragende ihre Frage längst vergessen hat, die Tischrunde zerstreut und das Bild zerrissen ist.

Es ist Sonntagmorgen. Die Glocken läuten, und von allen Seiten strömen die Leute auf die Eisersdorfer Kirche zu. Wie lustige, bunte Tupfen bewegen sie sich auf der Straße am jenseitigen Ufer entlang. Früh am Morgen sind diejenigen schon von zuhause fortgegangen, die am Ende des langgestreckten Dorfes wohnen oder von ihren Gehöften, die oben auf den Höhen liegen, herabsteigen müssen. Zwei Stunden wandert man an der Biele entlang, um von einem Dorfende zum anderen zu gelangen, sagt Mutter.

Über das Wochenende ist Tante Lena gekommen, die neuerdings in Glatz bei der Heeresnachrichtenschule arbeitet. Nun schließen sie sich zu dritt den anderen Kirchgängern an. Unter der Linde, die einen breiten Schatten auf den Dorfplatz wirft, trifft man sich zu einem kurzen Gespräch.

Langsam wird es Zeit, die Stufen emporzusteigen. Durch den schön geschwungenen Torbogen treten sie in die Mauerumfriedung des alten Kirchhofs ein. Die Gräber sind im Sommer bunte Blumenhügel, und vor den grauen Steinplatten im Umgang stehen viele Sträuße. Auch die Altäre im Innern der Kirche sind wunderschön geschmückt.

Im Kerzenlicht schimmern das Kreuz, die Bilder der

Heiligen, die fröhlichen Putten und der Tabernakel. Das Kind blickt von seinem Platz aus mitten in das goldene Leuchten hinein. Die Orgel tönt mächtig auf, und ihre Klänge fluten mit dem Sonnenlicht, das durch die Fenster fällt, in das Kirchenschiff. Auf dem großen Altarbild scheint sich jetzt Maria in ihrem blauen Mantel in die Nähe der himmlischen Herrlichkeit, die über ihr aufstrahlt, zu erheben. Der Herr Pfarrer bemerkt das offenbar nicht. Er hat sein Barett abgelegt und verbeugt sich betend an den Altarstufen. Die Meßdiener mit ihren grünen Gewändern und den weißen Chorhemden stehen in gleicher Haltung an seiner Seite. Der Kirchenchor singt jetzt von der Empore herab, und später steigt Weihrauchduft auf.

Während der Predigt, von der das Kind nur wenig versteht, blickt es zum linken Seitenaltar hinüber, wo im Kerzenschein die Muttergottes steht und ihm zulächelt. Beglückt lächelt das Kind zurück. Durch den Wimpernvorhang seiner halb geschlossenen Augen beobachtet es ihr leichtes Winken mit dem goldenen Zepter und das Neigen des gekrönten Hauptes. Als die Orgel wieder einsetzt und auf ihren breiten Wogen die wundervollen Stimmen der Geigen und des Kirchenchores herabschweben, als sich jetzt über den festlichen Glanz eine einzelne Stimme in unbeschreiblicher Süße erhebt, fluten alle Klänge durch des Kindes Herz trostvoll hindurch. Und es gibt ihm seine eigenen Bitten mit, sieht das stärker leuchtende Lächeln auf dem lieblichen Antlitz und entnimmt ihm die Botschaft, daß der liebe Gott selbst mit Wohlwollen zuhört.

Bedauernd sieht es den überirdischen Glanz verlöschen, als die Musik verstummt. Die Gemeinde spricht jetzt gemeinsam die Gebete, doch das Kind weiß sich schlecht einzufinden. Hinter ihm beten inbrünstig die Frauen des Dorfes, von zwei, drei Stimmen überschrillt. Aus dem Hintergrund kommt das schleppende Gemurmel der alten Hofbauern und von vorn das übermütige, kecke Vorantreiben der hellen Jungenstimmen, während zwei Mädchen in seiner Nähe die Köpfe kichernd zusammenstecken.

Das Kind entdeckt, daß inzwischen das Lächeln der Muttergottes erstarrt ist. Unbeweglich steht die Figur mit der schönen Bemalung, den feingliedrigen Händen und dem schwungvollen Faltenwurf ihres Gewandes auf dem Seitenaltar. An einer Stelle des Saumes ist ein Stück des aufgelegten Goldes abgeblättert, und man sieht deutlich, daß die Figur aus Holz geschnitzt ist.

»Maria, Königin des Friedens«, sagt jetzt der Herr Pfarrer mit feierlicher Stimme.

»Bitte für uns«, schließt die Gemeinde das Gebet ab. Jedoch das Kind bemerkt enttäuscht, daß Maria ihnen nicht mehr zuhört.

Im mächtigen Nachspiel braust die Orgel noch einmal auf und drängt die Menschen durch das Kirchenportal ins Freie hinaus. In kleinen Gruppen stehen sie noch eine Weile beisammen. Sie haben es nicht eilig, ins Gasthaus zu kommen, wo heute der Ortsgruppenleiter zum Thema Luftschutz sprechen wird.

Die Mutter betritt durch den Umgang einen weiteren Teil des Friedhofs. Das Kind folgt ihr und entziffert mühsam auf den Grabsteinen die Namen seiner Familie. Unter den Hügeln ruhen die Toten sich aus, manche schon seit Jahrhunderten, und einige der Inschriften sind durch ihr Alter fast unlesbar geworden. Auf Großvaters Grab leuchten die Buchstaben noch in ungetrübtem Gold. Während die Mutter ein Vaterunser spricht und in der Gießkanne Wasser für die Blumen herbeiträgt, denkt das Kind an Großvaters forschendes Gesicht, an dessen verlorenen Sohn, an die beiden unbekannten Großmütter und an Vaters frühverstorbene Schwester. Über ihrem Grabhügel erhebt sich ein Kreuz aus kühlem weißen Marmor. Die Sonne durchleuchtet den Stein jedoch jetzt mit einem warmen Schimmer, und das Kind vernimmt noch einmal abreißende Orgelklänge. Zwischen den dunklen Lebensbäumen hindurch, die hohe, schwarze Schatten über die Gräber werfen, blickt es hinaus ins Land: In das Goldgelb der Felder hinter dem Zaun, in das helle Grün der Bergwiesen und in das dunklere Grün des Waldes, der sich bis zur Weißkoppe hinzieht. Sein Blick folgt dem schmalen Band der Alleebäume, welche die Straße zum Melling beschatten und den blendendweißen Wegen, die zu den Kalköfen hinführen. Sein Blick gleitet zurück zu den Blumen, die sich zwischen den steinernen Einfassungen der Gräber im mittäglichen Sommerwinde bewegen.

Vor seinen geschlossenen Augen verwandelt sich das Bild in eine schneeverwehte Winterlandschaft in klirrendem Frost. Das Dorf ist in Weiß versunken. Auf Dächern und Zäunen lastet der Schnee, der unaufhörlich und leise fällt. Bis zu den weißen Bergen hinauf sind alle Spuren erloschen, selbst die Linie, die sonst Himmel und

Erde trennt, ist ausgestrichen. Es sind dieselben Berge, aus denen Großmutter den Tod mitbrachte, als sie vom Schnee überrascht worden war.

Das Kind sucht vergebens, sich die Großmutter vorzustellen, denn es hat noch nie einen Toten gesehen. Bleich verschwimmt ein erstarrtes Gesicht hinter rieselndem Schnee.

In diesem Augenblick fühlt es sich von der Mutter an der Hand genommen, und das weiße Bild verlischt unter der Wärme der Berührung. Fröhlich plaudernd gehen sie über den schmalen Fußpfad heim.

Sonntagnachmittag — träge dahinschleichende Stunden, angenehmes Nichtstun unter dem Schatten der Bäume und Ruhe für die Erwachsenen. Die Kinder vergehen unterdessen fast an innerer Unruhe.

Zur Vorsicht gemahnt, andauernd an das Sonntagskleid, die Sonntagshose erinnert, die in Kriegszeiten unersetzbar sind und auf jüngere Geschwister oder nachwachsende Nachbarskinder in gutem Zustand vererbt werden müssen, wirken die Bewegungen der Kinder etwas krampfhaft und unfrei. Kein Akazienberg, kein Schloßpark und vor allem keine Spiele mit Wasser irgendwelcher Art, weder aus der Biele noch aus dem Seerosenteich und schon gar nicht aus dem Gartenschlauch. Und auf die Schuhe ist zu achten, Steine sind zu meiden und Sprünge über den Straßengraben erst recht. Zur Heiligung des

Sonntags gehören nämlich auch die Schuhe, die nicht mehr passen wollen nach zahllosen, barfüßigen Schritten durch den sommerwarmen Straßenstaub und das weiche grüne Polster der Wiesen.

Was tut man an Sonntagnachmittagen, ohne sie zu entweihen oder Ärgernis zu geben? Man singt. Christian, Verena und Else jedenfalls haben sich an den Zaun in den Schatten der Haselbüsche gesetzt und singen aus vollem Halse, daß es weithin schallt. Sie singen einen neuen Schlager, den sie gemeinsam im Volksempfänger gehört haben, und der ihnen besonders gut gefällt wegen des dummen Kuddelmuddels, das darin vorkommt. »Wenn die Toni mit der Vroni und der Moni einen Kuddelmuddel macht«, tönt der leicht abgewandelte Text mindestens zum fünften Male aus ihren Kehlen, die nichts Übles wollen, als aus dem großen, städtisch wirkenden Haus an der Biele Fräulein Franke tritt, Fräulein Antonie Franke, die Lehrerin.

Sie überquert, ohne Hut ausnahmsweise, mit vorgeneigtem Kopf, als suche sie etwas, die Straße und eilt dem Lehrerhaus zu. Gleichzeitig verstummt der Gesang unter den Haselbüschen.

Herr Böhm, der im Liegestuhl seine Pfeife, sein Buch, die entfernten Kinderstimmen und den Blick auf den Garten genossen hat, erhebt sich seufzend, als die erregte Kollegin so unerwartet eintritt. Er hört die Klage über seine Kinder mit ruhiger Miene an. Seine Kinder, die soeben mit ihrem scheußlichen Gegröhle in der Verunglimpfung ihres Namens die Autorität einer Person, einer immerhin zum Lehrkörper gehörenden Respektsperson öffentlich und vor dem ganzen Dorfe untergraben haben, verführten auch Webers Else zu dieser Untat, und die Folgen könnten doch noch weitere Kreise ziehen und somit unabsehbar werden. Dagegen müsse eingeschritten werden und zwar sofort. Das muß der Herr Böhm doch einsehen.

Gewiß, er ist bereit und hat auch schon eine Strafe zur Hand, die gleichzeitig ihn selbst und die Kinder treffen wird, so daß also Sühne geleistet werden kann. Ein Pfiff, ein nachfolgender Ruf, und die Übeltäter kommen herbei, nicht gerade in übermäßiger Eile, aber doch so schnell, daß sich niemand über unerzogene Kinder zu beklagen braucht.

Sie hören eine kleine Ansprache, bitten um Entschuldigung und erhalten zur ausgleichenden und gerechten Strafe von ihrem gestreng dreinblickenden Vater den Auftrag, sogleich das Lied: »O du lieber Augustin!« zu singen und zwar vom Gipfel des Akazienberges aus, laut hörbar, deutlich und mindestens fünfmal.

Somit teilt der eine Teil des Lehrkörpers, August Böhm, kollegial das dem anderen angetane Unrecht, erfährt am eigenen Leibe die Verspottung von Respektspersonen und erfreut sich ganz nebenbei an den gesunden Lungen seiner rotbackigen Kinder und dem weithin hörbaren Sänger-wettstreit.

Inzwischen ist auch Frau Böhm dazugekommen, die durch die offenstehenden Fenster Anklage und Verur-teilung vernommen hat und, sich ein Lächeln verbeißend, ihren Teil zur Sühne beisteuern will. Auf dem Tablett steht neben der Kaffeekanne ein Gedeck mehr für Fräulein Franke. Eine Tasse Bohnenkaffee, und das mitten im Krieg, ist eine wahrhaft großzügige Wiedergutmachung, die den Eisersdorfer Frieden wiederherstellen muß. Und tatsächlich, Fräulein Franke ist bald getröstet und zum Verzeihen bereit, wie es ohnehin die christliche Nächstenliebe vorschreibt. Darüber hinaus zeigt auch ein Lächeln um ihre hinter dicke Brillengläser gerückten Augen, daß sie bereits die innere Ruhe zurückgewonnen hat und der Sonntagnachmittag somit für alle Beteiligten gerettet ist.

Der Gesang, der die feierliche Stille ringsum unterbrochen hat, ist vernommen worden; selbstverständlich auch bei den Nachbarn, wo das Kind schon eine ganze Weile ungeduldig am Kaffeetisch der Erwachsenen sitzt. Jetzt erbittet es mit beschwörenden Blicken seine Freiheit und erhält sie durch Mutters Kopfnicken, während die Gespräche ruhig fortfließen. Sofort eilt es an seinen Platz am Fenster, von wo aus es am besten die Lage überblicken kann. Noch befinden sich die bewunderten großen Spielgefährten auf dem Akazienberg, aber auf dem Sitzplatz zu dessen Füßen erkennt es deutlich unter einem Sonnenschirm Fräulein Frankes Gestalt. Und so entschließt es sich schweren Herzens, nicht hinüberzugehen.

Eine unangenehme Erinnerung verursacht ihm plötzlich Herzklopfen:

Kurz nach dem Einzug in das Eisersdorfer Haus hatte es draußen in der Nähe des Zaunes mit dem Ball gespielt. Die Mutter arbeitete an der Blumenrabatte beim Tor, als eine fremde Frau vorbeikam und mit ihr ein Gespräch begann.

Erstmals in seinem Leben fühlte es eine deutliche Abneigung gegen einen Menschen. Es wurde von diesem ihm fremden und peinigenden Gefühl so unvermittelt überfallen, daß sich alles in ihm zur Abwehr erhob. Und ehe es nachzudenken vermochte, hatte es den Arm kurz entschlossen kreisen lassen und den Ball zielsicher gegen die fremde Frau geschleudert. Das Kind hatte sein Ziel nicht verfehlt, und jetzt erschrak es heftig. Ein Wenden des fremden Gesichtes zu ihm hin, ein Blick, der keine Reue aufkommen ließ, jedoch einen kalten Schauer über den Rücken jagte und der seltsam ruhig gesprochene Befehl der Mutter, sofort ins Haus zu gehen, hatten es eilig in seine Kammer getrieben.

Hier hatte es eine Weile gelegen, den Kopf in die Kissen vergraben, zu gleicher Zeit von Stolz und Scham über seine kühne Tat erfüllt mit der verwunderten und bangen Frage im Herzen:

Wer hat das getan?

Bin ich das wirklich gewesen?

Nicht die Angst vor der Strafe war dieses Nichtwahrhabenwollen. Ein Unbekanntes in ihm hatte den Ball geworfen, denn liebte es nicht alle Menschen und schon gar die Eisersdorfer, die ihm doch alle mit freundlichen Blicken entgegensahen?

Langsam erhob es sich von seinem Bett und spähte vorsichtig aus dem Fenster. Dort standen sie noch, ins Gespräch vertieft, und es konnte das Gesicht der fremden Frau erkennen. Es war ein Gesicht wie andere es auch hatten, nicht schön aber auch nicht besonders häßlich, und doch stieg sogleich bei seinem Anblick dieses unerklärliche, häßliche Gefühl wieder in ihm auf: Die böse Freude über seine Tat.

Dunkel und trotzig hatte es in seinem Zimmer gesessen, als die Mutter ins Haus gekommen war. Seltsamerweise hatte sie eine Schale köstlicher Erdbeeren mit frischer Milch übergossen vor ihm niedergestellt und mit ernster Miene gesagt:

»Bestrafen will ich dich nicht, obwohl du es verdient hättest. Was du getan hast, mußt du schon selbst mit Fräulein Franke in Ordnung bringen. Im Herbst, wenn du in die Schule kommst, wird sie deine Klassenlehrerin sein.«

Ein schweres Gewicht war da in die Waagschale geworfen worden, die ganze Freude auf die Schule war auf einmal in Frage gestellt. Am liebsten hätte es nun ganz auf den bisher so ersehnten Schulgang verzichtet, jedoch stand hinter einer Weigerung eine unüberwindliche Macht. In Gedanken sah es die drohende uniformierte Gestalt des Polizisten hinter dem Schulschwänzer des Dorfes, Heiner, hermarschieren.

Dunkle Wolken hatten den Abend verdüstert, und auf eine unruhige Nacht war ein freudloser Morgen gefolgt. Dieses Gefühl war nicht zu ertragen gewesen.

Endlich hatte die Mutter gemeint, es gäbe nur eine Möglichkeit, das Herz zu befreien.

»Gehe zu Fräulein Franke und bitte sie um Verzeihung. Nimm ihr eine Schüssel voll Erdbeeren aus unserem Garten mit.«

Ein schrecklicher Vorschlag war das gewesen. Doch während das Kind das Beet langsam und besonders gründlich nach den reifsten Früchten durchsucht hatte, war ihm klar geworden, daß dies der einzige Weg war, der ihm blieb. Die Beere in seinem Munde schmeckte nicht mehr, und so würde ihm nichts mehr Freude bereiten können, bis es diesen Weg hinter sich gebracht hatte.

Zögernd hatte es die Schüssel auf den Küchentisch gestellt mit der leisen Bitte:

»Kommst du mit, Mutter?«

Sie aber hatte geantwortet:

»Ich weiß nicht, was ich ihr noch zu sagen hätte. Schon gestern habe ich mich entschuldigt für mein ungezogenes Kind.«

Wie war die Röte in seinem Gesicht aufgestiegen, aber es hatte doch noch schüchtern gefragt:

»Und was hat sie geantwortet?«

»Obwohl es nicht stimmt«, erwiderte die Mutter, »meinte Fräulein Franke, du hättest es nicht mit Absicht getan. Du seiest eben ungeschickt beim Werfen gewesen, da du noch so ein kleines Mädchen bist. Du siehst also wohl, daß sie eine gütige Frau ist, der du unrecht getan hast.«

Das Kind hatte beschämt zu Boden geblickt, gleichzeitig schienen sich die schweren Gewichte auf seinem Herzen ein wenig gehoben zu haben. Noch einmal hatte es versucht, die Mutter zum Mitkommen zu überreden. Diese hatte sich so weit bewegen lassen, es wenigstens über die Straße bis zu Fräulein Frankes Haus zu begleiten, aber alles andere hatte es selbst durchstehen müssen: Den Druck auf den Klingelknopf, das Treppensteigen mit schweren Beinen, das nochmalige Anklopfen mit der Erdbeerschüssel in den zitternden Händen, die lähmende Pause bis zum Öffnen der Tür, der Blick in das Gesicht über sich und das qualvolle Sprechen mit zugeschnürtem Halse.

Fräulein Franke hatte es durch die dicken Brillengläser forschend angeblickt und es ihrer Verzeihung versichert. Ihr Gesicht war sogar freundlich gewesen und ihre Stimme klang nicht unangenehm, aber obwohl das Kind nun so tief in ihrer Schuld stand und allen Grund hatte dankbar zu sein, daß es so ohne Strafe davonkommen würde, war sein abweisendes Gefühl geblieben und die Gewißheit, Fräulein Franke nie wirklich liebhaben zu können. Und da tat ihm Fräulein Franke auf einmal leid. Erst als die Tür hinter ihm zugefallen war, hatte es eine ungeheure Erleichterung gefühlt, vor allem über die Rettung der künftigen Schulzeit hier in Eisersdorf.

Während das Kind aus dem Fenster schaut, hat sich das unangenehme Erlebnis noch einmal vor ihm abgespult. Seufzend blickt es in den Nachbargarten hinüber. Es gibt keinen anderen Weg, um auf den Akazienberg zu gelangen, als an Fräulein Franke vorbeizugehen, und so muß es seinen Plan für heute aufgeben.

Auf einmal ist es bedrückt, nicht wegen des Akazienberges, sondern wegen Fräulein Franke. Eine Zeitlang starrt es noch zu ihr hinüber und strengt sich an, sie liebzuhaben. Aber es gelingt nicht, so sehr es sich müht und guten Willens ist. Irgendwie fühlt es sich schuldig und weiß es doch nicht zu ändern.

Ich werde ihr Blumen aus dem Garten bringen, morgen vielleicht schon, denkt das Kind. Denn alles ist schrecklich traurig. Wenn nun die anderen Kinder Fräulein Franke auch nicht liebhaben können? Der Gedanke an die Blumen tröstet es ein wenig.

Unten im Garten werden Stimmen laut, und das Kind eilt auf seinen Beobachtungsposten am Kammerfenster. Onkel Josef ist gekommen. In hohen Gummistiefeln, mit großem Rucksack, einem Eimer und seinem Angelzeug steht er vor dem Haus und spricht mit der Mutter und der Tante. Er zeigt ihnen seinen Fang, silbrig glänzende Forellen aus der Biele, und teilt mit ihnen die Beute.

Das Kind sieht ihn vor sich mitten im Bach, auf einem Stein, den die Strömung umspült. Hochaufgerichtet steht er da, groß und stark, und wirft in hohem Bogen die Leine aus. Wachsamen Blickes schaut er mit seinen wasserhellen Augen in die Biele, daß die Fische gezwungen werden, ihm an die Leine zu gehen. Sie gehorchen der Gewalt seines Willens und folgen ihm, obwohl sie sich noch eine Weile zappelnd wehren. Onkel Josef schaut immer so lange unbeweglich in die Biele, bis ihm genügend Forellen entgegengeschwommen sind und er eine nach der andern nur so vom Angelhaken nehmen kann.

Gerade lädt ihn Mutter zum Sitzen und zum Mohnkuchenessen ein. Das Kind hört eine Weile den Gesprächen zu.

»Unsere Tochter hatte neulich kurz Urlaub und der Sohn hat geschrieben«, sagt er. »Die Feldpostkarte ist allerdings fünf Wochen unterwegs gewesen, und während der Zwischenzeit kann viel passiert sein. Aber wir wollen hoffen, daß er sich durchschlagen kann bis zum Ende. Denn ich sage euch, die machen nicht mehr ewig so weiter. Bald wird Schluß sein mit dem verdammten Krieg.«

»Sprich nicht so laut«, mahnt jetzt die Mutter.

»Na«, meint er, »nur nicht so ängstlich. Ich denke, Grootmanns sind zur Zeit nicht da.«

»Aber du weißt doch, daß oben das alte Ehepaar wohnt, das aus Berlin evakuiert wurde. Man weiß nie, heutzutage.«

Die Stimmen werden leise und undeutlich, und das Kind kann nichts mehr verstehen.

Jetzt hüpft es die Treppe hinunter und begrüßt Onkel Josef, der draußen am Gartentisch sitzt.

»Nächste Woche kommt ihr doch bei uns vorbei, wenn ihr in Glatz seid?« fragt er freundlich.

Das Kind strahlt in Gedanken daran, denn Tante Maria hat es besonders gern. Außerdem erinnert es sogleich die Mutter an ihr Versprechen, wieder einmal mit ihm die Festung zu besichtigen.

Langsam wird es Zeit aufzubrechen. Tante Lena hat schon einen großen bunten Sommerstrauß im Garten gepflückt, den das Kind tragen darf. Zum Bahnhof ist es nicht weit. Immer gibt es dort etwas zu sehen. Eisersdorfer, die ihren Besuch zum Zug begleiten, Sommerfrischler mit ihrem vielen Gepäck und schließlich Wanderer mit Rucksäcken auf dem Rücken und Wiesenblumen am Spazierstock. Aus der Stadt kommen jetzt auch immer mehr Leute, die zum Beerenpflücken in den Wald gehen, und an Wochentagen fahren sie aufs Land, um allerlei schöne Dinge bei den Bauern gegen Butter und Speck einzutauschen.

Vom Park her taucht Barbara mit einem jungen Mann in Soldatenuniform auf. Sie ist mit ihm verlobt, und sein kurzer Urlaub ist heute zuende. Sie grüßt herüber und winkt. Nicht ganz so fröhlich wie sonst will das schalkhafte Lächeln gelingen.

Wie hübsch sie aussieht in ihrem blauen Leinenkleid, das sie sich selbst genäht hat. Das Kind hat ihr dabei neulich bewundernd zugesehen.

Vor den reifenden Kornfeldern hebt sich der weite, schwingende Rock wie ein Stück blauen Himmels ab. In ihren Händen leuchtet ein Strauß aus feuerrotem Klatschmohn und blauen Kornblumen.

»Wie die Kinder heranwachsen«, sagt Onkel Josef staunend, ehe er mit Tante Lena in den Zug steigt und noch einmal grüßend nickt.

Barbara winkt noch, als der Zug längst um die Biegung verschwunden ist und es sieht aus, als winke sie den weißen Dampfwölkchen nach, die groß und durchsichtig werden, ehe sie zergehen. Dabei rieselt es langsam aus ihrem Strauß. Blatt um Blatt löst sich von den Blüten des Mohns und fällt auf den Bahnsteig nieder.

August — Sternschnuppenzeit! Lautlos fährt der Große Wagen über den Nachthimmel wie auf einer Straße aus schwarzem Samt. Der Mond hält seine Silberschale auf und sammelt ein Heer von Sternschnuppen, das hier und da unvermutet aufsprüht und über den Himmel jagt. Hoch über dem Bieletal führt die Milchstraße geradewegs in ein leuchtendes Geheimnis. Blinkfeuer geben Zeichen von außerirdischen Wohnungen.

Das Kind hat den Kopf in den Nacken zurückgelegt und hält die Augen weit geöffnet. Mit Aufmerksamkeit und Hingabe an das sprühende Winken ist es ihm, als ob seine Zehenspitzen kaum noch den Boden berührten. Es hat Netze in die Nacht geworfen, fängt die aufblitzenden Lichter in ihnen und zieht sie in seine Kammer. Jede Sternschnuppe ist ein gefangener Traum! Wie viele Träume! Im Schlaf schlüpfen sie durch die Maschen und tragen das Kind hinaus auf ihre wunderbare Reise.

Mit den Träumen schwebt es durch Feuer, die es nicht versengen, es stürzt in nachtschwarze Tiefen, ohne sich zu verletzen, und es schreit vor Grauen oder Entzücken, ohne daß ein Laut hörbar würde. Gesichter wachsen groß vor ihm auf, und es kann durch sie hindurchschweben, ohne den leisesten Luftzug eines Widerstandes zu spüren. Dann wieder halten es Arme vielfach umschlungen, und plötzlich lösen sich alle Fesseln.

Es fliegt über das blaue Meer und wohnt in einem Hause, durch das die Bläue hindurchflutet wie die Wellen des Meeres durch eine versunkene Stadt. Oder es treibt in einem Kahn mit roten Segeln flußabwärts und mündet in einem Feuersee. Die Verfolger bleiben zurück, und es schwebt aus dem brennenden See auf eine nachtdunkle Wiese, die von Sternschnuppen blüht.

Wer kennt schon die heimlichen Reisen des Kindes? Jedermann glaubt doch, es liege nachts in seiner Kammer und schlafe ruhig und fast bewegungslos unter seiner warmen Bettdecke.

Auch jetzt ist es eben von einem Fluge zurückgekehrt, der es so weit fortgeführt hatte, daß seine Gedanken ihm nicht folgen konnten. Nur an seinem raschen Herzschlag mißt es die ungeheure Entfernung, die es zurückgelegt haben muß.

Leise erhebt es sich noch einmal und tritt ans offene Kammerfenster, als könnte es seine Spuren verfolgen über die dunklen Schatten der Parkbäume hinweg bis zur leuchtenden Milchstraße. Minutenlang steht es reglos, ehe eine Sternschnuppe in sein Netz gerät. Traumvorrat sammelt es an.

Der Nachtwind kehrt bei ihm ein und trägt den Geruch von Tannennadeln aus dem Walde bis hierher. Das Kind weiß nun, daß es auf seiner Reise wieder in Eisersdorf angekommen ist. Glücklich träumt es die Heimkehr in seinem Bett weiter. Aber schon entläßt es den nächsten Traum aus seinem Netz, lenkt ihn zurück auf die Sternschnuppenwiese und gleitet endlich in die Bewußtlosigkeit eines traumlosen Schlafes hinüber.

Unter dem Schneeballbusch steht der Puppenwagen, und an der Hausecke kniet das Kind auf dem Kiesweg. Dort hat sich während des Sommers eine Kleepflanze angesiedelt, die es ängstlich hütet, obwohl Mutter Pflanzen, die außerhalb der Ordnung wachsen, im Garten nicht dulden will. Hier jedoch macht sie eine Ausnahme, denn diese bringt immer wieder vierblättrige Kleeblätter hervor, und wer wollte sich schon getrauen, so offenkundige Zeichen des Glücks einfach auszumerzen? Tatsächlich findet es eines der gesuchten Blätter und legt es umständlich zum Pressen zwischen die Seiten eines alten Notizbüchleins, in dem mit ungelenker Schrift viele Buchstaben und Zahlen stehen. Sorgfältig wird das Büchlein wieder unter der Matratze des Puppenwagens verborgen. Dann gießt das Kind gewissenhaft die Kleepflanze, die es zwischen den vielen Steinen gewiß nicht leicht hat.

Fräulein Franke ist ihm auch wieder eingefallen, und es macht sich auf den Weg, um für sie einen Blumenstrauß zu pflücken.

Durch die kleine, rückwärtige Pforte verläßt es den Garten und ist mit wenigen Schritten zwischen den hochstehenden Getreidefeldern verschwunden. Obwohl der Bauer es nicht gern sieht, kann es der Versuchung nicht widerstehen und verläßt den schmalen Pfad, um in einem Meer von goldgelben Getreidehalmen unterzutauchen. Über ihm schlagen die vollen Ähren des Roggens zusammen, und lange Grannen malen feine Striche an den Himmel, als es sich in einer kleinen Mulde niederläßt.

Zwischen der Flut der Halme stehen Klatschmohn und Kornblume, Ackerwinde und Kamille. Schillernde Käfer eilen auf den engen, schnurgeraden Straßen hin und her, Ameisen sind unterwegs und zartgrüne Grashüpfer vollführen unvermutet tollkühne Sprünge. Es zirpt und summt ringsum. Das Kind liegt auf dem Rücken und schaut in das Wiegen der Halme über sich. Hoch über dem Feld singt eine Lerche das Lied des Sommers. Über den schmalen, blauen Ausschnitt des Himmels schiebt sich eine Schäfchenherde weißer Wolken. Rasche Schatten ziehen über das Feld. Mit leiser Kühle berühren sie das Gesicht des Kindes, das ihnen seine Gedanken mitschickt.

Hoch auf den weißen Wolken reiten sie kühn aus dem Bieletal hinaus über die Berge hinweg, in die weite schlesische Ebene hinein. Hier sind die Felder unübersehbar groß, und hinter dem goldenen Meer steigt in das Flimmern der mittagheißen Luft der blaue Zobten.

In seiner Nähe liegt Markt-Bohrau. Durch seine geschlossenen Lider kann das Kind deutlich das Dorf erkennen: Die beiden Kirchen, den geräumigen Marktplatz mit den Baumreihen, die Geschäfte, seitab das Schloß, die Kirschbaumallee, die Straßen, die nach Petrigau führen, die neue Schule und das alte Lehrerhaus.

Am Gartenzaun lehnt noch immer Emil, die Mütze ins Genick geschoben und grinst frech herüber. Sein Fahrrad liegt achtlos am Straßenrand.

»Geh weg, du alter Mann«, ruft ihm das Kind erbost entgegen, »geh weg von unserem Gartenzaun.« Und der große schlacksige Junge löst sich in Luft auf.

Jetzt schiebt es zwei lockere Latten vorsichtig beiseite und schlüpft durch die Lücke im Zaun in den Garten hinein. Gerade zur rechten Zeit, denn die Straße herauf kommt Herr Sagave in seinem dreirädrigen Gefährt. Ein lautes Tuckern kündigt ihn zum Glück schon von großer Weite an, so daß man sich rechtzeitig in Sicherheit bringen kann.

Hinter einem Wald aus Goldrute taucht das Gesicht des Vaters auf. Es fühlt sich in die Arme genommen und sitzt mit einem Schwung in seinem Nacken. Huckepack reitet es auf den Gartenwegen entlang. An Dahlienstauden mit großen leuchtenden Blumengesichtern vorbei gelangt es durch den Obstgarten, umrundet dreimal die Gartenlaube und hält an. Neben dem Beet mit den Monatserdbeeren gleitet es über Vaters Schulter hinab. Im Nu hat es eine Schüssel mit den kleinen, süßen Früchten gefüllt.

Aus dem nahen Hause ruft die Mutter, und das Kind eilt ihr an Vaters Hand entgegen. In der blauen Küche steht Geschirr auf dem Spültisch. Das Wasser tropft in kleinen Perlen ab. Mit kreisenden Bewegungen trocknet es jetzt die Teller. Scherbengeklirr mischt sich in Vaters Klavierspiel. Vater sitzt im Wohnzimmer am Flügel und spielt, bis die Kirchenglocken ihr Geläut durchs Fenster schicken.

Auf ihren Klängen schweben sie gemeinsam über den Pfad zur Kirche hinüber, während die Tauben vom Pfarrhof sie flügelschlagend umkreisen. Unter den Lärchen liegen kleine Zapfen, die sie im Vorüberstreifen aufsammeln.

Schon sitzt es neben Vater auf der Orgelbank und sieht zu, wie er den Tasten und Pedalen Töne entlockt, auf denen es hinunter in den Altarraum gleitet. Doch da spürt es, wie viele Hände nach ihm greifen und es zurückziehen, weg von dem goldenen Leuchten vorne am Altar. Jemand nimmt es auf den Arm und tappt mit ihm die dunkle Treppe zur Empore hinauf. Es sitzt wieder neben Vater und schaut in sein abgewandtes Gesicht.

Mit den Glöcknersleuten ist es auf den Kirchturm gestiegen bis hinauf, wo die große Glocke hängt. Dohlen umkreisen den Turm. Durch die Luken schaut es hinaus ins Freie. Tief unter ihm die roten Flächen der Dächer, aus denen Rauchfahnen aufsteigen. Der bunte Fleck ist Vaters Garten und die hellen Streifen Straßen und Wege. In der Ferne steht der Zobten, der Zauberberg, der sich in Nichts auflösen kann. Der Schlag der Kirchturmuhr versetzt es in Schrecken und es fällt, fällt in die schwindelnde Tiefe. Vaters Arme fangen es auf, und es sitzt auf seinen Knien, während er mit roter Tinte in viele Schulhefte schreibt. Bienen summen dicht vor ihren Gesichtern und kehren in die nahen Goldrutenstauden zurück.

Jetzt ist es in Königs Haus mit den Tannen, die schon bis an den spitzen Giebel hinaufreichen. Oma König näht und erzählt Geschichten. Alfred spielt mit seiner Ritterburg. Zinnsoldaten schiebt das Kind den Abhang hinauf. Von einer wilden Reiterei überwältigt, stürzen sie in den Burggraben. Ein Weinen steigt in ihm auf. Da schieben sich goldgelbe Butterplätzchen in seinen Mund, und das ganze Haus ist erfüllt von ihrem Duft. Nach der verlorenen Schlacht trägt es der Vater huckepack nachhause.

Mutter sitzt am Fenster und näht. Das Kind hockt zu ihren Füßen auf Großvaters altem Betschemel und stichelt auch. Vater hält die Bratsche und spielt. Es ist eine Zigeunergeige mit einem feinen, fast unmerklichen Sprung im Leib. Tieftraurig ziehen ihre Töne durch den Raum und schweben durch das ganze Haus. Dann strahlen helle Töne auf. Vater hat die Violine genommen, und Jubel und Fröhlichkeit jagen hinter der Bratsche her.

»Vater, bist du froh, daß du bei uns sein kannst?« hört

sich das Kind sagen und zieht ihn zu sich auf die lange Fußbank hinunter.

Mit einem Körbchen am Arm steht es im Obstgarten im frühlingsgrünen Gras. Violette, duftende Veilchenblüten sammelt es ein. Kinder kommen vorbei und lehnen sich über den Zaun mit einem verführerischen: »Komm mit uns!«

Das Gartenpförtchen läßt sich leicht öffnen, und es zieht mit ihnen in die weite Welt. Im Armenhaus schüttet eine fremde Frau dampfende Pellkartoffeln auf den Fußboden zwischen die spielenden Kinder. Von der Tür her ruft Mutters Stimme streng dazwischen, und ihr ärgerliches Gesicht treibt es heimwärts.

Schnee fällt auf die Straßen, auf die Dächer und Zäune. Mutter und Vater schippen ihn beiseite, und der Schneepflug kommt, von zwei schweren Gäulen gezogen, die Straße herauf. Es dampft vor ihren Nüstern.

Der Wind treibt Regenwolken über das Land, und die Sonne strahlt durch ihr trübes Grau, bis es zergeht. Es tropft von den Dächern. Die glitzernden Eiszapfen werden dünner und spitzer. Auf dem Schulhof schreien die Kinder und jagen hintereinander her. Die Mutter trägt wie immer einen großen Topf mit heißer Suppe hinüber für die armen unter ihnen. Ein Tablett voller Butterschnitten leert sich im Handumdrehen. Das Kind sitzt zwischen großen Mädchen mit blonden Zöpfen in der letzten Bankreihe. Onkel Wieck beugt sich über einen Jungen. Eine Ohrfeige schallt durch das Klassenzimmer. Dazwischen der Aufschrei:

»Ich hab dich nicht mehr lieb, Onkel Wieck!«

Das verdutzte Gesicht des Lehrers, die Entdeckung, das Gelächter treiben es aus dem Schulzimmer hinaus.

Es schlüpft in den Garten, den der Zaun schützend umschließt. Erntewagen schaukeln hoch beladen vorüber, dazwischen tönt das Tuckern von Kaufmann Sagaves dreirädrigem Auto.

Die Blätter des Birnbaumes werden rot. Die Stiefbrüder sind heimgekommen. Franz beißt knackend in einen reifen Apfel, und Georg läßt die Hände in wilden Läufen über die Tasten des Flügels fliegen.

An der Tür steht Tante Frieda und schaut mit freundlichem Gesicht auf den Geburtstagstisch, auf dem das Lebenslicht brennt, dicht neben dem neuen Puppengesicht. Irgend jemand erzählt ein Märchen, während die Milch im Becher kalt wird.

Mutter nimmt es bei der Hand und steigt in einem dunklen Treppenhaus viele Stufen hinauf. Eine kleine Frau, gebückt und alt, öffnet die Tür.

»Sie stellet sich recht freundlich, o, welche Not.«

Das Kind entdeckt hinter dem Vorhang ein tiefes Loch in der Wand, dort, wohin die alte Frau ihre Nähmaschine schiebt. Einen Augenblick später ist der Vorhang zurückgeglitten.

Entsetzen spiegelt sich in den Augen des Kindes. Es zupft an Mutters Ärmel und fliegt ihr voraus durch die tiefen Schatten im Treppenhaus.

Vater steht lachend draußen in der Sonne, trägt es zurück in den Garten und bettet es in ein Nest aus lauter Goldrute. Sein Gesicht taucht unter in dem Goldgelb und Bienengesumm. Über dem Kind steigt eine Lerche auf der unsichtbaren Leiter ihrer Töne immer höher in das Blau des Himmels, während es leise und unbemerkt die beiden losen Latten zur Seite schiebt und durch die Lücken im Zaun zurückkehrt.

Das Kind öffnet die Augen, und die Wolkenherde ist dicht geworden. Der Strauß aus Feldblumen liegt neben ihm. Es fügt ihm eilig Klatschmohn, Kornblumen, Kamille und wilde Stiefmütterchen hinzu. Schon fegt der Wind vom Märzdorfer Wald, wirbelt Staub auf, treibt Laub vor sich her und reißt an den schlaffen Blütenblättern des Mohns. Das Kind beginnt zu rennen, überquert die Straße und eilt die Stufen hinauf bis vor Fräulein Frankes Wohnungstür. Das Herz schlägt ihm bis zum Halse, und es legt rasch die Blumen vor ihrer Türe nieder. Ein Marienkäfer ist heruntergefallen. Das Kind nimmt ihn in die schützende Höhle seiner kleinen Faust und hastet zurück.

Die Mutter hat schon gerufen und steht wartend auf der Veranda. Die ersten Tropfen zerplatzen auf der Freitreppe und malen dunkle Flecke auf die steinernen Stufen. Hinter dem Kind schlägt der Sturm die Haustür zu.

Wenig später bricht ein Unwetter los. Blitz und Donner folgen einander unmittelbar. Zwischen den Bergen gefangen jagen sie im Bieletal auf und ab; wild und ungestüm suchen sie nach einem Ausgang und schleudern ihren Zorn auf die armen Talbewohner nieder. Sie spalten Tannen und setzen Scheunen in Brand. Mit Regengüssen versuchen sie, das Tal zu bezwingen, mit der Biele im Verein, die jederzeit darauf aus ist, sich tollen Spielen anzuschließen. Sturm schicken sie voraus, der die Felder verwüsten, die Bäume aus ihrem Erdreich heben und entwurzeln will, den Dächern Schaden antut und an den Fenstern reißt. Sie verdunkeln mit ungeheuren Wolkengebirgen den Himmel, verdecken Sonne und Blau mit grauer Dämmerung und ängstigen Mensch und Tier mit schwefligem Grüngelb. Wie tröstlich ist es da, in die ruhige Flamme einer Kerze zu blicken, während draußen vor den Fenstern die unberechenbaren Blitze aufzucken und wahllos in die Erde fahren.

Das Kind möchte jetzt nicht unterwegs sein, und auch die Mutter fühlt sich geborgen im Haus unter dem schützenden Walmdach. Großvater hat dafür gesorgt, daß Blitz und Wasser ihm nichts anhaben können.

In Gedanken sieht das Kind das Haus zu einem unsinkbaren Schiff verwandelt, wie Herr Weber es ihm geschildert hat, und es fühlt sich schaukelnd auf die Wellenkämme der sich türmenden Wolken gehoben.

Im Park biegen sich ächzend die Bäume, der Sturm hat Äste abgebrochen und über den Zaun geschleudert. Die Nase dicht an die Scheiben gepreßt, entdeckt das Kind unter dem Dachvorsprung einen Vogel, der dort Schutz gesucht hat. Der Marienkäfer liegt auf dem Fensterbrett und stellt sich tot.

Endlich scheinen die Blitze nicht mehr so grell; der Abstand zwischen ihnen und dem Donner wird größer. Später ist nur ein sich immer weiter entfernendes Murren und Grollen vernehmbar. Der Regen rauscht heftig aber gleichmäßig nieder und tränkt die ausgedörrte, rissige Erde.

»Das ist gut«, meint die Mutter, »die letzten Tage

waren unerträglich heiß und die Nächte schwül. Die Abkühlung war nötig, und wir brauchen heute abend den Garten nicht zu gießen.«

Kurz darauf läßt der Regen nach, der Wolkenvorhang reißt auf, und die Sonne besiegt noch einmal für heute die Dämmerung. Mutter und Kind laufen hinaus in den Garten, barfuß genießen sie die erfrischende Kühle des nassen Rasens.

Überall stecken nun die Leute ihre Köpfe aus den Haustüren, ihre Nasen ziehen begierig die gereinigte Luft ein, die würzig duftet. Ringsum platschen barfüßige Kinder in den Pfützen herum und lassen kleine Holzstückchen wie Schiffe in den mit Regenwasser gefüllten Wagenspuren schwimmen. Das Kind ist längst zu ihnen hinausgeeilt. Von den Bäumen tropft es noch. Sie stellen sich darunter und werden naß wie unter einer Dusche. Auch die Vögel tauchen aus ihren Verstecken auf. Die feuchte Luft trägt ihr Gezwitscher aus der fernsten Ecke des Parks herüber.

»Morgen wird wieder ein schöner Tag sein«, meint Mutter, als sie gegen Abend prüfend zum Himmel blickt. »Wir wollen hoffen, daß die Bauern das Korn gut in die Scheuern bringen. Der Henschelbauer wird bald den Roggen schneiden.«

Das Kind blickt hinüber zu dem Feld, das gleich hinter dem Gartenzaun anfängt. Es leuchtet in dunklem Gold herüber. Der Sturm hat einige Schwaden niedergelegt, und so wird der Bauer die Mulde nicht bemerken, in der das Kind heute gelegen hat.

Allzu kurz ist die Bahnfahrt. Auf der Strecke nach Glatz hält der Zug nur in Rengersdorf, dort allerdings meistens für ein paar Minuten länger als in Eisersdorf. Schließlich kann man den Nachbarort beinahe als Eisenbahnknotenpunkt bezeichnen, denn hier zweigt die Linie in Richtung Habelschwerdt ab.

Das Kind möchte den ganzen Tag so weiterfahren und aus dem Abteilfenster schauen. Die Landschaft fliegt vorüber: Rote Hausdächer, Telegrafenleitungen mit dem lustigen Auf und Ab der Drähte, Bäume, die sich im Tanz zu drehen scheinen und die Riesenkaros der Felder. Ab und zu rückt ein Bahnwärterhäuschen dicht an die Schienen heran, ein frisch gestrichener Lattenzaun flammt auf, die weißen Flecke der Gänse und Enten zerstreuen sich flügelschlagend, oder ein Hofhund zetert wütend dem Zug nach. Manchmal stehen winkende Kinder hinter den Schranken, das Kind winkt dann mitleidig zurück und wünscht sich, die Fahrt möge nie enden.

Zu beiden Seiten der Geleise arbeiten die Bauern auf ihren Feldern. Die Ernte ist in vollem Gange. Hier fahren die Mähmaschinen über ein Feld, dort stehen schon die Garben, wie durch Zauber erstarrte Lebewesen, in Reih und Glied zu Puppen aufgerichtet, und da bringen hochbeladene Wagen bereits das Korn in die Scheuer.

Die ersten Stoppelfelder des Jahres! Vogelscharen kreisen über ihnen, lassen sich auf ihnen nieder. Bald wird der Pflug kommen und die Erde zu blanken Schollen aufwerfen.

Eine leise Erinnerung an einen künftigen Herbst taucht aus dem Vorjahr auf. Doch immer noch rollt die Sonne als riesiger Feuerball über den Sommerbogen des Himmels und läßt die mittägliche Luft vor Hitze flimmern, schickt dann und wann Erntegewitter in die Abende, die unmerklich längere Schatten über das Bieletal legen.

Schon nähert sich der Zug Glatz, das mit seinen Zwiebeltürmen und krummgiebeligen Dächern einladend in der Sonne liegt. Das Kind entdeckt den hohen Rathausturm, und die Mutter weist auf die Doppeltürme der Minoritenkirche. Mächtig erhebt sich unmittelbar hinter der Stadt die breit hingelagerte Festung, die seit tausend Jahren die Grafschaft bewacht. Im Tal fließt die ungestüme Neiße. Durch die Wasser wilder Gebirgsbäche, durch die Biele und die Weistritz stark geworden, bedroht sie immer wieder die Altstadt.

Die Mutter eilt von Geschäft zu Geschäft.

»Zum Stehenbleiben ist erst Zeit«, mahnt sie, »wenn wir eingekauft haben.«

In mehreren Läden erkundigt sie sich vergebens nach bestimmten Waren. Es ist Krieg, und viele Dinge sind auch gegen einen Bezugsschein nicht mehr erhältlich oder von so geringer Qualität, daß Mutter unmutig auf den Kauf verzichtet. Endlich gibt sie sich zufrieden.

Durch eine schmale Gasse gelangen sie zum alten Brücktor und treten auf der anderen Seite des Torbogens auf die Steinerne Brücke, die über den Mühlgraben hinweg zur Minoritenkirche führt. Zu gerne betrachtet das Kind die barocken Steinfiguren der Heiligen, die sich rechts und links auf der Mauerbrüstung erheben. Der heilige Nepomuk ist auch dabei und erinnert an die Zeit, als die Grafschaft noch zu Böhmen gehörte. Mutter wiederholt noch einmal die Geschichte dieses Heiligen, der seiner Standhaftigkeit wegen in die Moldau geworfen wurde und darin ertrinken mußte. Während die Mutter erzählt, schaut das Kind auf die ernste Gestalt mit dem Kreuz im Arm. Inzwischen hat ein Spatz sich auf der Schulter des Heiligen niedergelassen und wartet, ob einer der vielen vorübereilenden Menschen ein Krümchen Brot verlieren wird.

»Weit über fünfhundert Jahre alt ist die Steinerne Brücke«, erklärt Mutter.

»Die Heiligenfiguren sind allerdings erst später dazugekommen. Als man die Brücke erbaute«, fährt sie fort, »nahmen sich die Leute vor, sie so fest zu mauern, daß sie alle anderen Brücken überdauern sollte. Deshalb vermischten sie Kalk mit Eiweiß anstatt mit Wasser. Du kannst dir nicht vorstellen, wieviele Eier dazu nötig waren. In alten Chroniken steht geschrieben, daß die Bewohner aller umliegenden Ortschaften sämtliche Eier nach Glatz schaffen mußten. Und wehe, wer nicht alle abliefern wollte. Ihm drohten hohe Strafen.«

»Und das viele Eigelb, was geschah denn mit dem?« will das Kind nun wissen.

»Es ist richtig, daß du danach fragst«, antwortet die Mutter geduldig, »die Dotter wurden in riesigen Bütten gesammelt und dann an die Hausfrauen verkauft, die sie in irdenen Schüsseln heimtrugen. Die Brücke aber, wie du siehst, steht heute noch so fest da wie vor vielen hundert Jahren.«

Nun wenden sie sich wieder der Innenstadt zu. Es ist noch Zeit, um für ein Vaterunser in der Pfarrkirche einzukehren. Zu gern betritt das Kind diese Kirche, weniger um zu beten als um zu schauen. Eigentlich heißt sie »Zu Mariä Himmelfahrt«. Und wie die himmlische Herrlichkeit selbst erscheint sie ihm auch. Wenn die Sonne, wie jetzt, schräg durch die Fenster in das hohe Schiff einfällt, erstrahlt das Gold der vielen Altäre zu beiden Seiten so stark, daß das Kind für einen Augenblick die Augen schließen muß. Zur Rechten befindet sich ein Altar, auf dem gleichsam ein Meer von goldenen Wolken und Strahlen ein Bild umflutet, von dem Maria mit dem Jesuskind im Arm liebevoll herniederschaut. Zahllose Putten umfliegen das Bild, hoch oben tragen zwei an einer schweren goldenen Krone.

Die Kanzel ist ebenfalls von vielen Engeln umschwebt, und je länger das Kind umherspäht, desto mehr entdeckt es in dem leuchtenden Gepränge ringsum. Sie hängen an den Orgelpfeifen, sie umgeben die Apostelfiguren, die in wehenden Mänteln auf den Säulen stehen. Einige winken von der schwindelnden Höhe des Gesimses fröhlich herunter, und eine ganze Schar ist bis zum feinen Netzgewölbe des Himmels emporgedrungen und hat sich zu den üppig wuchernden Pflanzen des Deckenstucks gesellt. Aus der lichten Höhe über dem Hochaltar schaut Gottvater herunter, und die schönsten Engel knien ihm dienend zur Seite.

Wie wohl mein Schutzengel aussieht, denkt das Kind. Manchmal glaubt es, ihn leise etwas flüstern zu hören, aber gesehen hat es ihn noch nie.

Die Mutter steht winkend an der Kirchentür, als sich das Kind jetzt umwendet. Und während es mit hallenden

Schritten durch all den Glanz zurückgeht, glaubt es, von der Orgelempore Klänge zu vernehmen. In dieses wundersame Tönen mischen sich die jubelnden Stimmen der unzähligen Engel ringsum.

Eine Weile lang kann das Kind Mutters Worte nicht richtig verstehen. Draußen auf der Straße überlegt es jedoch, daß es sich wohl getäuscht haben muß und außer den eigenen Schritten in der Kirche alles still gewesen sei.

Wenig später werden sie bei Tante Maria und Onkel Josef stürmisch und liebevoll zugleich begrüßt. Wer in dieser Zeit jemanden zum Essen einlädt, beweist seine treue Freundschaft. Vom vielen Schauen ist das Kind hungrig geworden. Tante Maria freut sich darüber und gibt ihm bald zum zweiten Male Klöße auf den Teller. Dazu schneidet sie die lustigsten und seltsamsten Grimassen. Allein die machen einen Besuch bei Tante Maria so interessant. Außerdem besitzt sie ein wunderschönes buntes Kästchen, zu dem das Kind immer wieder mit begehrlichen Blicken hinüberschielt.

Endlich erheben sich die Erwachsenen, eilig gleitet das Kind von dem hochlehnigen Stuhl hinunter und beugt sich über die alte Spieldose, deren schöne Bemalung es wohl zum hundertsten Male betrachtet. Onkel Josef zieht die Spieluhr jetzt auf und läßt das Kind auch in das Innere blicken, wo mehrere Walzen hintereinander liegen. Deshalb kann diese schönste aller Spieluhren mehrere Melodien spielen. Entzückt lauscht das Kind dem feinen Klingen, während sich im Nebenzimmer die Mutter und ihre ehemalige Frankensteiner Schulfreundin viel zu erzählen haben. Es gibt dazu echten Bohnenkaffee. Tante

Maria findet immer Mittel und Wege, um auf diese Köstlichkeit nicht ganz verzichten zu müssen.

Onkel Josef sitzt währenddessen im Sessel dem Kinde gegenüber und zieht genießerisch an seiner Zigarre.

»Dein Tabak riecht besser als Herrn Webers«, meint das Kind, und der Onkel lacht mit schlauem Gesicht leise vor sich hin.

»Erzähl mir doch noch etwas von der Festung«, bittet das Kind ihn nun.

»Vor tausend Jahren wurde sie schon erbaut«, beginnt Onkel Josef. »Natürlich sah sie damals ganz anders aus, viel kleiner auch mußt du sie dir vorstellen. Zuerst stand auf dem Berge eine hölzerne Burg. Die Stadt gab es noch nicht. Ringsum wuchsen unwegsame Urwälder. Durch das Tal zogen alle, die von Böhmen nach Schlesien wollten, auch weiter ostwärts ins Polnische hinüber oder gar nach Rußland. Später wurde diese Burg erweitert und aus festen Steinen gebaut, denn immer wieder zogen nicht nur friedliche Händler, sondern auch feindliche Heere oder Raubritter durch das Tal. Zu Füßen der Burg siedelten sich nach und nach immer mehr Handwerker an. Klöster und Kirchen wurden erbaut, und Mensch und Vieh fanden in Kriegszeiten Schutz innerhalb der starken Mauern. Es entstand ein großes Schloß oben auf dem Berge. Erst später errichtete man die Festung, wie wir sie heute sehen, und bis alle die riesigen Wälle fertig waren, mußten schöne Kirchen und Häuser, sogar ein herrlicher alter Klosterbau niedergerissen werden. Obwohl die Stadt auch einmal in Schutt und Asche sank, die Festung der langen Belagerung feindlicher Heere nicht immer standhielt, war sie doch meistens ein mächtiger Schutz für das ganze Land.«

Aufmerksam hört das Kind zu, wirft nur ab und zu eine Frage dazwischen. Unermüdlich erzählt Onkel Josef weiter: Von dem Netz unterirdischer Gänge, das sich weithin unterhalb der Stadt auszubreiten begann und sich sogar unter dem Flußlauf der Neiße fortsetzte, von den Statthaltern der böhmischen Herzöge und Könige, von Burggrafen und österreichischen Kommandanten, vom Preußenkönig Friedrich dem Großen, der sieben Jahre lang gegen Maria Theresia, die Kaiserin Österreichs, Krieg führte, um Schlesien zu erringen, von den preußischen Gouverneuren der Festung, von ihrem berühmtesten Soldaten, dem Dichter Joseph Freiherr von Eichendorff. Er berichtet auch von Gefangenen, die oben auf der Festung eingekerkert waren, von Grafen, Spionen, Soldaten, ja, sogar von einem Räuberhauptmann und von einer Giftmischerin.

Inzwischen sind Tante Maria und die Mutter wieder hereingekommen und unterbrechen die spannenden Berichte mit dem Argument, dies seien nun wirklich keine Geschichten für ein kleines Kind und schon gar nicht für ein Mädchen. Es würde noch nicht alles verstehen und was es behalten könne, sei nur zum Fürchten. Es hätte sowieso eine viel zu lebhafte Phantasie.

Da die Mutter ihm schon am Sonntag den Festungsbesuch versprochen hatte, erhebt es sich nun ohne Widerrede und ohne allzu großes Bedauern.

Gleich hinter dem Marktplatz, dem Ring, in dessen Mitte das schöne Rathaus mit seinem hohen Turm steht, führt der Weg zur Festung. Durch eine enge, steile Gasse gelangt man zum Schloßberg hinauf. Über die Zugbrücke betreten sie durch ein Torgewölbe die riesige Anlage. Zu beiden Seiten türmen sich gewaltige Mauern auf, dumpf hallt es aus modrigen Kellergewölben herauf, schaudernd geht das Kind an Mutters Hand durch das »Finstere Tor«.

Sie steigen aufwärts, und jetzt sind es nur noch wenige Schritte bis zur »Heidnischen Jungfrau«. Voller Neugier und Grauen bleibt das Kind vor dem steinernen Wandbildnis stehen. Die Mutter will ihm die Geschichte der Valeska nicht erzählen, aber es kennt sie längst und starrt gebannt auf das verwitterte Gesicht, das reliefartig aus der Wand hervortritt.

Vor mehr als tausend Jahren, so erzählen die Leute einander, lebte sie hier auf dem Glatzer Schloß, war wild und tollkühn und mit dem Teufel im Bunde. Einmal erreichte ihr verzauberter Pfeil sogar Eisersdorfs Dorflinde. Unheil fürchteten die Bauern ringsum im Lande. Da fingen sie die Valeska und mauerten sie lebendigen Leibes in die Wand des Schlosses ein.

Wie ein Traumwandler geht das Kind hinter der Mutter her, bleibt ein paar Schritte zurück und wendet sich mehrmals nach dem unheimlichen Bildnis um, nimmt kaum die einzelnen Bastione, Wälle und Gewölbe wahr, stolpert an den Kasematten vorbei durch den Donjonhof, blickt wie abwesend in die schauerliche Tiefe eines alten Festungsbrunnens hinab und erreicht schließlich, kurz hinter der Mutter hersteigend, den höchsten Punkt der gewaltigen Anlage, den dicken, runden Observationsturm.

Sie stehen nebeneinander in der warmen Nachmittagssonne und schauen, dicht aneinandergeschmiegt, hinab. Nur wegen dieses einmaligen Rundblicks besteige sie immer wieder diese düstere Festung, meint Mutter.

Unter ihnen liegen die Wälle und die alte Stadt. Von oben kann man in die Straßen und engen Gassen hineinblicken und das Ameisengewimmel von Menschen und Autos beobachten. Durch das Tal schlängelt sich aufblitzend die Neiße. Über ihrem jenseitigen Ufer erhebt sich der Schäferberg, auf dem weitere Festungsanlagen zu sehen sind.

Mutters Arm beschreibt einen weiten Kreis und nennt alle Gebirge und Höhenzüge mit Namen, die den Glatzer Kessel umschließen.

»Dort ist das Bielengebirge, von dem unser Bach herunterstürmt, das Schneegebirge schließt sich an.«

Weiter rechts entdecken sie die Höhen des Habelsschwerdtes und des Adlergebirges. Zu Füßen des Mensegebirges liegt Lewin, über dessen Eisenbahnviadukt sie beide so gerne fahren. Die Augen folgen Mutters ausgestrecktem Arm immer weiter.

»Dort ist die Heuscheuer«, ruft das Kind erfreut aus. Es ist nicht schwierig, den seltsam geformten Berg wiederzuerkennen, den es neulich auch von der Weißkoppe aus sehen konnte.

»Und vor dem Eulengebirge liegt Neurode«, erklärt die Mutter jetzt.

»Mit der roten Erde«, ergänzt das Kind eifrig, »und Tante Maria wohnt dort.«

»In Silberberg«, fährt die Mutter fort, »beschützte

ebenfalls eine gewaltige Festung das Land. Und dort hat sich die Neiße vor undenklichen Zeiten durch das Reichensteiner Gebirge einen Ausgang aus der Grafschaft Glatz gegraben. Durch ihr enges Tal führt die Straße nach Wartha und weiter in die schlesische Ebene hinein. Auch die Eisenbahn nimmt denselben Weg, wenn man nach Breslau fahren will.«

An solch einem herrlichen Tage und angesichts der mit Bergen und Tälern, mit Wäldern und Dörfern lockenden Ferne fällt es nicht schwer, der Mutter das Versprechen abzunehmen, daß ihr nächstes gemeinsames Ziel Wartha sein soll.

Inzwischen ist noch eine Gruppe fröhlicher Ausflügler auf die Plattform gestiegen. Langsam wenden sich Mutter und Kind zum Gehen. Vor der lieblichen Landschaft ringsum ist für kurze Zeit Valeskas Bild untergetaucht. Aber beim Abstieg durch die dunklen Festungsgänge scheint die »Heidnische Jungfrau« sich hinter jedem Schatten zu verbergen.

Schweigend treten sie die Heimreise an. Die Mutter ist von dem heißen Tag ermüdet, und auch das Kind spürt jetzt die Schwere in den Gliedern. Im Westen türmen sich Wolken auf.

»Nachts wird es wohl ein Gewitter geben«, meint die Mutter. Dann hängt sie wieder ihren Gedanken nach. Das Bild der Grafschaft prägt sich erneut in ihr Herz ein wie ein Geschenk des Himmels und des Friedens. Das Kind jedoch ist von anderen Gedanken erfüllt.

Erst gegen Abend sind sie wieder daheim. Bereitwilliger als sonst zieht sich das Kind in seine Kammer zurück.

Ehe es zu Bett geht, schließt es sorgfältig das Fenster. Auch zieht es gegen seine sonstige Gewohnheit die Vorhänge vor die Scheiben, denn mit der Dämmerung steigt Valeskas Steingesicht aus der grauen Festungsmauer.

Spät abends erwacht das Kind noch einmal. Durch das Stürmen draußen vor den Fenstern vernimmt es eine zornige Stimme. Erschrocken setzt es sich auf und lauscht hinaus. In das Rütteln am Fenster mischt sich ferner Donner. Die Dielen knarren wie von leisen Schritten. Das Kind preßt sich die Bettdecke vor den Mund, um einen Aufschrei zu unterdrücken. Unter der Kammertür verrät ein schmaler Lichtstreifen Mutters tröstliche Nähe. Beruhigt schläft das Kind wieder ein, nachdem es ein Gebet zur Erlösung der »Heidnischen Jungfrau« gesprochen hat.

Im Traum schweben dunkle Schatten durch das Tal und richten riesige graue Mauern rings um die Häuser auf. Durch die geschlossene Tür wächst Valeskas Steingesicht und bleibt dicht vor dem Kind stehen.

Da rieselt das Grau von den erstarrten Blicken, Gestein löst sich von den eingemauerten Zügen und bröckelt schwer auf des Kindes Brust. Goldene Locken quellen hervor, aus den Augen fahren kleine Blitze, der Mund formt stimmlos Worte, die unverständlich bleiben.

Unruhig wirft sich das Kind in seinem Bett hin und her, bis es erlöst in traumlosen Schlaf fällt.

Wer will es schon wahrhaben, daß so ein wundervoller Sommer je enden könnte? Ist es nicht selbstverständlich, daß die Sonne jeden Morgen wieder die Steinstufen erwärmt und den Nachttau trocknet? Daß der Himmel mit seinem unendlichen Blau das Tal überspannt? Daß ein kurzer, heftiger Gewitterregen den Staub vom Gebüsch und von der Straße wäscht und dann alle Farben klarer leuchten?

Wer denkt schon daran, daß in das Fallen der Kalenderblätter sich einzelne falbe von den noch üppig grünen Laubbäumen mischen werden?

Eines Tages hat die Sonne nicht mehr genug Kraft, um den Morgendunst gänzlich aufzulösen. Es bleibt ein leises Grau von der Dämmerung über dem Garten hängen. Vögel sammeln sich auf Telegrafendrähten und Zäunen. In Scharen erheben sie sich und fliegen über das Dorf hin. Sie haben das geheime Zeichen bereits empfangen. Die Kreise, die sie ziehen, werden immer weiter. Ferne schreiben ihre Flügelschläge in den Himmel. Ihre Lockrufe mahnen den Sommer zum Aufbruch. Wenn sie vorübergeflogen sind, bleibt für einen Augenblick die Öde eines weißgrauen Winterhimmels.

Das Kornfeld hinter dem Gartenzaun ist leer. Noch gestern bildeten die Garben wiegende Zelte für geheime Zusammenkünfte, gaben Schutz vor dem Wind, der jetzt merklich kühler von der Weißkoppe herunterfährt. Heute läuft das Kind in Holzsandalen über die Stoppeln und sammelt die liegengebliebenen Ähren auf. Vögel hüpfen pickend in einiger Entfernung vor ihm her, um die Nachlese mit ihm zu teilen.

Das Gebirgswasser der Biele ist so eiskalt geworden, daß der Badeplatz der Kinder verlassen bleibt. Das Mäuerchen aus bunten Steinen wurde teilweise von der Strömung eingerissen.

Es gibt viele Pilze im Wald, aber man sitzt nicht mehr so lange auf den weichen Moospolstern. In der weißen Kapelle auf dem Weg nach Märzdorf stehen keine Sträuße mehr aus glühendem Klatschmohn und zarter Ackerwinde. Nun leuchtet das dunkle Blau des Stengelenzians, der droben auf den Höhen der Grafschaft zu finden ist.

Vom Rain neben der Kapelle steigt nicht mehr der würzige Quendelduft auf, der sonst in der Sonnenhitze dem Thymian entströmte. Jetzt muß man seine winzigen Blättchen zwischen Zeigefinger und Daumen zerreiben, um ihm den betäubenden Duft zu entlocken.

Noch ist das Orange der Hagebutten blaß, aber nur noch selten findet man eine der rosa Blüten am wilden Heckenrosenstrauch. Dafür sind Spinnennetze zwischen die Zweige der Büsche gespannt, an deren feinem Gespinst die kleinsten Perlen aus Tau aufgereiht sind. Bald werden Silberfäden durch die Luft tanzen und im Vorüberschweben das Gesicht streifen. Altweibersommer wird sein.

Noch einmal versammeln sich auf den langsamer nachwachsenden Wiesen die Sommerblumen. Aber Margeriten, Glockenblumen, Hahnenfuß, Kuhauge und Klee haben jetzt kleinere Blüten und stehen nicht mehr in so dichten Gruppen zwischen den Gräsern.

Jedoch sind das nur erste Vorzeichen, unbestimmbaren Ahnungen ähnlich, die fast unbeachtet bleiben.

Noch stehen die Gärten in voller Blüte. Goldrute hält das Leuchten des Sommers aufrecht, und Sonnenblumen wachsen hoch über den Zaun den Strahlen der Sonne nach. Dahlien prunken verschwenderisch und verdecken mit ihren Farben erste vertrocknete Blätter. Sommer- und Herbstastern blühen im leisen Übergang einer unbemerkten Ablösung. Von den dichten Stauden her tönt weiterhin Bienengesumm, und Pfauenaugen flattern noch über den Garten.

Auch der Akazienberg bleibt mit seinen windgeschützten Mulden der Berg der Kinder, der unter allen seinen Verwandlungen die Veränderungen draußen vergessen läßt. Wunderschöne Tage reihen sich aneinander. Abwechslung gibt es genügend. Äußerlich ereignislose Stunden bekommen Flügel durch die nie versiegende Phantasie und werden zu den schönsten verzaubert.

Es gibt auch außerhalb des Akazienberges viel zu tun. Halbe Tage verbringt das Kind mit der Mutter auf den Feldern beim Ährenlesen. Der Nachbar wird die mühsam angesammelte Getreidemenge mit dreschen. Dann werden sie das Korn zur Mühle fahren. Ein Säckchen, angefüllt mit ihrem Fleiß, werden sie auf den Handwagen laden, ihn ratternd über die Bielebrücke ziehen und auf der Straße am jenseitigen Ufer ins Niederdorf zur Mühle bringen. Möglicherweise wird das Kind diese Aufgabe allein übernehmen, obwohl es in der Mühle nicht geheuer ist, wie jedermann weiß, und zudem ein riesiger Bernhardinerhund dieses große, düstere Gebäude dicht am Wasser bewacht.

Um zum Exnerbauern hoch auf die Berge zu steigen, ist gerade die rechte Zeit. Die Bäuerin plagt sich mit ihren Kindern allein auf dem Hofe ab, ihr Mann ist im Krieg.

Während der Erntezeit ist sie froh über jede Hand, die herzhaft zupacken kann. Mutter hilft ihr gerne bei der Ernte. Einmal liebt sie die frische Luft oben auf der Höhe und den freien Blick, wenn sie sich ab und zu aufrichtet, um kurz auszuruhen, zum andern ist sie froh, sich manches Stück Butter verdienen zu können, denn die Lebensmittelkarten werden immer knapper bemessen. Der Hof liegt viel zu weit ab vom Dorf, als daß sich der Kontrolleur bequemen würde, allzu oft persönlich zu überprüfen, was da noch nebenbei und unter der Hand geschieht. Trotzdem ist die Bäuerin ängstlich und verschließt sorgfältig Türen und Fenster, beobachtet auch den Pfad, der ins Dorf hinabführt, minutenlang, ehe sie sich an die heimliche Arbeit begibt. Das Kind schaut dabei ins Butterfaß, in die schäumende Milch, aus der sich langsam hellgelbe Inselchen zu heben beginnen, die nach und nach zu einem großen schweren Klumpen verschmelzen. Ab und zu läßt es ein Stückchen der köstlichen frischen Butter mit dem leicht salzigen Geschmack auf der Zunge zergehen.

»Das darfst du niemandem erzählen, hörst du?« sagt die Bäuerin ein ums andere Mal. Es sei schließlich kein Unrecht, meint sie weiter, wenn sie täglich ein wenig der Milch behielte, die sie von ihren eigenen Kühen hätte, die doch ihr eigenes Gras von ihrem eigenen Land fressen würden.

»Aber heute wird man sogar für so etwas bestraft, was immer als recht gegolten hat«, fährt sie fort.

»Deshalb darfst du niemandem sagen, was du gesehen hast, denn sonst würde ich schwer hereinfallen, und ihr könntet dann auch keine Butter mehr bekommen.«

Das Kind nickt ernst und verständig und beteuert hoch und heilig, mit keinem Menschen darüber zu sprechen, nicht einmal mit den Freunden auf dem Akazienberg. Was es einmal versprochen hat, das hält es auch. Unbedachte Worte und sorgloses Plappern können in dieser Zeit sehr gefährlich sein. Das hat ihm die Mutter schon längst eingeschärft.

Inzwischen hat die Bäuerin die Butter in schöne holzgeschnitzte Formen gefüllt und legt sorgsam die verzierten Stücke nebeneinander auf den gescheuerten Tisch. Das Kind beobachtet sie dabei, schaut auch verstohlen auf die lange gerötete Narbe, die sich über ihren angeschwollenen rechten Unterarm hinzieht. Es wüßte zu gern, was sich nun wirklich Schreckliches unter der schlecht verheilten Wunde verbirgt, aber es traut sich nicht, danach zu fragen. Die Kinder, die oft die Köpfe zusammenstecken, tuscheln manchmal darüber.

Von einer Operation her soll sich noch eine Klammer darin befinden, möglicherweise sogar eine Schere, zumindest aber hat der Arzt Nadel und Faden darin liegenlassen. Davon nun sei der Arm so dick geblieben.

Tatsächlich hat auch das Kind teilweise ein Gespräch zwischen der Mutter und Frau Exner mit angehört, in dem die Bäuerin geklagt hatte, daß die Schmerzen im Arm immer schlimmer würden und sie zu einer zweiten Operation bestellt sei, jedoch jetzt während der Erntezeit unmöglich den Hof verlassen könne. Sie ist glücklich, daß die Mutter ihr manches abnimmt, draußen im Garten und vor allem die feine Näharbeit drinnen im Haus.

Als die Bäuerin ihre Arbeit rasch und ohne Unterbrechung beendet und das Butterfaß sorgfältig verborgen hat, ist es Zeit, um zum Melken auf die Weide zu gehen. Die Kinder tragen Eimer und Melkschemel hinterher und schauen dabei zu, wie der feine Milchstrahl aus den vollen Eutern in den Eimer schäumt. Das älteste der Mädchen kann schon melken und nimmt ihrer Mutter die anstrengende Arbeit ab.

Auch das Kind hatte es mehrmals versucht, aber vergeblich. Immer wieder hatte die Kuh sich nur verwundert nach ihm umgeschaut und dann quer über die Weide Reißaus genommen. Schließlich gab das Kind auf und tobte lieber mit den anderen Kindern zwischen dem Jungvieh am Hang umher. Hier hatte es ebenfalls kein Glück, war zwischen zwei kämpfende Tiere geraten und von ihnen den Abhang hinuntergestoßen worden.

Nun sitzt es gut geschützt hinter dem Gartenzaun, lehnt den schmerzenden Kopf gegen zwei Latten und blinzelt mit einem Auge auf das Dorf hinunter. Ein feiner Nebelschleier lagert über dem Tal. Nur der Zwiebelturm der Eisersdorfer Kirche ist klar zu erkennen.

»Du kannst dir nicht vorstellen, wie schön es war, als man für sein Geld kaufen konnte, was man wollte«, seufzt Mutter, während sie schwerbepackt auf der Landstraße am Bieleufer entlangziehen.

»Man ging einfach in die Geschäfte hinein, verlangte hier Zucker, dort ein Paar Schuhe, legte das Geld dafür auf den Ladentisch, und die Sache war erledigt. Keine

Lebensmittelmarken, keine Bezugsscheine, keine ausgeräumten Geschäfte. Und doch geht es uns noch gut im Vergleich zu den armen Menschen in den großen Städten. Manch einer wäre überglücklich, wenn er, so wie wir, im Nachbardorf eine Tante besuchen könnte, die ein Lebensmittelgeschäft besitzt.«

Die Landstraße scheint endlos lang zu sein, noch haben beide nicht einmal das Ortsende von Eisersdorf erreicht. Der Rucksack drückt gegen die schmalen Schultern des Kindes, und deshalb schiebt es die Hände zwischen Körper und Riemen. Mit ein paar Hüpfern versucht es, sich selbst anzutreiben und schippt zwischendurch mit den Füßen einen Stein vor sich her.

»Laß das lieber bleiben«, mahnt die Mutter. »Die Schuhe mußt du schonen. Je weniger Kratzer auf dem Oberleder zu sehen sind, desto mehr bekommen wir dafür, wenn du ihnen entwachsen bist.«

Das Kind gesellt sich wieder zur Mutter, die eine Weile ihren Gedanken nachhängt und dann fortfährt:

»Ich wünsche wirklich sehnlichst, daß sich die Zeit bald ändert, daß du einmal erfahren wirst, was es bedeutet, in Frieden zu leben und frei sagen zu können, was man denkt. Du bist noch zu klein, um richtig zu verstehen, was ich damit meine. Aber es gibt etwas, das ist noch mehr wert, als die schönsten Dinge, die man sich dann für Geld kaufen kann. Und es ist jetzt etwas, das ist noch schlimmer als die Angst vor den Bomben und dem Krieg. Aber einmal werden wir diese Zeiten mit Gottes Hilfe hinter uns bringen. Dann werden wir so frei sein, daß wir sogar bei geöffneten Fenstern unbesorgt am

Knopf des Radiogerätes drehen können, um jeden beliebigen Sender der Welt zu hören.«

Das Kind staunt und schaut die Mutter ein wenig ungläubig von der Seite an.

»Ich hoffe, daß du es noch erlebst und so leicht in ferne Länder reisen kannst, wie wir heute nach Breslau oder nach Berlin fahren können. Vielleicht wird es einmal Flugzeuge geben, in denen nicht Bomben transportiert werden, die überallhin nur Zerstörung und Unheil bringen, sondern friedliche Menschen, die anderen Menschen freundlich begegnen und die Welt kennenlernen, die eigentlich so schön sein könnte. Ich habe richtige Sehnsucht danach.«

Beide hängen an ihren Vorstellungen, bis sie das Ortsschild von Ullersdorf erreicht haben. Nun ist es nicht mehr allzu weit bis zu Tante Paulas Lebensmittelgeschäft. Als sie eintreten, schrillt die altmodische Glocke über der Ladentür, und ein Gemisch von allerlei interessanten Gerüchen dringt auf sie ein. Es ist gerade kein Kunde da, und so werden sie nach Tante Paulas Begrüßung rasch durch den Laden in das angrenzende Zimmer geführt.

Ein schwarzer Spitz empfängt sie mit wütendem Gekläff und läßt sich nur schwer beruhigen. Schließlich schlüpft er mit einem tückischen Blick unter den Tisch, von dem die langen Fransen der Tischdecke bis fast zum Fußboden hinunterreichen. Das Kind nimmt neben der Mutter auf dem hochlehnigen Plüschsofa Platz, springt aber sogleich wieder auf, als Tante Hedwig mit der Kaffeekanne in der Hand eintritt.

Tante Hedwig ist nicht viel größer als das Kind, trotzdem empfindet es großen Respekt vor ihr und schaut ein wenig furchtsam in ihr strenges Gesicht mit der großen Nase. Das straff nach hinten gekämmte Haar ist im Nakken zu einem Knoten aufgesteckt. Sie sieht noch genau so aus wie auf dem Foto, auf welchem sie neben Großvater auf der Haustreppe steht. Sogar dieselbe Schürze scheint sie umgebunden zu haben.

Jedermann weiß, daß Tante Hedwig niemanden mit leeren Händen fortgehen läßt, daß sie den Evakuierten beisteht, die fremd ins Dorf gekommen sind. Auch als sie noch dem Großvater in Eisersdorf den Haushalt führte, war sie hilfreich gegen alle gewesen. Und jetzt ist es vor allem ihrer Fürsprache zu verdanken, wenn sie nachher aus Tante Paulas heimlicher Lade Einmachzucker mit nach Hause nehmen können. Manche nennen Tante Hedwig eine Heilige. Daran versucht sich das Kind nun zu erinnern. Trotzdem bleibt das unbehagliche Gefühl in ihrer Gegenwart.

Außerdem hat sich der Spitz unbemerkt unter dem Tisch an das Kind herangeschoben und nimmt jetzt dessen linken Fuß zwischen seine scharfen Zähne. Zuerst getraut sich das Kind nicht, sich zu beklagen. Als es jedoch an das Oberleder der kostbaren Schuhe denkt, beginnt es zu jammern. Tante Paula schilt den Hund und sagt dann verschmitzt zur Mutter:

»Ein Gutes hat mein Schwarzer. Wenn der Ortsgruppenleiter hier herumschnüffeln will, so geht er ihm ans Hosenbein!«

Zu gern möchte das Kind einmal selbst von Tante Paula erfahren, was für eine wunderbare Geschichte sie vor

Jahren erlebt hat, als sie in Wartha zur Wallfahrt gewesen war. Aber immer ist Tante Hedwig in der Nähe, und so schweigt das Kind lieber.

Inzwischen hat die Mutter den Rucksack und die Einkaufstasche geöffnet und kramt die zu klein gewordenen Kindersachen hervor, mit denen sie bei Tante Paula in ein gutes Tauschgeschäft zu kommen hofft.

Befreit läuft das Kind in den Garten hinaus. Hinaus aus der niedrigen Stube mit der düsteren Tapete, den dunklen Möbeln, Tante Hedwigs prüfendem Blick und dem verschlagenen Spitz.

Hinter dem Haus ist es still und einsam. Ungestört spielt das Kind sein Kugelspiel von der Verwandlung der Welt. In Tante Paulas altmodischem Garten gibt es noch diese wunderbaren, farbigen Glaskugeln, die, auf Stangen gesteckt, rings um die Beete gruppiert sind.

Das Kind nähert sich langsam einer goldenen Kugel. In ihr erscheint die Welt vielfach verkleinert aber aus purem Gold zu sein. Golden erblühen die Blumen in Tante Paulas Garten, golden stehen die Krautköpfe in Reih und Glied. Die letzten Bauernrosen, die Malven, erscheinen als königliche Zepter, der Lattenzaun wird zum Strahlenkranz, und der Himmel schickt ein goldenes Leuchten nieder, das sich auf dem eigenen, seltsam verschobenen Spiegelbild friedvoll niederläßt.

Lange starrt das Kind in diese vergoldete Welt, durch die manchmal vielfach verkleinerte Paradiesvögel fliegen, tritt dann zurück, löst sich langsam aus dem goldenen Zauber und gerät in den Bann einer lila Kugel.

Das Kind ahnt, was jetzt kommen wird, aber es ist

schon zu spät, um noch zurückweichen zu können. Und die Umwelt verwandelt sich in ein gewittriges Dunkel, in ein Abbild des Weltuntergangs. Die unscheinbare Reseda wird zu einem giftigen Kraut, welches das Kind mit betäubendem Duft zum Pflücken verleiten will. Dahlienblüten strecken schwärzliche Fangarme nach allen Richtungen aus. Tomaten hängen, gefährlichem Sprengstoff gleich, an den Zündschnüren ihrer Ranken.

Und das eigene Gesicht, das so böse und verhext aus der Kugel grinst, kann ihm das noch gehören? Die Nase wurde zum spitzen Mittelpunkt, von dem aus Mund, Wangen, Augen und Stirn in gräßlich auseinandergezerrten Linien fortlaufen. Es ist nicht so leicht, sich aus der Welt des Grauens zu befreien.

In ihrer Nachbarschaft befindet sich eine rote Kugel, in die das Kind endlich die Blicke taucht. Erde und Himmel flammen auf. Hinter den schwärzlichen Dächern erhebt sich der rote Widerschein eines entsetzlichen Weltbrandes. Flammen zucken über das fremde Gesicht vor ihm, und die Beerensträucher strecken Feuerruten aus. Jedoch werden die Flammen ruhiger, verschmelzen zu einem einzigen roten Schein, der Wärme verbreitet und nichts verbrennt.

Noch eine silberne Kugel ist da, in der die Welt ihre letzte Verwandlung spielt. Kühles Mondlicht fließt über den Himmel, und der Garten zeigt einen Hauch von Winter über Rosen und Astern. Eine leise Schneedecke liegt über dem mondrunden Gesicht, das jetzt im Zurückweichen kleiner und kleiner wird.

Nun ist die Entfernung von der Silberkugel so groß

geworden, daß der bunt blühende Garten von Tante Paula wieder in den Gesichtskreis des Kindes rückt. Jedes Ding hat seine gewohnten Formen und Farben zurückgewonnen. Die gläsernen Kugeln stehen bunt und fröhlich auf ihren langen Stangen zwischen den Beeten und verraten nichts von der Lust und dem Grauen, die in ihnen wohnen. Das Spiel von der Verwandlung der Welt ist für heute beendet. Es ist aufgegangen. Der Zauber war vergänglich und hat dem eigenen Gesicht so wenig Schaden zufügen können wie er Tante Paulas Garten etwas anhaben konnte. Im Hausflur prüft das Kind dennoch sein Gesicht lange Zeit im Spiegel, ehe es zu den Erwachsenen zurückkehrt.

Mutter und Kind sind aus Wartha zurückgekehrt. Tante Lena ist schon in Glatz aus dem Zug gestiegen. Jetzt ist es spät, und die Beine tun weh. Die Dunkelstunde, wenn niemand einen stört, ist Nachdenkzeit.

Das Kind braucht nur die Augen zu schließen, und schon wird es wieder hell. Wann war der Tag denn am schönsten und wo? Soll der Zug noch einmal anfahren nach dem Pfiff des Stationsvorstehers? Soll er uns noch einmal schaukelnd davontragen, ratternd und Dampfwolken ausstoßend? Gehen wir noch einmal über die Neißebrücke auf die Kirche mit den beiden kurzen Türmen zu? Spielt nicht die Orgel dasselbe Präludium wie damals in der gleichen Kirche an Vaters und Mutters Hochzeitstag? Die vielen, vielen Menschen, die in den

Bänken keinen Platz finden, dichtgedrängt in den Gängen, ja, selbst vor dem Portal stehen und beten und singen, wohin haben sie sich zerstreut? Sollten die Kerzen an den Altären niedergebrannt sein? Leuchtet nur noch das rote Lämpchen, das »Ewige Licht«, in der dämmerigen Kirche? Oder soll das alles doch nicht vorbei sein?

Tönt noch die Musik? Klingt das voreilige Glöckchen der Ministranten in die wundervollen Chöre? Werfen sich die Menschen betend in die Knie? Woher nur sind sie alle gekommen?

»An besonderen Wallfahrtstagen fahren Sonderzüge aus ganz Schlesien nach Wartha«, hat die Mutter gesagt. »Wenn wieder Frieden ist, werden sie alle kommen. Die Kirche wird die Menschen nicht fassen können. Der Rosenkranzberg und der Kalvarienberg werden schwarz sein von Menschen.«

Besteigen wir noch einmal den Rosenkranzberg, wo die Mutter an den einzelnen Bildstöcken die schönen Geschichten aus dem Leben der Muttergottes erzählte? Oder sollen wir den Kalvarienberg wählen, obwohl er trauriger ist, aber auch viel höher und somit vielleicht doch schöner als der Rosenkranzberg? Von der einen bis zur anderen Station des Kreuzwegs wird er steiler und mühseliger zu besteigen. Vielleicht schaffen wir es doch nicht bis zum Gipfel? Rasten wir noch einmal im Schatten der Bäume mit geröteten Gesichtern?

»Mit dem kleinen Kind wollen Sie dort hinauf?« fragen ein paar Leute.

Ja, wir gehen gleich. Jetzt lassen wir uns erst recht nicht entmutigen. Als wir fast oben sind, erheben sich zu beiden Seiten des Pfades große Felsblöcke. Das letzte Stück ist das schwerste. Bleiben wir noch einmal stehen auf ein Vaterunser? Je steiler der Weg wird, desto öfter ist Zeit für ein kurzes Gebet. Die Thermosflasche wird erst oben geöffnet. Dazu gibt es Bauernbrot mit Frau Exners salziger Butter bestrichen. Jetzt haben wir genug gebetet. Noch einmal kurz im Schatten der Kapelle. Aber dann ist es genug.

Draußen werfen wir die Arme in die Luft und greifen nach den Wolken, die in die schlesische Ebene hinaus-segeln. Dann wird gesungen, aber nur Lieder, die passen.

Sitzen wir wieder auf einem bemoosten Stein in der Sonne? Erzählt Tante Lena endlich die Geschichte von Tante Paula?

Das Erinnerungsbild bekommt plötzlich einen Riß. Das Kind hat den Faden verloren und schlägt die Augen auf. Draußen ist die Dämmerung inzwischen in Nacht über-gegangen. Ehe das Kind das Lämpchen anzündet, zieht es jedoch das Springrollo aus schwarzem Wachstuch vor-sichtig herunter. Damit die Verdunkelung auch wirklich dicht ist, beschwert es mit ein paar Büchern den unteren Teil, der auf dem Fensterbrett aufliegt. So kann kein Lichtstrahl hinausdringen.

»Aus dem Kammerfenster des ersten Stocks kommt Licht. Wollen Sie etwa Feindflugzeuge anlocken? Bei Wie-derholung muß leider Bestrafung erfolgen.«

So hatte der Luftschutzwart neulich heraufgerufen, als das Kind die Verdunkelung vergessen hatte.

Wie schrecklich! Sollte das Kind schuld sein, wenn der

Krieg das Tal doch noch findet? Es prüft noch einmal angstvoll, ob die beiden seitlichen Ränder nicht zu weit abstehen. Soll es doch noch etwas dagegenlehnen? Um sicher zu sein, rennt es hinaus in den nächtlichen Garten und beobachtet minutenlang das Haus. Es erhebt sich nur als großer, schwerer Schatten. Kein Schimmer verrät, wo die Mutter, wo das alte Ehepaar aus Berlin den Abend verbringen. Und Grootmanns sind zum Glück noch nicht zurückgekehrt.

Es ist ein sternenloser Abend und sehr dunkel. Die anderen Häuser sind in der Schwärze untergetaucht.

Mutter sagte immer: »Du kennst das gar nicht und weißt nicht, wie schön es ist, wenn die Nachbarhäuser mit ihren weithin leuchtenden Fenstern einander zuwinken. Im Frieden werden sogar die Straßen während der ganzen Nacht beleuchtet.«

Jetzt kann man die Straße drüben nicht einmal erkennen. Nur ein schwaches, blaues Licht tanzt einsam darüberhin und verrät, daß dort irgend jemand eine Laterne trägt, deren Fenster er bläulich gefärbt hat, um den Lichtschein zu dämpfen.

Das Kind eilt in seine Kammer zurück, nimmt Buntstifte und malt ein Bild von Wartha. Es setzt die Kirche mit den zwei Türmen in die Bildmitte. Davor fließt die Neiße, mit kräftigem Blaustift gezeichnet. Die beiden Berge erheben sich rechts und links davon im Hintergrund. Auf den Gipfel des Kalvarienberges stellt das Kind Tante Paula mit einer brennenden Kerze in der Hand. Den Onkel malt es von hinten, denn er ist inzwischen gestorben und es kennt ihn nicht.

»Es waren einmal ein Mann und eine Frau, die wünschten sich so sehr ein Kind und bekamen immer keines«, sagt es leise vor sich hin.

»Und dann gingen sie nach Wartha und beteten, damit ihr Wunsch in Erfüllung gehe. Und weil es ein so großer und dringender Wunsch war, stiegen sie zuerst auf den Rosenkranzberg und dann auf den Kalvarienberg.«

Nun nimmt das Kind einen schwarzen Stift und malt eine Brücke über die Neiße. Ein schwarzgekleideter Mann geht darüber, er hält ein kleines Kind im Arm. Drei größere Kinder laufen hinter dem Mann her. Sie tragen alle schwarze Kleider.

Gerade jetzt kommt Tante Paula mit dem Onkel vom Berge herunter, denkt das Kind. Genau an der Brücke begegnen ihnen die Leute. Das kleine Kind weint, und der Mann kann es nicht beruhigen. Tante Paula kramt in ihrer Tasche. Irgend etwas wird sie schon haben, was ein kleines Kind fröhlich macht. Sie geht zu dem fremden Mann hinüber und tröstet das Kindchen. Es hat dunkle Locken und blaue Augen und lacht Tante Paula sofort an. Und deshalb kann Tante Paula nicht gleich weitergehen. Auch der fremde Mann hat Angst, daß das Kleine wieder zu schreien beginnen könnte. Sie sprechen miteinander. Der Kinder wegen war der Mann nur auf dem Rosenkranzberg, aber es muß trotzdem ein Wunder geschehen in all der Not. Seine Frau ist neulich gestorben, die Kinder haben keine Mutter mehr.

Das Kind greift nach einem zweiten Blatt. Es malt Tante Paula ganz groß darauf. Sie hält jetzt das Kindchen auf ihrem Arm. Zu ihren Füßen malt es Grasbüschel und bunte Blumen. Der Onkel hat fast keinen Platz auf dem Bild. Aber die Sonne leuchtet groß und gelb aus der rechten Ecke. Nun fehlt nur noch der Hintergrund: Dunkelblau wird die Neiße und hellblau der Himmel.

Das Bild erzählt, wie Tante Paula nach einem Kopfnicken des Onkels dem fremden Mann gesagt hat, warum sie nach Wartha gekommen sind. Der liebe Gott selbst, das ist nun klar, hat die Stelle an der Brücke ausgesucht für die Begegnung. Und alle sehen ein, daß Tante Paula jetzt das fremde Kind auf den Arm nehmen und für es sorgen muß. Der Fremde weint, weil er traurig und fröhlich in einem ist, die größeren Kinder weinen auch, und Tante Paula wischt sich ebenfalls die Augen. Nur das Kindchen lacht.

Das Kind legt die Buntstifte beiseite und betrachtet noch einmal die Bilder. Tante Paula hat also damals das Kindchen mit heim nach Ullersdorf genommen, nachdem sie dessen Vater versprochen hatte, es liebzuhaben. Und so war es auch.

Die kleine Magda wurde größer und wußte noch immer nicht, daß Tante Paula nicht ihre richtige Mutter war. Tante Paula und der Onkel aber konnten sich nicht mehr vorstellen, wie sie ohne ihre kleine Magda hätten leben sollen. Das sah der Vater des Töchterchens ein, und deshalb gab er es ihnen für immer.

Das Kind kennt Magda, die schon längst erwachsen ist und jung verheiratet in einem Försterhaus in der Nähe lebt.

Es freut sich über die Geschichte, die sich doch wirklich so ereignet hat und steckt beide Bilder über seinem Bett an die schräge Wand, ehe es zum Gutenachtsagen noch einmal zur Mutter hinüberläuft.

Eichhörnchen jagen hintereinander her von Zweig zu Zweig, während Haselnüsse ins raschelnde Laub fallen. Halb verborgen hinter einem Baumstamm äugt das Kind hervor und wagt nicht, in den Apfel zu beißen, um die Tiere nicht zu vertreiben. Doch dann hört es Stimmen aus dem Nachbargarten, Farbflecke bewegen sich hinter der lichter werdenden Buschwand.

Schade, daß hier keine einzige Lücke ist, durch die man schlüpfen könnte, denkt das Kind. Immer dieser Umweg, am eigenen langen Zaun und an Nachbars riesigem Garten entlang.

Auf dem Weg hat der Wind bunte Blätter von den Parkbäumen verstreut, flammendrote, leuchtendgelbe und lederbraune. Auch vom wilden Wein, der die Giebelseite des Hauses jetzt rot erscheinen läßt, haben sich einige daruntergemischt. Das Kind bückt sich nach den schönsten. Es hat sie Herrn Böhm als Geschenk zugedacht.

Er steht unter dem Pflaumenbaum. Der breite Strohhut wirft Schatten über sein braungebranntes Gesicht. Er trägt eine grüne Gärtnerschürze und ist damit beschäftigt, Pflaumen von den herabhängenden Ästen zu pflücken, sie mit einem raschen Schnitt zu halbieren, sie gleichzeitig zu entkernen, nach Maden zu untersuchen und in einem der geöffneten Münder vor ihm verschwinden zu lassen. Die

Kinder des halben Dorfes sind wieder einmal hier versammelt; in Reih und Glied stehen sie da.

Als Barbara aus dem Haus kommt, um den Henkelkorb in die Küche zu holen, ist kaum der Boden mit Früchten bedeckt.

»Sie säen nicht, sie ernten nicht und sammeln nicht in die Scheuer«, meint sie augenzwinkernd und lacht dazu.

»Und doch wird niemand zu kurz kommen«, sagt darauf Herr Böhm.

»Sieh nur, wieviele Helfer ich habe.«

Schon hat sich die schön geordnete Reihe in einen plappernden Schwarm aufgelöst. Ringsherum langen eifrige Hände nach den Früchten, und im Nu ist der Korb gefüllt.

Während Barbara damit in der Küche verschwindet, ordnen sich sogleich die emsigen Helfer wieder zu einer Reihe, um ihren süßen Lohn in Empfang zu nehmen. Das dauert so lange, bis auch sein Arm die Pflaumen nicht mehr erreichen kann. Herr Böhm geht, um eine Leiter zu holen, und inzwischen zerstreuen sich die Kinder.

Einige streben dem Akazienberg zu, von woher das Gemecker der Ziegen schallt. In der Höhle sitzen bereits Christian und Verena. Die Zusammenkünfte hier oben sind seltener geworden. Längst sind die Ferien zuende, und einige Regentage gab es inzwischen auch.

Heute aber zwingt ein gewichtiger Anlaß die Runde, ihre Pfeifen zu entzünden und gedankenvoll in den beißenden Qualm zu starren. Es ist etwas Furchtbares und zugleich Großartiges und Bewundernswertes geschehen. Ein Polizist ist vorhin bei Böhms erschienen. Kurz nach dem Mittagessen hat er bereits an der Hausglocke geschellt und Herrn Böhm aus dem wohlverdienten Mittagsschlaf gerissen.

Eine Anzeige liege vor gegen eine Person namens Böhm. Um welches Familienmitglied es sich exakt handle, sei noch nicht eindeutig geklärt. Jedenfalls habe eines der Kinder nach Anfahren des sich auf der Fahrt von Glatz nach Bad Landeck befindenden Mittagszuges, kurz nach der Station Rengersdorf, die Notbremse gezogen. Und das ohne Not. Das sei laut Gesetz und laut Bekanntmachung durch die sich in den Abteilen befindliche Beschilderung verboten und werde mit einer Geldstrafe geahndet.«

»Schrecklich!« hatte Herr Böhm erwidert.

»Wirklich schrecklich! Schrecklich die Untat, aber schrecklicher dieses scheußliche Amtsdeutsch!«

Daß sich Herr Böhm zu solch einer respektlosen Äußerung einer Amtsperson gegenüber verleiten ließ, lag vor allem daran, daß der junge Polizist noch vor wenigen Jahren in der rechten Reihe der Oberklasse eine der Schulbänke gedrückt hatte.

»Und dabei waren deine Aufsätze nicht so schlecht«, fährt Herr Böhm jetzt kopfschüttelnd fort.

»Habe ich euch nicht immer wieder gepredigt, mit und ohne Rotstift: Ordnet zuerst eure Gedanken und gebt sie dann in einfachen und klaren Sätzen wieder. Ist das denn wirklich so schwierig für einen ehrlichen Menschen, der nichts zu verbergen hat?«

Der Polizist war ein wenig rot geworden, drehte seinen Diensthelm verlegen in den Händen und sagte dann in normalem Tonfall:

»Sie haben recht, Herr Böhm, aber man gerät so leicht in ein anderes Fahrwasser. Kurz: Ich wollte sagen, daß ich die Anzeige selbstverständlich nicht weitergereicht habe. Aber es wäre vielleicht gut, wenn Sie sicherheitshalber mit dem Bahnhofsvorstand sprechen würden. Dann bleibt die Angelegenheit unter uns. Die Strafe für Ihre Kinder zu bestimmen, überlassen wir Ihnen.«

»Danke, du bist ein feiner Kerl«, erwiderte Herr Böhm.

»Und dabei hättest du heute so schön Gelegenheit gehabt, deinem alten Lehrer eins auszuwischen. Du weißt, in welche Schwierigkeiten man heutzutage kommen kann.«

So ungefähr war das belauschte Gespräch verlaufen. Natürlich hatte Herr Böhm, nachdem der Polizist wieder gegangen war, seine beiden Jüngsten ernsthaft ins Gebet genommen. Aber er hatte ihnen auch geglaubt, was sie mit hochroten Gesichtern zu ihrer Entschuldigung vorbrachten. In Rengersdorf waren mehrere Mitschüler ausgestiegen. Einige Klassenkameraden hatten aus dem Abteilfenster geschaut und ihnen nachgewinkt. Christian und Verena wollten sich ebenfalls hinauslehnen, suchten, während der Zug anfuhr, nach irgendeinem Halt und eines von beiden erwischte dabei unglücklicherweise die Notbremse.

»Wer von uns beiden es nun wirklich gewesen ist, können wir beim besten Willen nicht sagen«, schließt Verena die aufregende Geschichte ab.

»Und darum teilen wir uns die Strafe«, fügt Christian hinzu.

Vor Aufregung haben einige ihre Pfeifen ausgehen lassen. Eine Weile sagt niemand ein Wort.

»Mensch, einen ganzen Zug anzuhalten«, bringt endlich ein Junge voller Bewunderung hervor. Es ist nur schade, daß der Held des Tages dieses Mal nicht eindeutig festzustellen ist.

Eine wohlbekannte Stimme unterbricht vom Fuße des Akazienberges her das ehrfürchtige Staunen.

»Frische Ziegenmilch! Na, kommt schon endlich«, ruft Frau Böhm, und damit ist die Versammlung beendet.

Zuendegegangen sind die Traumfahrten mit dem wundervollen Berg. Der Herbst hat ihn verschlossen. Leise fiel ein unsichtbares Tor hinter den Kindern zu, als sie heute hinunterstiegen.

Wie auf ein geheimes Zeichen hin entlassen die Akazienbäume ihre Blätter. Ein kalter Wind trägt ein Heer davon über den Zaun hinweg auf die Straße. Doch selbst dem, der sie mit dem Fuße berührt oder gar aufhebt, verraten sie nichts von dem Zaubergarten, in den sie einen Sommer lang ihre lichten Schatten warfen.

Unaufhörlich fällt der Regen nieder. Eine geschlossene Wolkendecke hängt über dem Bieletal und erdrückt fast das Dorf mit ihrem düsteren Grau. Auf vielerlei Regenstraßen laufen Wassertropfen eilig über die Fensterscheiben und bilden einen feinen grauen Perlvorhang, hinter dem die Bilder zerrinnen. Blätter, die nur noch lose an den Zweigen hängen, sinken, von Nässe beschwert, zur Erde nieder und schwimmen eine Weile auf den Pfützen, ehe sie untergehen.

Das Kind schaut zum Fenster hinaus, doch zwischen den grauen Vorhang und sich hat es ein Kaleidoskop geschoben. Bunte Bilder fallen übereinander. Von irgendwoher vernimmt es leise Regenmusik. Das gleichmäßige Tropfen auf dem Fensterbrett hallt laut in seinem Innern wieder und tritt dann zurück hinter das Blumengesicht des Sommergartens.

Das Kind öffnet das Tor und geht mit Siebenmeilenstiefelschritten hinaus in die Welt. Wie im Fluge gleitet es flußaufwärts an der Biele entlang.

Die Sonne scheint auf den Ring von Bad Landeck und malt helle Kringel in die Schatten unter den Laubengängen. Auf den reich verzierten Giebeln der Häuser sitzen Tauben, und aus der Kirche tönt verhalten Orgelmusik. Die schmalen Hände seines Halbbruders scheinen noch über die Tasten zu schweben, während er in Wirklichkeit weit weg von hier in Frankreich im Schützengraben liegt und mit zitternden Fingern schwarze Noten aufs Papier wirft.

Das Kind neigt ein wenig den Kopf vor, um das verschwimmende Bild festzuhalten, da wechseln mit leisem Klirren die bunten Scherben des Kaleidoskops.

Jetzt ist es mit der Mutter unterwegs nach dem Melling. Mühelos bleibt der Berg hinter ihnen zurück, und schnell erreichen sie Habelschwerdt. Wie aus einem Baukasten sind die Häuser übereinandergetürmt, und der alte Stadtturm stellt sich ihnen breitbeinig entgegen. Sie aber überfliegen jedes Hindernis, und je unbekannter dem Kind

die Wege vorkommen, desto schneller werden sie zurückgelegt. Immer rascher folgt ein Klirren dem andern, und
jedes zaubert ein neues Bild hervor.

In Kieslingswalde treten sie bei den Verwandten durch
das breite Hoftor ein. Die Tante kommt ihnen über das
Katzenkopfpflaster entgegen, und ein schwarzer Kater
mit einem weißen Fleck auf der Stirn überquert langsam
und ohne sie zu beachten den Hof. Die Knechte machen
sich in der Wagenremise zu schaffen. Vom Stalle her hört
man das Muhen der Kühe und das Klappern der Milchkannen.

Sie kommen in die Küche, die so groß ist, daß zwei
riesige Eichentische bequem darin Platz haben. Es ertönt
Hufegeklapper. Ein großer Pferdekopf schiebt sich zögernd durch die Tür, Hufe dröhnen; triumphierend reitet
die Tochter des Hauses durch die Küche. Der Onkel blickt
über die Ränder seiner Brille hinweg, schüttelt den Kopf
und versenkt sich wieder in sein lateinisches Buch. Er ist
ein studierter Bauer. Wenn es den Leuten im Dorf gut
geht, lachen sie darüber, wird aber ein Mensch oder ein
Tier krank, so klopfen sie voller Hochachtung an seine
Tür. Frühmorgens schon geht der Onkel durchs Dorf. Aus
seiner Jackentasche schaut ein Hammerstiel heraus. Im
Vorbeigehen nagelt er hier eine lose Zaunlatte und dort
eine lockere Schindel fest.

Abends steigen sie im Gastzimmer in die hochaufge-
türmten Federbetten. Die Mutter ist zwischen dem Bettengebirge verschwunden. Noch ehe sie das Licht löscht,
versichert sich das Kind mit einem Dutzend Fragen ihrer
Anwesenheit.

Ein winziges Drehen des Kaleidoskops läßt den großen Bauernhof verschwinden, und ein Sommermorgen taucht kühl und blau aus dem gläsernen Zauberspiel auf. Mit leichtem Atem steigen sie Stunde um Stunde aufwärts. Auf der Höhe erhebt sich die weiße Kirche von Maria Schnee. Ringsherum liegen Wälder und darüber die Bergkämme mit ihren weichen verblauenden Linien. Der Schneeberg hebt sich deutlich ab. Wolken segeln über das Land, ihre Schatten reisen ihnen eilig nach und verdunkeln für Augenblicke die in den Tälern verstreuten Dörfer und die goldgelben Quadrate und Rechtecke der Felder.

In der Kirche strahlt das Gold des Altars im Widerschein vieler Kerzen, deren Flammen bei jedem Luftzug unruhig hin- und hertanzen. Im Umgang der Kirche hängen unzählige bunte Votivbilder, die gemalte Geschichten erzählen.

»Dein Urgroßvater«, so berichtet die Mutter, »hat vor langen, langen Jahren gemeinsam mit anderen Bauernburschen die Steine zu diesem Umgang auf den Berg geschleppt und damit ein Gelübde erfüllt.« Bei der Vorstellung dieser unsäglichen Mühen sinkt die Hand des Kindes ein wenig, und das Bild von Maria Schnee zerfällt im Aufblitzen der bunten Glasscherben.

Nun sind sie auf dem Heimweg. Stundenlang wandern sie, rasten hier an einem Brunnen mit kaltem Quellwasser und ruhen sich dort an einem Wegrain aus. Der Weg schlängelt sich durch die Felder und nimmt kein Ende. Die Sonne ist noch nicht untergegangen, als bereits der Mond über dem Wald aufsteigt. Der rötliche Abendhimmel erlischt und wechselt in das weiße milde Licht einer Vollmondnacht über. Das Kind hält sich jetzt eng an Mutters Seite, und später löst es sich nicht mehr von ihrer großen warmen Hand. Einige Male tauchen in der Ferne dunkle Gestalten auf, die beim Näherkommen zu Büschen erstarren. Auch die »Heidnische Jungfrau« ist wieder unterwegs. Versteinert hockt sie in dem unförmigen Felsbrocken am Wegrand, als Mutter und Kind vorübereilen. Ob in der Nähe die Hirtensteine liegen mit den verwandelten Hütejungen, die Brot mit Füßen getreten hatten? Das Kind wagt nicht, jetzt laut danach zu fragen. Doch es fürchtet sich nicht, denn in Maria Schnee hat es eine Kerze entzündet für den Frieden in der Welt.

Ringsum ist alles still. Nur ab und zu bewegt der Wind die Zweige des Buschwerks am Wege. Es ist dann, als ob leise Flügelschläge sie begleiteten. Das Kind meint, in der Ferne die Kerze von Maria Schnee leuchten zu sehen und macht die Mutter darauf aufmerksam.

»Nein, das muß ein Bauernhaus sein«, seufzt sie erleichtert auf.

»Gottlob haben die Leute vergessen, eines der Fenster zu verdunkeln. Wir werden sie nach dem kürzesten Weg fragen.«

Der schwache Lichtschein wächst ihnen tröstlich entgegen und wird stärker. Die Mutter pocht ans Fenster und ruft mehrmals, ehe der Bauer aus dem Hause tritt. Er begleitet sie bis zur Weggabelung, beschreibt umständlich den Weg und weist mit dem Arm die Richtung.

Ein ganzes Stück weit müssen sie durch den Wald wandern, und der Mond verschwindet hinter den Bäumen. Ab und zu stolpern sie über breite Wurzeln. Wo der Wald am schwärzesten erscheint, beginnt die Mutter zu singen, und das Kind mischt zuversichtlich seine helle Stimme in ihr Lied.

Endlich haben sie das Gasthaus oben auf dem Melling erreicht. Sie sind todmüde aber fast zuhause. Die Wirtsleute sind noch wach. Zwei, drei Gäste sitzen in der Gaststube und schauen verwundert auf, als die beiden so spät eintreten. Sie wollen im Stehen rasch den Durst löschen.

»Wir werden uns nicht erst hinsetzen«, sagt die Mutter, »sonst können wir vor Müdigkeit nicht mehr aufstehen. Und nun ist es ja gar nicht mehr weit.«

Wieder umfängt sie die Nacht, aber zwischen den Alleebäumen schimmert der Mond hindurch. Helle Schatten liegen im Tal: Die weiße Kirche von Eisersdorf, das breite Dach des Pfarrhofs und die Wege, die vom Kalkwerk hinunter zum schlafenden Dorf führen, leuchten schwach auf und winken ihnen vertraut zu.

Das Kind läßt das Kaleidoskop sinken und blickt durch die Fensterscheiben, an denen der Regen immer noch unaufhörlich herunterrinnt. Alle Wege führen durch das schwere hohe Gartentor dort unten hinaus. Aber alle Wege enden auch hier wieder, hinter der sicheren Umzäunung, in Großvaters Haus mit den festen bergenden Mauern.

Die Regenmusik klingt noch weiter, wird aber jetzt eintöniger. Das Kind holt seine Schiefertafel hervor, spitzt den Griffel und kratzt mit ungelenker Hand viele Buchstaben zwischen die Linien. Dabei hat es immer Fräulein Frankes Gesicht vor sich. Die Lehrerin blickt durch ihre dicken Brillengläser auf die Tafeln und verfolgt die Fehler.

Jedesmal fährt dann ihr breiter, feuchter Daumen darüberhin, löscht sie aus und löst sie in Nichts auf. Das Kind denkt nun ohne Scheu und ohne Abneigung an die Lehrerin, die immer so fleißig und besorgt durch die Bankreihen geht und aufpaßt, daß jedes i seinen Punkt erhält.

Manchmal kommt auch der Luftschutzwart in die Schule. Die Kinder stehen dann kerzengerade neben den Bänken, schreien wie aus einem Munde »Heil Hitler« und stechen mit ihren Armen zur Begrüßung ein großes Loch in die Luft. Er erzählt ihnen dafür vom Krieg und von Feindflugzeugen und übt mit den erschrockenen Kindern, in Deckung zu gehen und ein brennendes Haus zu verlassen. Einige Male treibt er sie aus dem Klassenzimmer hinaus bis in den Park, und es dauert eine Weile, ehe sie mit nassen Schuhen, feuchten Kleidern und zerzausten Haaren zu ihren Schiefertafeln zurückkehren können.

Es kommt auch vor, daß Herr Böhm ins Schulzimmer tritt. Er wird mit einem freudigen »Guten Morgen« begrüßt, und er erzählt ihnen dafür etwas Lustiges, bleibt da und dort neben einer Bank stehen, lobt die Kinder und streicht liebevoll über diesen und jenen Lockenkopf.

Das Kind schlägt jetzt seine Fibel auf und verfolgt mit dem Zeigefinger sorgfältig die vielen Buchstaben, die sich wie durch Zauberei zu Wörtern, Sätzen und ganzen Geschichten zusammenschließen. Bald wird es alle die Bücher, die in seinem Regal aufgereiht stehen, selbst lesen und die Geheimnisse der Welt entziffern können. Immer eifriger folgt der Zeigefinger den Zeilen. Immer eiliger formen des Kindes Lippen die Wörter mit, die es eben neu entdeckt hat.

Draußen vor den Fenstern versinkt das Regenland, und Mutters Rufen bleibt ungehört.

Rechtzeitig zu den Kartoffelferien hat der Landregen sein Regiment aufgegeben. Kalt bläst der Ostwind über die Felder. Mühsam haben sich Sonnenstrahlen durch die Wolkenschicht gekämpft und saugen noch einmal die ärgste Nässe auf.

Von allen Straßen und Feldwegen tönt das Rattern der Bauernwagen, die sogleich bei der späten Morgendämmerung fleißige Helfer auf die Äcker fahren. Die jüngeren Kinder klauben Kartoffeln, die älteren helfen, Zuckerrüben aus dem schweren Erdreich zu holen.

Da und dort steigt gegen Abend Rauch auf. Über dem ganzen Dorf hängt der herbe Duft der Kartoffelfeuer. Die Kinder hocken im Kreise darum herum, blicken in die Flammen, reiben ihre klammen Finger gegeneinander und beobachten, wie die Kartoffeln geröstet werden. Mit langen Stecken angeln sie sich ihre Mahlzeit aus der Glut und pellen vorsichtig die verkohlten Schalen ab, während ihnen das Wasser im Munde zusammenläuft.

Das Kind ist zum ersten Male dabei, und Christian zeigt ihm, wie man die Kartoffeln schält, ohne sich daran die Finger zu verbrennen. Aus der Hosentasche zieht er ein Tütchen hervor und streut daraus ein wenig Salz auf die dampfenden, buttergelben Kartoffeln. Welch eine köstliche Mahlzeit ohne Tisch, ohne Geschirr und Besteck! Begeistert blickt das Kind in die geröteten Gesichter ringsum, über die der Widerschein der Flammen huscht. Morgen wird der Bauer die Kartoffelmieten für den Winter zurechtmachen. Schon liegt das Stroh dafür gebündelt am Ackerrand.

Unter einem riesigen Ascheberg schläft die Glut. Durch das Grau scheint zuweilen ein roter Schimmer. Das geschieht, wenn das Feuer im Schlafe atmet. Dann züngeln kleine Flammen empor. Rund um den Ascheberg zucken sie auf, bläulich zuerst und dann in durchdringendem Rot. Plötzlich fällt ein Funkenregen vom nachtschwarzen Himmel und weckt den Ascheberg auf. Er wächst riesenhaft, Flammen brechen aus ihm heraus, lodern himmelhoch, und man erkennt, daß das Feuer an einem großen Hause frißt. Es scheint nur noch ein glühendes Gerippe zu sein, die Wände, das Dach wurden bereits aufgezehrt. Nun fällt ein riesiger Schatten darüber, und das Haus sinkt aufsprühend in sich zusammen. Die gefräßigen Flammen aber sind jetzt frei und beginnen, sich gleich einem Lavastrom eilig über die Straßen zu ergießen. Sie überqueren den Sternplatz und erreichen die Bäume, die zum Botanischen Garten gehören. Der Feuerstrom nagt sich an den Wurzeln fest und steigt über die Stämme aufwärts. Augenblicklich tanzen abertausend Flammen auf Ästen und Zweigen. Die Feuerbäume recken ihre schrecklichen Arme in den nächtlichen Himmel und werfen sie dann über das fliehende Kind und über die Häuser.

Schreiend erwacht es und sitzt mit einem Ruck aufrecht zwischen den Kissen. Ringsum ist es dunkel. Leise öffnet die Mutter die Tür, setzt sich auf den Bettrand, nimmt das verstörte Kind in die Arme, schaukelt es sanft hin und her und fragt: »Hast du wieder so schlimm geträumt?«

Das Kind kann nicht antworten. Von Schluchzen geschüttelt, gleitet es jedoch langsam in das beruhigende Wiegen hinüber und kommt zu sich. Es ist zuhause. In Eisersdorf. Ringsum schlafen Häuser und Menschen und Tiere. Hier wird kein Feuer vom Himmel fallen. Und Bäume brennen nicht, solange sie stehen. Es war soeben wieder in einem seiner Feuerträume gefangen. Langsam befreit es sich aus den Armen der Mutter und sinkt zurück. Die Mutter erhebt sich, deckt es sorgsam zu und küßt es, ehe sie beinahe unhörbar die Tür schließt.

Das Kind will nicht einschlafen. Es starrt in das dunkle Zimmer und wagt nicht, die Augen zu schließen. Sobald es in den Schlaf hinübergleitet, stehen wieder Flammen unter seinen geschlossenen Lidern auf und beginnen es von neuem zu ängstigen.

Mühsam versucht sich das Kind zu erinnern:

Am ersten Ferientag waren sie nach Breslau gefahren. Mutter wollte sich endgültig von der Wohnung trennen, da die Bombenangriffe sich häuften und sie somit in Gefahr waren, ihre Möbel zu verlieren. Immer wieder hatte Mutter den Umzug hinausgezögert und gehofft, Grootmanns doch noch zum Auszug aus dem Eisersdorfer Hause bewegen zu können. Frau Grootmann jedoch wollte von einer Kündigung nichts wissen, da ihr das Haus so gut gefiel. Sie drohte sogar, wenn ihr Mann wolle, so würde er ihr das Haus einfach abkaufen. Die Mutter hatte das zuerst nicht ernstgenommen und sich nicht einschüchtern lassen. Der Gedanke allein war lächerlich, daß sie jemand zum Verkauf des Hauses zwingen könnte.

Die Eisersdorfer Nachbarn warnten jedoch die Mutter und rieten ihr, sich möglichst still zu verhalten als Witwe und ohne Parteibuch. Man hatte den ortsfremden Mann zu ihrem Bürgermeister erhoben, da wohl kein Eisersdorfer dem Regime als genügend linientreu erschienen war. Nun dankten alle insgeheim dem Schicksal, das sie weitgehend von ihm befreit hatte. Vor einiger Zeit war er zum Militär einberufen worden, und deshalb erschien er höchst selten im Dorf. Er prunkte dann mit einer prächtigen Uniform und einer Menge Abzeichen und Auszeichnungen auf der Brust, die ihn als gefährlichen Mann auswiesen, dem man lieber aus dem Wege ging. In Zukunft hütete sich die Mutter davor, Frau Grootmann noch einmal wegen des Umzugs anzusprechen. Das ganze untere Stockwerk blieb also vermietet, wenn auch meistens unbewohnt. Im oberen Stock war es etwas eng geworden, seit das Berliner Ehepaar auch noch hier eingezogen war.

Auf dem geräumigen Dachboden des Hauses blieb ebenfalls nur wenig Platz frei. Grootmanns hatten hier oben eine Unmenge riesiger Kisten übereinandergestapelt. Somit gab es nicht genügend Raum, um alle Möbel aus der Breslauer Wohnung unterzubringen. Der Mutter blieb nichts anderes übrig, als sie inzwischen im Pfarrhof einzustellen.

Breslau! Langsam steigen die Bilder der vergangenen Tage wieder auf:

Die Wohnung in der Adalbertstraße 76 ist fast leer. Im großen Korridor versperren Kisten den Weg. In der Küche ist zwar noch der Gasherd angeschlossen, aber im fast ausgeräumten Büfett befindet sich nur noch das nötigste Geschirr. Die Speisekammer zeigt ihre freigewordenen Regale. Im Schlafzimmer blieben noch die Betten aufgestellt, der Kleiderschrank jedoch ist fast leer und die Schubladen der Kommode stehen offen. An den Wänden des Wohnzimmers fehlen die vertrauten Bilder, aber der große Kachelofen verbreitet wohlige Wärme. Und noch blühen unzählige Tapetenblumen ringsum. Die Fenster erscheinen ungewöhnlich hoch, da die Gardinen bereits abgenommen wurden. Im Grünen Zimmer mag sich das Kind nicht mehr aufhalten. Es ist kalt und leer. Der weiße, schwer heizbare Kachelofen mit dem zartgrünen Birkenbild darauf prangt in kühler Vornehmheit. Vaters großer Flügel wurde vor einiger Zeit schon nach Markt-Bohrau abtransportiert. Wenn der Halbbruder aus dem Kriege heimkehrt, wird er glücklich sein, sogleich darauf spielen zu können. Inzwischen staubt seine junge Frau das Instrument täglich erwartungsvoll ab und schlägt ein paar Töne an. Niemand wird ihm den Flügel streitig machen; der andere Bruder ist kürzlich gefallen.

Das Kind irrt von einem Raum zum anderen. Manchmal steht es den Erwachsenen im Wege und wird zur Seite geschoben. Mehrere Freunde aus Breslau eilen durch die Wohnung und helfen der Mutter mit Übung und Geschick beim Einpacken. Keiner hat Zeit, mit dem Kinde zu reden, und so sitzt es schließlich in einem Winkel des Wohnzimmers. Großvaters alten Fußschemel hat es aufgestöbert und ihn in seine alte Spielecke gestellt. Ein ganz leichter Schatten auf der Tapete verrät, wo das große Regal gestanden hat, in dem sonst seine vielen schönen Spielsachen aufgereiht gewesen waren.

Zuweilen steht das Kind minutenlang auf dem Balkon und blickt über die steinerne Brüstung auf die Adalbertstraße hinunter. Ab und zu biegt eine Straßenbahn vom Lehmdamm ab und hält kurz vor dem Hause, ehe sie, auf ein Klingelzeichen hin, in Richtung Sternplatz weiterfährt. Vom zweiten Stock aus sehen die Menschen ziemlich winzig aus, und auch die Autos, die durch die Adalbertstraße fahren, wirken von oben her wie harmloses Spielzeug.

Die Bäume am Waschteich haben fast alle ihre Blätter verloren und sind durchsichtig geworden. Das Kind glaubt, hinter den kahlen Ästen den roten Ziegelbau der Pestalozzischule zu erkennen und denkt an seinen ersten Schultag dort zurück. Bald darauf war ein Flügel des Schul·hauses als Lazarett benötigt worden, und man hatte die Schüler der ersten Schuljahre für ein Jahr vertröstet und heimgeschickt. Zurück zu den Spielen, den zahllosen Verwandlungen.

Es wird dämmerig und kalt, und das Kind zieht sich fröstelnd in das Zimmer zurück. Die Glocken des nahen Doms läuten den Sonntag ein. Die Freunde verabschieden sich, und danach ist es seltsam still in der Wohnung. Mutter ist müde und spricht nicht viel. Spätabends wird Tante Lena aus Glatz kommen, darauf freut sich das Kind.

Sorgfältig achtet die Mutter auf die Verdunkelung, ehe sie das elektrische Licht einschaltet, das die Zimmer ohne die Lampenschirme noch kälter, nüchterner und ausgeräumter erscheinen läßt.

Es ist so schrecklich still hier, seit Onkel Karl den tropfenden Wasserhahn repariert hat und auch gegangen ist, denkt das Kind. Immer, wenn es so eigentümlich still ist, passiert etwas Furchtbares hinterher.

Das Kind setzt sich noch einmal in seinem Bett auf und horcht angespannt in das Dunkel hinein. Ein beruhigendes Summen wird hörbar. Gedämpft vernimmt es die Pumpe aus dem Keller, die sich automatisch von Zeit zu Zeit einschaltet, um Quellwasser aus der Tiefe der Hauszisterne zu holen.

Ich bin in Eisersdorf, denkt das Kind weiter.

Es kann nichts mehr passieren!

Aber wie war das?

In Breslau?

Neulich oder doch jetzt?

Nein, es ist vorbei! Es wird nie wieder sein!

Das Kind schluckt und muß husten. Ein Würgen im Halse! Wie damals, als der Bissen steckenblieb beim Aufheulen der Sirenen. Das Herz klopft, und es pocht gegen die Schläfen.

Beim Aufspringen fällt der Stuhl um.

»Mama, komm schnell!«

Mutter will die Bratkartoffeln nicht kalt werden lassen. Das Kind packt sie beim Arm. Dann hält es sich die Ohren zu wegen des schaurigen Heulens der Sirenen.

»Du mußt kommen! Schnell in den Luftschutzkeller!«

In die absterbenden Sirenen mischt sich ferner Donner.

»Die Flak«, schreit das Kind entsetzt auf.

»Sie sind da!«

Es packt die Puppe und sein Bündel, das immer bereit-steht, nachdem ihm die Mutter hastig den Rucksack umge-schnallt hat. Im Treppenhaus wird es laut: Rufen, Türen-schlagen, eilige Schritte, Gepolter auf den Stufen. Dazwi-schen die befehlende Stimme von Herrn Lawatsch:

»Beeilt euch! Keine Vorwarnung heute!«

Er schlägt heftig gegen den Hausgong und klingelt an jeder Wohnungstür.

Das Kind reißt die Tür auf und rennt treppab. Herr Lawatsch eilt, mehrere Stufen auf einmal nehmend, in die oberen Stockwerke und überzeugt sich, ob alle ihre Woh-nungen verlassen. Im Keller ist das Kind bei den ersten und läßt sein Bündel fallen. Mutter ist noch nicht da. Keuchend läuft es zurück in die Wohnung im zweiten Stock. Die Türen stehen offen. Alle die leeren Zimmer! Ein Einschlag ganz in der Nähe läßt die Scheiben klirren. Weinend ruft das Kind nach der Mutter. Sie steht schwer-bepackt im Türrahmen. Herr Lawatsch treibt jetzt auch zur Eile an. In den Donner draußen mischen sich gegen die Gewohnheit noch einmal die Sirenen und bohren sich schmerzhaft ins Innere. Das elektrische Licht erlischt. Die letzten Laternen schwanken treppab.

Im Luftschutzkeller sind nun alle Hausbewohner ver-sammelt, hocken blaß und erschrocken auf den roh gezim-merten Holzbänken und stellen ihre Laternen neben sich auf den Boden.

Frau Kloses Hände zittern immerfort. Das Kind starrt

auf die dürren, hüpfenden Finger, die nicht fortkönnen. Wir alle können nicht fort!

Draußen ist die Hölle los. Jeder Einschlag in der Nähe läßt das große Haus bis in die Grundmauern erbeben. Jeder Einschlag treibt die Nachbarin in die Höhe. Wie ein Ball federt sie gegen die Tür.

»Setzen Sie sich!« schreit Herr Lawatsch, der Hausbesitzer, doch in dem Getöse geht seine Stimme unter.

Stille für die Bruchteile einer Sekunde. In des Kindes Ohren klingen die dunklen weichen Domglocken, die Gottes Finger berührt hat. Jedoch in dieser Nacht sind auch alle Teufel los.

Die Mutter hält das Kind eng an sich gepreßt. Dann wieder befreit sich der zuckende kleine Körper von ihr und horcht angstvoll hinaus. Sie nimmt ihren Pelzmantel und wickelt ihn um das Kind. Es vergräbt den Kopf in ihrem Schoß, und sie versucht, die Ärmel gegen die Ohren des Kindes zu pressen, um es gegen den irrsinnigen Lärm zu schützen.

Frau Lawatsch hält den Vogelkäfig auf den Knien. Unter einem dunklen Tuch schreit sich ihr Wellensittich zu Tode und stößt verzweifelt gegen die Gitterstäbe. In der Ecke lachen ein paar Leute wie wahnsinnig auf. Das entsetzliche Gelächter schüttelt sie mit jeder Erschütterung des Hauses von neuem. Herr Lawatsch brüllt. Doch der Ton geht in dem Lachen, in den Stößen und in dem Heulen unter. Das Kind äugt unter dem Pelz hervor und sieht nur sein rotes Gesicht und die Adern, die anschwellen und bläulich auf der Stirne und am Halse hervortreten. Neben ihm tanzt die unruhige Flamme einer Kerze.

Um zitternde Hände ist ein Rosenkranz geschlungen. Das Kreuz am Ende der Perlenschnur schaukelt unregelmäßig ins Leere. Ein furchtbarer Schlag! Der Rosenkranz gleitet zu Boden; die Kerze fällt um und erlischt. Die Nachbarin ist auf ihrem Platz festgewachsen. Das Lachen vereist auf den Gesichtern in der Ecke, während das Haus ächzt und von Stößen geschüttelt, nicht mehr zur Ruhe kommen will.

Wie betäubt starren sie auf die weiße Kellerdecke, über die ein feiner Riß in unregelmäßigem Zickzack zu laufen beginnt. Alle Augen heften sich an diese dunkle, eilig wachsende Linie, aus der Kalk rieselt. Der breiter werdende Riß ist die einzige Bewegung im Luftschutzkeller.

Herr Lawatsch ringt sich zuerst aus der Lähmung frei und wirft sich mit trommelnden Fäusten gegen die Tür.

»Wir sind getroffen!« hallt es durchs Gewölbe. Er durchfliegt das Treppenhaus. Als er, weiß wie die Wand, zurückkehrt, fällt er auf die Bank neben der Tür und keucht: »Gott sei Dank!«

Zwei, drei Leute sind aufgesprungen, sind mit wenigen Schritten an der Hoftür und versuchen, sie aufzustoßen.

»Zurück«, brüllt Herr Lawatsch hinter ihnen her. Doch schon hat der Luftdruck die Tür von außen zugeschleudert. Einer taumelt wieder in den Keller zurück und hält sich die Stirn.

»Wir wollen hier raus, raus, raus, raus!« kreischt eine Frau wie irr und stemmt sich gegen die Tür. Hastig reißt sie Herr Lawatsch zurück und zwingt sie auf ihren Platz.

»Wir dürfen uns nicht gegenseitig verrückt machen«, sagt er jetzt ruhiger.

»Wer das Haus zu diesem Zeitpunkt verläßt, ist im nächsten Augenblick tot.«

»Lieber tot«, schreit nochmals die Frau auf. Doch kräftige Arme halten sie zurück.

Die Linie an der Decke ist zum Stillstand gekommen. Die Frau weint lautlos vor sich hin, und das Kind wimmert leise.

Nach Stunden tritt Stille ein. Spukhaft und unerwartet ist der Angriff zuende gegangen. Nach und nach erst wird die Ruhe draußen wahrgenommen. Als die Feuerwehren und die Rettungswagen oben auf der Straße vorüberrasen, beginnen die Menschen das Entsetzen abzuschütteln und erheben sich von ihren Bänken.

»Halt! Wir müssen zuerst die Entwarnung abwarten«, sagt Herr Lawatsch, und widerstandslos sinken sie noch einmal auf ihre Plätze zurück. Er selbst geht vorsichtig bis zur Haustür, öffnet sie eine Handbreit und kommt gleich wieder zurück.

»Glassplitter!« stößt er hervor.

»Rauchwolken! Brandgeruch!«

Die Sirenen geben die Entwarnung, die Menschen drängen aus dem Keller.

Das Haus ist fast unbeschädigt. Seine Bewohner sind aus der Hölle der letzten Stunden in ihre heilen Wohnungen zurückgekehrt. Jedoch schließt noch keiner die Türen hinter sich zu. Weit offen stehen sie, und Menschen, die früher nur Zeit für einen kurzen Gruß hatten, freuen sich nun über die verschiedenartigsten Geräusche, die aus den Wohnungen dringen und sich im Treppenhaus zu einer wundervollen lebendigen Unruhe vereinigen.

Mutter geht hin und her, verschiebt hier und da ein Gepäckstück und stellt mehrere Kerzen auf. Die Stromleitungen sind vorläufig noch unterbrochen. Endlich sagt sie: »Hoffentlich ist dem Zug nichts passiert. Ich mach' mir so große Sorgen um Tante Lena«. Ihre Stimme klingt fremd zwischen den leeren Wänden.

Das Kind schmiegt sich fest an sie und weint vor sich hin.

Von der Treppe her vernimmt man Herrn Lawatschs Stimme und mehrere Schritte. Das Kind zieht die Mutter mit sich fort, hinaus aus der leeren, unheimlich gewordenen Wohnung. Sie schließen sich den anderen Hausbewohnern an, die auf den Dachboden steigen. Herr Lawatsch zeigt auf eine Sandkiste und auf die wassergefüllte Zinkbadewanne und macht ein paar abfällige Handbewegungen.

»Alles Vorschrift!« lacht er höhnisch.

Er blickt durchdringend in die Gesichter ringsum und vergewissert sich, wer da ist. Die Mieterin vom dritten Stock, die immer »Für den Führer ist kein Opfer groß genug« sagt, fehlt, und so fügt er hinzu:

»Alles Unsinn! Lächerlich! Eines Tages erwischt es uns alle. Verfluchter Krieg! Und wir haben uns das auch noch selbst eingebrockt. Das hier wäre ein ebenso wirksamer Bombenschutz wie dieser Kinderspielplatz.« Und dabei hält er seine Lederschürze auf und bewegt sich so, als wolle er einen Ball auffangen.

»Heil Hitler!« unterbricht ihn Frau Klose mit deutlicher Betonung und macht einen unsicheren Schritt auf die Türe zu, durch die soeben die Mieterin vom dritten Stock eingetreten ist. Herr Lawatsch hat sofort verstanden und ändert seinen Tonfall: »Sehen wir uns den Schaden mal an!«

Alle drängen auf die Dachluken zu. Die Mutter vermag das Kind nicht zurückzuhalten. Es starrt hinaus in den Feuerschein, der den nächtlichen Himmel grausig aufflammen läßt. Es hört Mutters Stimme nicht mehr, sieht nur wie durch einen Schleier die Brände ringsum, vernimmt Geräusche von draußen, die fremd sind, bemerkt auf einmal den Brandgeruch, der hereindringt und an Kleidern und Haaren hängenbleibt. Wo das riesige Eckhaus stand, lieber Gott, lodert noch ein gewaltiges Feuer. Breslau verbrennt, denkt das Kind. Nur fort von hier! Eisersdorf!

Bis hierher ist das Kind in seinen Gedanken gekommen. Seine Stirne ist feucht und sein Hals wie zugeschnürt. Es ist todmüde, steigt dennoch aus dem Bett und tappt zum Fenster. Vorsichtig läßt es das Verdunkelungsrollo zurückschnappen und blickt aus dem Kammerfenster hinaus in die Herbstnacht. Es ist eine dunkle, samtene Nacht, aus der nur die fernen Feuer der Sterne blinken. Langsam löst sich der Krampf im Hals, und das Kind fühlt sich besser. Es kehrt ins Bett zurück, ohne das Fenster wieder verdunkelt zu haben, und versucht, die Augen zu schließen.

Jedoch hinter den geschlossenen Lidern hört Eisersdorf auf, und Breslau beginnt wieder. Es müht sich schlaftrunken und übernächtigt, die furchtbare Bombennacht zuende zu denken.

Nur nicht einschlafen, damit wir die Sirenen nicht verpassen! Wenn sie wiederkommen, sind wir dran!

Der Riß in der Kellerdecke ist breiter geworden und wächst und wächst.

Nicht einschlafen, damit wir das Klingeln an der Wohnungstür nicht überhören!

Lange nach Mitternacht kommt Tante Lena. Es fängt Gesprächsfetzen auf zwischen ihr und der Mutter.

»Der Zug blieb vor Breslau stehen, Christbäume sanken über die Stadt. Erleuchteten sie taghell! Bomben fielen hinterher. Leute sprangen aus den Abteilen, ließen sich die Böschung hinabrollen, duckten sich zwischen den Ackerfurchen. Verirrte Bombensplitter und Schreie! — Verletzte! Tote? Ich weiß es nicht.

Und die brennende Stadt! Die Angst um euch!

Diese heillose Angst! —

Nein, die Strecke war nicht getroffen worden.

Nach vielen Stunden fuhr der Zug an. Rollte im Hauptbahnhof ein. —

Die Straßen hierher?

Nein, keine Straßen, Umwege über Glasscherben und Trümmer. Wegsperren aus Schutt. Barrikaden aus Feuer. —

Nein, die Straßenbahnen fahren nicht. —

Die Augen sind entzündet vom Qualm, der Husten quält den Rauch aus den Lungen. —

Hunger? Nein! Wer kann schon essen? —

Durst? Ja! Trinken!

Vielleicht hört dann die Übelkeit auf.«

»Morgen verlassen wir die Stadt, egal wie!

Schon des Kindes wegen!«

»Dann nehmen wir eben den Handwagen bis zum Bahnhof. Mehrmals? Nein! —

Bis morgen schaffen sie das nicht.«

»Dieser Umweg!«

»Alles Übrige lassen wir hier! —

Irgendwann einmal!«

»Wer weiß, ob nach uns noch Mieter in die Wohnung ziehen werden. —

Schlafen?

Ich weiß nicht! Ich glaube kaum. —

Und Gott danken!«

»Ja, nichts ist selbstverständlich!

Das Kind schläft wenigstens.

Kinder haben es leichter. Sie vergessen. Das Kind wird es schon vergessen.

In Eisersdorf bei den anderen Kindern. —

Und ob ich froh bin, hier wegzukommen.«

»Breslau!

Nicht für immer!

Nach dem Kriege vielleicht.

Oder später, wenn das Kind größer ist und einmal studiert. Zukunftsmusik?«

»Warum soll es keine Zukunft geben? Wir haben diese Nacht doch auch überlebt.«

»In der Grafschaft, da sind wir sicher. Das sagt jeder, und das glaube ich auch.«

»Vielleicht können wir schlafen.

Bet' ein Vaterunser!«

Das hilft, denkt das Kind und wirft sich im Bett herum. Noch einmal reißt es die Augen gewaltsam auf.

Nein, das ist das Eiersdorfer Kammerfenster.

Es riecht nicht brenzlig. Hier ist alles wie immer.

Wir bleiben in Eiersdorf. Und ziehen nie wieder fort.

Am anderen Morgen? Ich habe den Handwagen geschoben. Manchmal drehten sich die Räder nicht mehr.
Wegen der Trümmer. Und Scherben zerbrachen unter jedem Tritt.

Das Eckhaus am Sternplatz war quer über die Straße
gerutscht. Aus der Ruine qualmte es noch. Und man
konnte im Nachbarhaus die Tapeten erkennen, geblümte,
wie bei uns. Und die blauen Kacheln im Bad! Und das
Bild an der Wand!

Ein paar Leute suchten zwischen den Trümmern nach
irgendetwas.

»Hier kommen Sie nicht durch«, sagte ein Mann mit
einem Kopfverband und dem Arm in der Schlinge.

»Über die Monhauptstraße auch nicht. Über die Hirsch-
straße wird es gehen, dort sind bloß zwei Häuser weg.
Hörte ich.«

»Fragen Sie in der 76! Kommen Sie mit, wir müssen
sowieso noch einmal zurück.

Wir sprechen mit Herrn Lawatsch. Die Wohnung ist
noch nicht vermietet. Die paar Möbel, die noch drin sind,
werden vom Spediteur geholt. Wenn überhaupt! —
Nein, es macht uns nichts aus. —
Für's erste geht es schon.«

»Na, dann helfe ich Ihnen mit dem Handwagen. Hinter
der Lessingbrücke fährt wieder die Elektrische. —

Es geht schon!

Ach wo, es ist ja nur der linke Arm. —

Den Kopfverband?

Den trage ich nur zur Verzierung!

Na klar, Kleine, weil mein Hut verbrannt ist mit dem Schrank und dem Zimmer und der ganzen Wohnung.

Humor, sagen Sie?

Nee, der ist nicht verbrannt, nur angekohlt. Den habe ich mir gerade zusammengeklaubt.

Na los, da woll'n wir mal!«

Was sagte die Mutter? Ich kann es nicht verstehen. Erkennen kann ich auch nicht mehr alles richtig.

Doch, den Verband, der leuchtet weiß, und die Figur hinter der zerbombten Mauer steht noch vor dem Schwesternhaus, an dem alle Fensterscheiben zerbrochen sind.

Und das Dach?

Ich sehe es nicht mehr.

Die Figur ist weiß.

Warum hat sie die Arme ausgebreitet, als wolle sie alle hier umarmen?

Jetzt ist eine Hand abgeschlagen.

Lieber Gott, wer hat dir die Hand abgeschlagen?

Aber die andere ist noch ganz.

Es geht schon mit einer Hand, hat der Mann gesagt. Und wenn es auch bloß die linke ist. Besser als keine. Hauptsache, es reicht bis Eisersdorf.

Jetzt schlafe ich immer in Eisersdorf.

Der Ostwind hat den Himmel von den Regenwolken befreit. Kerzengerade steigt der Rauch aus den Schornsteinen der Häuser auf. Scharf und dunkel heben sich die kahlen Äste der Kastanie vom Blau des Himmels ab.

Im Garten sind die letzten Blumen unter dem Nachtfrost gestorben. Wo gestern noch die dunkelgrünen Blätter der Dahlien hingen, krümmt sich heute morgen schwarzes, totes Gewürm. Es wird auf das dürre Kartoffelkraut geworfen werden und am Abend hell auflodern. Doch bis dahin ist noch viel Zeit.

Über Mittag, wenn die Sonne etwas wärmer scheint, werden die Kinder mit ihren klappernden Milchkannen zu den Kalköfen ziehen und dort am windgeschützten Rain Hagebutten pflücken. Mitten im Dornengewirr, in das ihre Arme nicht vordringen können, werden noch genug davon für die Vögel übrigbleiben.

Außerdem, wer weiß, wie lange die Geduld ausreichen wird, wenn am bröckeligen Gemäuer des Kalkofens die bunten Papierdrachen lehnen. Die großen Kinder sind beim Ernteeinsatz auf den Kartoffel- und Rübenäckern, aber Christian hat versprochen, sich beizeiten davonzustehlen. Den ganz großen Drachen, den er mit ihnen gemeinsam gebaut hat, werden sie nicht anrühren, solange er nicht da ist. Wenn die Schnüre auch nur ein wenig durcheinandergerieten, würde er es sofort bemerken. Auch der prächtige Schwanz darf nicht um einen Zoll verschoben werden, da sonst die Drachenpost nicht steigen kann. Die Kinder halten sich an seine Anweisungen. Selbstverständlich werden einige vorwitzige Jungen mit ihren kleineren Drachen ein paar Probeflüge vornehmen, die fröhlichen, bunten Papiergesichter über das Blau des Himmels ziehen und enttäuscht ihren vorzeitigen Absturz beobachten.

Das Kind bleibt in Gedanken daran auf der Bielebrücke stehen. Neben sich stellt es die schwere Tasche nieder. Vorsichtig, damit die große Schüssel darin nicht zerbricht. Bis zum Rand ist sie mit dem blauschwarzen Mohn gefüllt, den es soeben in der Mohnmühle hat mahlen lassen.

Es erinnert sich an den Sommer, als hinter dem Hause die Kapseln reiften. Erst wenn sich beim Schütteln die Körnchen im Innern klappernd bewegten, durften die Stengel gebrochen werden. Zu großen Sträußen gebunden hingen sie dann mit den Köpfen nach unten zum Dörren an den breiten Balken des Dachbodens neben den Bündeln aus Pfefferminze, Kamille und Johanniskraut. Auf der anderen Seite baumelten unter den anderen Küchenkräutern Bohnenkraut, Dill und Pilze, während etwas abseits im weißen Leinensäckchen der Thymian seinen Duft verströmte.

Wundervoll, hier zu sitzen, inmitten der würzigen Gerüche, die Mohnkapseln öffnend, aus denen die dunklen Samen eilig in die Hand rollen. Unter schwerer werdenden Lidern Bilder vorübergleiten zu sehen, mit denen das süße Gift des Mohns die Gedanken betäubt.

Träume vom Mohn, in denen die Blüten hinter dem Hause erneut aufflammten und sich mit den Blüten aus dem Breslauer Garten zu farbigen Kreisen mischten. Noch einmal das leise Schwindelgefühl erleben, beim Auf- und Abschwingen auf der hohen Schaukel. Damit man nicht fällt, mit beiden Händen die Ketten umklammern und nicht nach den Wolken greifen, die doch viel zu hoch vorüberfliegen, die Augen öffnen, kurz vor dem Abwärtsschwung. Spähen, ob über den fernen Dächern der Großstadt die Domtürme sichtbar werden und die grünliche Spitze der Kreuzkirche oder der hohe Turm von Sankt Elisabeth.

Unten im Schrebergarten hat gerade ein Nachbar der Mutter geholfen, den schwersten und größten der Kürbisse auf den Handwagen zu laden. Der riesige, gelbe Ball ist mehr als einen halben Zentner schwer, genau sechsundfünfzig Pfund, und er muß mühsam durch die Straßen heimwärts gefahren werden, da von seinem Gewicht die Straßenbahn aus den Geleisen springen würde. Und die feuerroten Tomaten, die unter einem dunkelgrünen Blätterdach heimlich reiften, während sie verreist waren, füllen täglich die eigenen Einkaufstaschen sowie die Körbe der Nachbarn und Freunde und der Schneiderin auf dem Lehmdamm.

Höher und immer höher fliegen, die Stadt überfliegen, über die bläuliche Ebene gleiten bis dorthin, wo keine Grenzen mehr sind, im immerwährenden Wechsel zwischen Abschied und Heimkehr. Die Kette springt aus der Verankerung am Querbalken. Mit hartem Aufschlag fällt das Kind zu Boden. Taunasses Gras kühlt die Stirn.

Das Kind öffnet die Augen und nimmt verwundert wahr, daß es wieder auf der Bielebrücke steht. Unter ihm hüpfen die Wellen aus dem tiefblauen Wasser auf und schicken ihm Sonnenblitze entgegen. Seine Hand läßt Ahornblätter, deren Ränder sich eingerollt haben, ins Wasser fallen, und es beobachtet, wie die Strömung sie fortreißt. Einige bleiben gleich an der ersten Biegung des Flusses im Wurzelwerk hängen, andere kippen, füllen sich mit Wasser und gehen unter. Eines aber wird dem unsichtbaren Steuermann gehorchen, an Rengersdorf vorbeischiffen, den Weg zur Neiße nicht verfehlen, die schwierige Strecke von Glatz nach Wartha schaffen und hoffentlich bis zur Oder gelangen. Und dann? Wer weiß wohin, bei den schwarzen Kohlekähnen im Schlepptau auf dem herrlichen, immer breiter werdenden Strom.

Der Uhrschlag vom nahen Kirchturm läßt das Kind aufschrecken, es eilig nach den Taschenbügeln greifen und ohne weiteren Aufenthalt heimwärts laufen. Die Mutter hat schon gewartet:

»Wo steckst du nur so lange? Wie sollen denn die Mohnklöße fertig werden, wenn du so herumtrödelst?«

Es bleibt noch eine gute halbe Stunde Zeit bis zum Mittagessen, während der es in seinem Versteck auf dem Dachboden untertauchen kann. Zwischen zwei Kisten hockt das Kind. Der Spalt ist gerade breit genug, daß der schmale Körper sich hineinzwängen kann. Den Rücken stützt ein Dachbalken, der schräg nach oben führt. Die Arme hat es um die angezogenen Knie gelegt. Es blinzelt hinauf zu den vertrockneten Sträußen, die im Luftzug leise über ihm hin- und herschwanken. Der würzige Geruch sinkt wie feiner Nebel nieder. Durch das Geviert der Dachluke leuchtet das Blau des Himmels, wiegendes Blau hinter den tanzenden, struppigen Sträußen.

Wiegende Pappeln, vor durchsichtigem Blau, eine endlose Zeile, wie grüne Finger, die zum Himmel zeigen. Zwischen der Lessing- und der Kaiserbrücke stehen am Oderufer Pappeln in Reih' und Glied. Gehen wir bis zur Anlegestelle am Ohlau-Ufer. Der Dampfer kommt erst in einer Viertelstunde.

»Drüben in einem dieser Häuser wohnten wir mit deiner Großmutter. —

Nein, das ist lange her; damals warst du noch nicht geboren«, gibt Mutter Auskunft.

Hinter dem Ufergebüsch, in einem kurzen Seitenkanal ankern Boote und kleine Ausflugsschiffe. Das Wasser dort drüben ist still und grün wie das eines Teiches.

Der Dampfer nähert sich unter schwarzen Wolken und stößt einen langen heulenden Ton aus. Heiser ist sein Klang von den Nebeln, die abends aus der Oder steigen. Aber jetzt scheint die Sonne auf das weiße Schiff. Oben auf Deck ist genügend Platz frei auf den rot gestrichenen Bänken.

Wir fahren schon. Der helle Bug des Dampfers schneidet die Wellen entzwei und läßt sie hoch aufspritzen. Drüben, wo die kleine Insel liegt, kehrt die Alte Oder, die in weitem Bogen durch die Stadt geflossen ist, in den Strom zurück.

Die Bäume am jenseitigen Ufer gehören zum Zoo. Die langen Hälse der Giraffen sieht man nicht und auch nicht das hohe Eingangstor, auf dem die steinernen Löwen stehen.

Das nächste Mal wandern wir auf dem Dammweg entlang. Dann setzen wir mit der Fähre nach Zedlitz über.

Heute fahren wir weiter, an Grüneiche vorbei. Hinter dem kleinen Hafen, in dem sich die Boote schaukelnd bewegen, breiten sich feuchte Wiesen aus. Am Ufergebüsch bleibt nachts der Mond im Nebel hängen, und Vögel fliegen schreiend auf, wenn Kinder in die Nähe versteckter Nester vorstoßen. Einen Steinwurf vom Damm entfernt liegen die Vororte der Großstadt, hinter Grün verborgen.

In Wilhelmshafen steigen wir aus. Nehmen wir rote oder grüne Limonade? Die Sonne scheint auf die Gläser, die auf den karierten Tischtüchern stehen. Man kann die Sonnenstrahlen gut vertragen. Drüben unter den dichten Laubdächern der Kastanienbäume ist es kühl. Frisch weht der Wind von der Oder her.

Gehen wir noch ein Stück weiter bis zum Flutkanal! Unbemerkt verrinnt die Zeit während das Wasser steigt und wieder fällt, die schweren Schleusentore sich öffnen und die Kohlenschlepper langsam stromabwärts entlassen.

Wiegendes Blau hinter leise schaukelnden Sträußen. —

Es soll Sonntag sein, die Sonne soll scheinen, und blau soll der Himmel sein hinter den Baumriesen des Scheitniger Parks. Der Mann auf dem Denkmal ist Eichendorff. Da steht er gut zwischen dem vielen Grün, und im Herbst bleiben goldgelbe Blätter auf seinen Schultern liegen, ehe der Wind sie weiterträgt.

In den Teichen schwimmen die rötlichen Leiber der Goldfische, und auf dem Gewässer des Japanischen Gartens schweben schwarze Schwäne mit roten Schnäbeln und gelocktem Gefieder. Gehen wir lautlos über die schmale gewölbte Brücke, um die verzauberten Prinzen nicht zu stören.

Es ist nicht mehr weit bis zu den leuchtenden Rechtecken und Kreisen, auf denen sich ein Blumengesicht an das andere schmiegt, über denen die Luft süß ist vom Duft der Blüten und hörbar vom Gesumm der Bienen und Hummeln.

Von der Pergola hängen die schaukelnden Ranken des wilden Weins herunter. Hinter den Rosensträuchern blitzt das Wasser auf. Boote gleiten darüberhin. Über dem weiten Halbkreis erhebt sich die mächtige Kuppel der Jahrhunderthalle.

»Wenn du größer bist, darfst du mit, wenn die Orgel gespielt wird. Die größte Orgel der Welt unter der größten Kuppel der Welt! Bis dahin gibt es vielleicht auch wieder im Terrassencafé Eis, das nicht nach Wasser schmeckt und Kaffee, der nicht nur nach Zichorie riecht, sondern duftet wie früher in der Konditorei des Frankensteiner Großvaters. —

Nein, jetzt setzen wir uns lieber etwas abseits auf eine Parkbank, packen die Thermosflasche mit dem Tee aus und schauen zu, wie sich die Rhönräder, mit den weißgekleideten Sportlern als Speichen, gleichmäßig bewegen.«

Blau wiegt hinter den starren Stengeln der verblichenen Sträuße! —

Blau dringt zwischen den Zacken am Giebel des Rathauses hindurch und verschwimmt hinter dem hohen

Turm, von dem die Glockenschläge weithin hallen. Der eine vergoldete Zeiger rückt weiter. Tauben flattern von den Gesimsen der spitzbogigen Fenster auf und streuen flüchtende Schatten über den Ring.

Wir steigen mit Onkel Franz in den Schweidnitzer Keller hinunter. Wir essen Würstel, und Onkel Franz trinkt Bier. Der Kellner schneidet sorgfältig an den Essenmarken herum und gibt sie mit trübsinnigem Blick zurück.

Wir tauchen wieder aus dem Gewölbe auf, als die Glocken zu läuten beginnen. Die Rathausuhr gibt das Zeichen. Die Glocken vom hohen Turm der Elisabethkirche setzen ein, wenig später mischen sich die von St. Maria Magdalena dazwischen. Jetzt nur nichts überhören!

Schwingt nicht doch ein Ton der schweigenden Glocke mit? Ist er nur nicht hörbar wegen des Getümmels auf dem Ring, der hupenden Autos, der klingelnden Elektrischen und der durcheinandereilenden Menschen? Achten wir nicht mehr auf das Einfallen der übrigen Geläute von der Sandinsel drüben oder vom Dom. Lauschen wir während der Pausen des herrlichen Glockenkonzerts auf die eine, die nicht geläutet wird.

Wer kennt nicht ihre Geschichte: »War einst ein Glockengießer zu Breslau in der Stadt?« Er, der ohne Besinnen den voreiligen Lehrjungen erstach, weil dieser den Guß ohne den Meister probiert hatte und ihm ein Meisterwerk gelungen war, er, der sie voller Reue hörte, auf dem Wege zum Richtplatz, stößt er nicht noch einmal heimlich den Klöppel an? Irrt er nicht mittags vor flimmernder Luft über die schmale Brücke, die in schwindelnder Höhe beide Türme verbindet? Oder mitternachts, wenn die Menschen schlafen? Fällt da nicht ein einzelner Glockenton in ihre unruhigen Träume?

Bis hierher kann er nicht dringen. In das Halbdunkel des Dachbodens wirft der Himmel schweigend sein leuchtendes Blau.

Erster Mai soll es sein, und wir fahren mit der Kleinbahn nach Trebnitz. Der Buchenwald hat hellgrüne Wimpel aufgesteckt, und die Sonne malt goldene Kringel auf das Laub des Vorjahres unten am Waldboden. Bläue hinter den durchsonnten Blättern der Buchen und hinter den üppigen Sträußen am Maialtar in der Trebnitzer Klosterkirche.

Steigen wir den schmalen Pfad zur Einsiedelei hinab? Für einen Groschen setzt sich mitten im Frühling ganz Bethlehem in Bewegung. Maria wiegt ihr Kind, Joseph bearbeitet mit seiner Säge einen Balken, die Drei Könige ziehen ruckweise auf ihren steifbeinigen Kamelen zur Krippe vor. Bergauf und bergab eilen die Hirten mit ihren Herden. Eine Frau läßt einen Wassereimer in den dunklen Schacht eines Ziehbrunnens hinab. Alle Handwerker Bethlehems sind an der Arbeit und schwer beschäftigt. Keiner hat Zeit, auf das klingende Engelkonzert draußen auf dem Felde zu hören. Keiner wirft auch nur einen Blick auf das flatternde Band, das ein strahlender Engel trägt.

»Gloria in excelsis Deo«, steht darauf geschrieben. Nur die zurückgebliebenen Hirten, die auf den Moospolstern lagern und nicht lesen können, vernehmen die Botschaft des Engels.

Man hat einen Überblick und beobachtet staunend, entzückt und bewegt zugleich die vielfältigen Bewegungen der zahllosen kleinen Wesen. So muß der liebe Gott selbst die Welt unter sich erblicken, die Menschen wie bunte Ameisen, die gar nicht merken, wenn er sie anschaut.

Mit einem Mal erstarrt alles, wird auf einen geheimen Befehl hin fremd und unwirklich. Aber mit zehn Pfennigen erkaufst du dir die Macht, ganz Bethlehem von neuem aus der hölzernen Starre zu erwecken und weiter leben zu lassen. Nur Maria und das Jesuskind blicken still aus dem Lichtschein, der sie umgibt, in das unruhige Treiben.

Blicken dich an, daß du vergißt, dich vom Einsiedler zu verabschieden, daß du auf dem Rückweg nicht richtig auf den Weg achten kannst und mehrmals über Wurzeln stolperst, bis dich der schrille Pfiff der kleinen Lokomotive erschreckt und zurückholt. Dampfend keucht der Zug auf seiner schmalen Spur durch den Buchenwald heran.

Oder wir wandern am 1. Mai dieses Mal lieber hinaus nach Nippern. Von einem breiten Wassergraben umgeben liegt dort das alte Schloß hinter hohen Bäumen versteckt. In den Zweigen zwitschern die Vögel.

Braunhemden kommen uns entgegen. Sie schwenken ihre Fahnen, singen laut und marschieren zackig, um die deutsche Eiche zu pflanzen. Wir zertreten Gras und sonnengelben Löwenzahn, um sie vorbeizulassen. Aber wir lassen uns nicht überreden, unsere Richtung zu ändern.

Tiefer im Wald blüht noch der letzte Seidelbast, und

am Waldrand wachsen Sauerampfer und junge Brennesseln für die Frühlingssuppe. Die silbergrauen Buchenstämme sind glatt und seidig unter der Hand. Hoch oben wiegen die Blätter im Blau des Himmels.

Das Getöse vorüberfliegender Flugzeuge reißt das Kind aus seinen Gedanken. Als das vorbei ist, beginnen die Mittagsglocken zu läuten. Sie löschen den quälenden Nachhall in den Ohren. Schön klingen die beiden Eisersdorfer Glocken. Früher sind es mehr gewesen, hat Herr Böhm erzählt. Doch man hat sie eines Tages vom Turm geholt und auf den Hamburger Glockenfriedhof geschafft, um Munition für den Krieg daraus zu gießen.

Ein wenig unregelmäßig klingt heute das Geläut. Einer der Dorfbuben zieht gewiß zu kräftig am Hanfseil, während sich der andere mit dem seinen mindestens bis zur halben Turmhöhe hinaufschnellen läßt.

Wie ein riesenhaftes Schiff ankert die Sandinsel im Strom. Am Bug erhebt sich eine mächtige Kirche mit ihrem gedrungenen Turm. Vor dem Rot der Backsteine wehen die hellgrünen Fahnen der Trauerweiden. Ihre schwankenden Zweige hängen bis ins Wasser hinunter und mischen mit am zerfließenden Spiegelbild von Maria auf dem Sande.

Verläßt du die Insel über die schmale Dombrücke, vermagst du den Anschlag der Wellen zu hören. Das leise Nachgeben unter deinem letzten Tritt will niemand bemerkt haben. Die heilige Hedwig steht hier unbeweglich auf dem steinernen Sockel und hält eine Kirche im Arm.

Jenseits, am Ende der stillen Straße, erhebt sich der Dom. Davor spielen Kinder am Marienbrunnen. Man wird eine Handvoll Wasser schöpfen und glitzernde Perlen gegen die Sonne werfen. Im Dämmerdunkel des Doms hängt der Nachhall der großen Orgel und der Duft von Weihrauch.

An Fronleichnam hebt der Bischof die goldene Monstranz vom Altar und trägt sie hinaus in die blumengeschmückten Straßen. Vier Männer tragen den goldgestickten Baldachin mit ernsten Gesichtern hinter weißgekleideten Mädchen her, die bunte Blüten streuen. Zahllose Meßdiener laufen voraus. Gemessenen Schrittes ziehen Diakone und Priester vorbei. Die Menge der Gläubigen quillt aus dem hohen Portal. Singen erfüllt die Luft, die warm ist vom frühen Sommer. Betende Menschen und Neugierige drängen sich an den Straßenrändern rings um den Dom.

Braunhemden kommen der Prozession entgegen. Breitbeinig stehen sie mitten auf dem Weg und zerhacken mit ihrem Gröhlen den Choral der Musikkapelle. Der Kreuzträger verlangsamt seine Schritte. Durch das enge Spalier der Ministranten schreitet der Bischof unbeirrt weiter.

Wir können, verschluckt von der Menge, nicht mehr erkennen, was nun geschieht, sehen noch einmal kurz das Aufstrahlen der emporgehobenen Monstranz. Wir vernehmen nur, daß das Gröhlen plötzlich abbricht. Onkel Karl, der ganz in der Nähe steht, hat uns später berichtet, wie der Bischof und die Braunhemden aufeinander zugegangen waren und wie die Träger des Kreuzes und der Hakenkreuzfahne hart voreinander stehenblieben.

Der Bischof schritt immer weiter voran, trieb gleichsam einen Keil zwischen die Braunhemden. Man konnte ihre Mauer zerbröckeln sehen. Der eine nahm die Mütze ab, der andere bekreuzigte sich, und schließlich machte die Rotte kehrt und zog sich zurück in das laute Getümmel der Großstadt.

Das ist jedoch keine Spielerei, die nicht ernst zu nehmen wäre, meinte Onkel Karl. Es sei eine Vorwarnung. Schließlich habe man den Pfarrer von Sankt Michaelis auch abgeholt, weil seine Predigten der Gesinnungsprüfung nicht standgehalten hätten. Und wie erging es dem Professor aus eurer Nachbarschaft? Es sei durchgesickert, daß er nur durch seine wichtigen mathematischen Berechnungen die Vollstreckung des über ihn verhängten Urteils immer wieder hinauszögere. Wie schrecklich das klingt, und man will nicht glauben, was er da sagte. Kinder verstehen nichts davon, und deshalb spricht man darüber, als sei die bittere Wahrheit für sie eine fremde Sprache.

Jetzt sind wir auch schon auf der Margaretenstraße. Auf dem Treppenabsatz steht Tante Hede und drückt uns freudestrahlend an ihr warmes Herz. Mit den anderen Kindern durch die Wohnung toben, die Runde drehen durch den geräumigen Flur und durch die Zimmer, Hans-Peters und Winfrieds Ritterburg besichtigen, immer wieder das Haustelefon klingeln lassen, das Onkel Karl gebaut hat, Unsinnsätze in die Sprechmuschel kichern, bei Tisch einander zuzwinkern und nicht mit vollem Munde sprechen, Christas Prusten hinter vorgehaltener Hand.

»Der Fleck, den du gemacht hast, ist kein Unglück«,

lächelt Tante Hede, obwohl die Tischdecke aus feinem, weißem Damast ist und rings um den Teller des Geburtstagskindes ein Kranz aus Blüten liegt.

»Einen Sonntag ohne Klöße kann man sich kaum vorstellen«, meint Onkel Karl und blickt fröhlich in die Runde. »Den süßen Nachtisch hat Mutter wieder einmal mit Liebe aus nichts gezaubert.«

Nachmittags fahren alle mit der Elektrischen hinaus zum Flugplatz, wo die gemeinsamen Freunde ein Haus mit einem großen Garten besitzen. Ein einmaliges Haus, an dessen Giebel die startenden Flugzeuge beängstigend nah vorüberrasen, wo der Lärm der Viermotorigen die Gespräche des Damenkränzchens zerreißen, wo ein Kunstflieger bereits zum zweiten Male den Schornstein vom Haus gefegt hat, wo wir beim Aufjaulen der Motoren johlend Deckung suchen zwischen dem Beet mit den Stangenbohnen oder hinter den dichten Fliederbüschen, damit es uns nicht doch noch den Kopf kostet.

»Das kommt schon noch einmal, das kommt auf uns zu, ihr werdet es ja sehen.«

Abends ist der Hunger groß von den aufregenden Spielen. Die mitgebrachten Margarineschnitten werden aus dem Pergamentpapier gewickelt und liegen für ein paar Minuten auf den Porzellantellern mit dem dezenten Muster. Tee wird durch die breite, weiße Flügeltür hereingetragen, und wir essen und trinken artig und wissen, was sich gehört. Zum Abschied die schnittige Verbeugung der Jungen und die braven Knickse der Mädchen und: »Kommt bald wieder!« und: »Hoffentlich gibt's heute nacht keinen Angriff.«

Breslau! Das sind auch die alten, winkeligen Häuser der Weißgerberohle, das ist das Klößeltor, durch das hindurch man zu Onkel Max und Tante Mia geht, das ist das Spiegelbild der prächtigen Universität im Strom, auf dem Neumarkt der Gabeljürge. Derselbe Neumarkt, der sich zur Weihnachtszeit in den Christkindlmarkt verwandelt, wo die Händler vor ihren Tannenbäumen stehen mit weißem Atemrauch vor ihren Mündern und die Hände zusammenschlagen, um den beißenden Frost abzuschütteln. Das ist der Stadtgraben, auf dem im Winter die Kinder Schlittschuh laufen, das Schloß und die zahllosen Brücken und Brückchen, die verwirrende Vielzahl der Kirchen und Türme und natürlich die Liebichshöhe.

Breslau! Das ist auch das Gedränge auf der Schweidnitzer und der Taschenstraße mit den verlockenden Schaufenstern, das lebhafte Hin und Her der Menschen, das Warten auf der Junkernstraße vor dem Hause zur »Goldenen Gans«, aus dem Tante Lena wieder als letzte vom Dienst kommen wird. Das ist ein Einkauf bei Barrasch am Ring und Rolltreppefahren bei Wertheim.

Ein Fotograph drückt dir einen weichen Plüschteddy in den Arm, dreht deinen Kopf so, daß deine Backe den braunen Bärenkopf berührt und sagt:

»Bitte recht freundlich!«

Da fällt es niemandem mehr schwer zu lächeln, und du preßt den Teddy ans Herz, während du hinter der Mutter her auf die Straße stolperst. Aber der Fotograph kommt uns nach. Mit beiden Armen und fliegendem weißen Kittel rudert er durch die Menge und reißt den Teddy an sich.

»Nein, das ist nicht so schlimm, kommt öfter mal vor, die Kinder, die mißverstehen immer alles.«

Ach, das gibt es nicht, für einmal Lächeln einen Teddy für immer!

»Du hast doch einen zuhause, den hast du lieb, der sitzt auf deinem Bett und wartet auf dich mit abgescheuerten Plüschpfoten.«

»Ist ja auch egal, Hauptsache, die List ist geglückt und das Kind hat gelächelt. Die Bilder werden es beweisen. Für immer! Es ist doch im niedlichsten Alter, die dunklen Haare, die großen schwarzen Augen, ein bißchen zu traurig vielleicht im Ausdruck und das Gesicht zu blaß und zu schmal, aber sonst ganz allerliebst, die Kleine! Na ja, die Großstadt und der Krieg! Aber den Krieg, den gewinnen wir! Sowieso! Heil Hitler! Und wie gesagt, nächsten Dienstag sind die Bilder fertig.«

»Der Mantel ist eine Nummer zu groß, mindestens, aber wir nehmen ihn trotzdem, das Kind wird hinein-wachsen. Und außerdem, es ist der letzte für lange Zeit.

Nein, Kind, man darf nicht zu der Verkäuferin sagen, daß ihr Nagellack nicht zum Lippenstift paßt.

Entschuldigen Sie bitte, sonst ist das Kind meistens brav. Aber man ahnt nie voraus, was es sagen wird. Es ist mir wirklich sehr peinlich.«

»Das Kind soll mehr unter andere Kinder kommen, es hört zuviel bei den Erwachsenen.

In der Nähe des Doms, da ist noch ein Platz frei. Ich habe es schon angemeldet.

Nein, da bin ich sicher! Heutzutage kann man es nicht jedem Kindergarten anvertrauen.«

Es ist ein Nebelmorgen, und das Pflaster ist naß vom Regen. Die Schritte hallen in der engen Gasse wider. Mutter und ich, wir sind die einzigen Menschen hier. Sollten wir nicht umkehren und morgen wiederkommen? Es ist schon zu spät. Die Tür wird bereits geöffnet. Die Dame trägt ein graues Keid mit einem schneeweißen Kragen, und man soll Tante Marie-Luise zu ihr sagen. Das geht nicht ohne zu stottern, aber sie ist das gewöhnt und lächelt nachsichtig, ohne daß ihre stahlgrauen Augen sich verändern.

»Stell' deine Schuhe hier unter den Haken mit dem Fliegenpilz und zieh' die Hausschuhe an! —

Nein, der Mantel gehört an den Haken mit dem Pilz, das Rotkäppchen ist für Irene. —

Und nun, liebe Kinder, fassen wir uns bei den Händen und singen zur Begrüßung ein Liedchen:

›Frau Sonne, Frau Sonne, wann kommst du endlich hervor? Du spielst wohl gar Verstecken in deinem Wolkenhaus?‹«

Leider nützt das Lied nichts. Der Regen rinnt weiter an den Fensterscheiben herunter. Jedoch hat Tante Marie-Luise eine Ersatzsonne, die jederzeit scheint, blaßgelb an die Wand malen lassen. Darunter ist Gras in Pastellgrün zu sehen. Daraus wachsen steife Stengel, die zarte Blütensterne in Rosa, Veilchenblau und gedämpftem Rot tragen. Anders als sie im Eiersdorfer Garten wachsen. Große Schmetterlinge sind darüber gemalt, und weiße Schäfchenwolken unterbrechen das Zartblau des falschen Himmels. Auch die Rehe auf dem Wandbild sehen anders aus als das zahme Kitz, das der Henschelbauer beim Mähen aus Versehen verletzt hatte.

Was soll man nur tun, damit Tante Marie-Luise merkt, daß man nicht artig sein will? Sie soll wissen, daß mir das Lied von der Frau Sonne nicht gefällt und ich es deshalb nicht lernen will. Ich weiß einen viel schöneren Spruch, den haben neulich auf der Straße zwei Rotznasen geplärrt. Für eine Tüte Brausepulver haben sie ihn noch zweimal wiederholt. Und jetzt kann ich ihn auch, doch Mutter darf ihn nicht hören.

»Ja, ich kann ein Gedicht!«
Das sagt sich so leicht und ohne zu stottern, viel besser als »Tante Marie-Luise«.
Sie winkt mit der Hand ab.
»Schweig still!« sagt sie in scharfem Ton.
Nur nicht aufhören, die anderen Kinder lachen mir zu und schreien begeistert und wissen, was schön ist.

So! Nun habe ich den Spruch gesagt! Von A bis Z! Vielleicht schickt sie mich nachhause. Ich finde den Weg allein zurück auf die Adalbertstraße. Erst rechts, dann links, dann zwei oder drei Straßen überqueren, nachdem man jedesmal genau geschaut hat, ob die Fahrbahn auf beiden Seiten frei ist.

Doch die fremde Tante läßt mich nicht fort. Sie wird wegen meines Umgangs mit der Mutter sprechen.

Schneewittchen soll ich spielen, »weiß wie Schnee, rot wie Blut, schwarz wie Ebenholz« — und weil ich so leicht auswendig lerne.

Schneewittchen geht nun täglich in den Kindergarten, ist gehorsam, weil inzwischen alle wissen, daß es eigentlich ein fürchterliches Kind sein kann, wenn es nur will. Es lernt leicht und ohne zu stottern auswendig, was Tante Marie-Luise nur immer von Schneewittchen gesagt haben möchte.

Eines Tages wird Schneewittchen krank und liegt mit hohem Fieber im Bett. Mutter legt ihm die Hand auf die heiße Stirn, mißt die Temperatur und macht Wadenwickel. Sie wacht am gläsernen Sarge in der Nähe des Kachelofens und wartet, bis es die Augen aufschlägt und das vergiftete Apfelstück weit fortschleudern wird. Wenn Mutter fortgeht, wird es die Tür niemandem öffnen, denn die böse Königin versucht, in vielerlei Verkleidungen zu Schneewittchen vorzudringen. Gestern erschien sie bereits in Gestalt der lieben Nachbarin und erst, als diese ihm über das dunkle Haar streichen wollte, erkannte es den bösen Zauber und schrie erschreckt auf. Abends schlüpfte sie in Tante Marie-Luises Person. Nicht einmal die Mutter bemerkte es; Schneewittchen jedoch ertappte sie am mitgebrachten Apfel.

Langsam läßt das Fieber nach, das Kind liegt auf dem Balkon in der Sonne oder im Liegestuhl draußen im Schrebergarten. Später gehen wir ins Schauspielhaus, dort spielt man für Kinder den »Struwwelpeter«. Zu gern sähe es noch einmal die beiden Clowns im Zirkus Busch. Sonntags vielleicht. Aber dann fahren wir aufs Land. Dort kann sich das Kind am besten erholen. In Eisersdorf bekommt es bestimmt wieder rote Backen.

Rote Backen, lacht das Kind vor sich hin, und braune Haut habe ich auch. Es schiebt die Ärmel der Jacke zurück und betrachtet seine Arme, die noch ebenso sonnengebräunt sind wie die Beine, welche jetzt in den kratzenden Wollstrümpfen stecken, die noch Frau Sagave gestrickt hat.

Unvermindert leuchtet das blaue Viereck des Himmels durch das Dachfenster herein, und davor wiegen sich zwischen vertrockneten Sträußen Träume von feurigem Mohn und Träume von Thymian, die einem heißen Sommertag entströmen.

Man muß nur die Hand nach ihnen ausstrecken. Jederzeit kann man sie pflücken. Wie die Kapseln des Mohns lassen sie sich öffnen, und aus ihnen rinnt es fort und fort in deine Hand, und du hörst ihnen zu. Du schmeckst sie auf deiner Zunge. Unter deinen Lidern nisten sie sich ein. Wie Lichter blühen sie auf der Sternschnuppenwiese.

Der Winter, so sagen die Leute im Dorf, steht vor der Tür. Genaugenommen hat er bereits einen Fuß auf die Schwelle der Grafschaft gesetzt. Der Schneeberg hat schon eine weiße Koppe.

Grau verhängt ist der Himmel, novembergrau. Trübe und glanzlos fließt die Biele dahin, begleitet von den bleiernen Bändern der Dorfstraßen. Dunkel und verschlossen stehen die Wälder über dem Tal. Zuweilen taucht noch ein Fuhrwerk am Waldrand auf und bringt das Langholz zu den Höfen, ehe der Schnee die Wege verweht. Krähen hocken auf Zaunpfählen wie riesige schwarze Punkte. Und wenn sie sich mit schwerfälligen Flügelschlägen erheben, umkreist der Winter immer enger den Kirchturm und die Häuser. Die sommerlange Musik, die der Wind auf den Gräsern gespielt hat, verzaubert vom Wellengeplätscher der Biele, ist verstummt. Du hörst nur das Schlagen der Dreschflegel, das aufdringliche Rattern der Dreschmaschinen, das häßliche Krächzen der Krähen und Raben, zuweilen das Trommeln des Regens gegen die Scheiben und das Heulen des Sturms, der sich an den Hausecken stößt.

Was würde einen grauen Novembertag erhellen, wenn nicht die Menschen selbst ihn zum Leuchten brächten? An Allerseelen stehen den ganzen dämmrigen Tag über Laternen auf den Gräbern. Zahllose Flämmchen hüpfen über den Grabhügeln auf und nieder, werfen ihren Schimmer auf die erstarrten Herbstastern und auf die Gesichter der schwarzgekleideten Menschen, die hier beten und frieren.

Das Kind blickt auf die roten Grablichter, die glühen wie die Blumen auf Vaters Grab in Markt-Bohrau.

Noch einmal streckt Vater seine Hand nach ihm aus und trägt es huckepack hinaus in den Garten mitten in das Meer aus Goldrute hinein. Und er setzt es auf seine Knie und führt seine kleine Hand über die Tasten des Flügels spazieren, während draußen der Schnee fällt. Er zieht nachmittags seinen Gehpelz an, stapft durch den hohen Schnee ins Nachbardorf und gibt wie immer Unterricht in eiskalten Klassenzimmern.

Ungeheizt, doch das sei noch viel zu gut für Religionsunterricht, der sowieso einmal ganz aus den Schulen verschwinden wird. Das ist die Meinung der Leute, die neuerdings zu bestimmen haben.

»Nicht, so lange ich lebe«, erklärt Vater.

Seine Wangen glühen, wenn er nach Hause kommt.

»Doppelseitige Lungenentzündung«, sagt der Arzt. Das Kind solle schleunigst aus dem Hause gebracht werden.

Vater liegt im Bett, schaut herüber zur Tür und winkt. Winkt mit der Hand, der flügellahmen, winkt mir zu, wie jetzt von den Gräbern die Lichter.

Als ich heimkam, war Vater nicht mehr da. Er war nirgendwo zu finden, weder im Haus noch im Garten beim Beschneiden der Obstbäume. Sie zeigten auf übereinandergetürmte Kränze mit verwelkten Blüten. Aber Vater gab sich nicht zu erkennen.

Der ältere Bruder, der Urlaub bekommen hatte, erzählte immer wieder, wie er heimgekommen sei:

»Es war Frühling, Palmsonntag, und die Glocken läuteten.«

»Gut, daß du rechtzeitig gekommen bist! Geh und spiel die Orgel an meiner Stelle.«

»Das war das Letzte, was Vater gesagt hat«, wiederholte der Bruder. »Das Allerletzte.«

Und er ließ seine Hände über die Tasten gleiten, schlug leise ein paar Akkorde an, begann eine Melodie, brach sie sogleich wieder ab, klappte den Deckel über die Tasten und erzählte es noch einmal.

Seinen Schulleiterposten hatte Vater sowieso schon verloren, weil er das Orgelspiel während des Gottesdienstes, das neuerdings eines Schulmeisters unwürdig

sei, nicht aufgeben wollte. Und nun das! Ruhig und überlegen, und nicht seine Überzeugung verraten! Daran festhalten, was immer auch kommen mag!

Das Kind blickt auf die roten Grablichter, die glühen
wie die Blumen auf Vaters Grab in Markt-Bohrau. Ein
Vaterunser von hier für dort, das gilt genauso und fällt
in Gottes ordnende Hand.

Lichter hüpfen über die novembergrauen Straßen;
kleine Kerzen strahlen durch die Buntpapierfenster der
selbstgebastelten Laternen. Es ist Martinstag. Die Kinder ziehen singend an den Häusern vorbei und lassen
sich Geschichten vom heiligen Martin erzählen, mit denen
ein Maler in vielen Bildern die Eisersdorfer Kirche aus-
geschmückt hat. Und den Strumpf, den sie vor das Fenster hängten, wird der Heilige inzwischen mit guter Hand
füllen.

Ein seltsamer Lichtschein geistert durch das einsame
Treppenhaus. Das Kind öffnet die Tür einen Spaltbreit
und verfolgt gespannt und ein wenig ängstlich die unruhigen Schatten, die über Wände und Decke huschen.
Dann reißt es die Tür entschlossen auf, beugt sich über
das Geländer, lacht und schreit nach der Mutter und den
beiden alten Leuten aus Berlin. Auf dem Treppenabsatz
hockt ein Rübengeist. Gewiß hat Christian die große
Futterrübe ausgehöhlt, mit seinem Taschenmesser die
greuliche Fratze geschnitzt und in der Dämmerung heimlich ins Haus gestellt. Nun kauert das Kind lange davor
und starrt auf das unruhige Flackern, das durch die leeren

Augenhöhlen dringt, beobachtet dann das letzte Aufzucken des herabgebrannten Kerzenstummels und tappt,
ein wohliges Gruseln im Rücken, im Dunkeln durch das
Treppenhaus zurück.

Zurück in die warme Stube, wo Mutter mit einer Handarbeit am Tisch sitzt und die Lampe einen milden Licht-
kreis über sie wirft, wo das Wasser im Teekessel leise
und wie lebendig zu summen beginnt, die Bratäpfel aus
der Ofenröhre ihren Duft verströmen und das tiefdunkle
Rot des böhmischen Glases im Halbschatten der Lampe
aufglüht wie das geheimnisvolle Feuer im Innern eines
verschlossenen Zauberberges. Das geschieht meistens
dann, wenn Mutter erzählt oder Geschichten vorliest.

Vom Nebel, der das Haus vereinsamt zurückgelassen hat,
indem er die Parkbäume, das Ufergebüsch, die Dächer
und die Straßen verschluckte, läßt sich das Kind nicht
beirren. Es traumwandelt über den verhüllten Weg zum
Nachbarhaus hinüber. Wenige Schritte von ihm entfernt
erst dringt der große sichere Schatten der Mauer durch
das ungewisse Weißgrau. Aufatmend wirft das Kind die
Tür hinter sich zu.

Dann verlangsamt es die Schritte und betritt leise, um
nicht zu stören, das Arbeitszimmer. An seinem Schreibtisch sitzt Herr Böhm. Rauch steigt aus der Pfeife auf,
während er aufschaut, es zu sich heranwinkt und den
Arm um seine Schulter legt. Warm wie in einem Nest
geborgen hört es die Geschichte an, die Herr Böhm so-

eben geschrieben hat, hört auch eines seiner Gedichte, lauscht Worten, die in einem stillen Fluß dahingleiten, und aus denen manchmal halbzerflossene Bilder und wundersame Klänge aufsteigen. Er hält es, spricht leise und sagt nie, daß es zu klein sei und nichts davon verstünde. Von nebenan dringen die gedämpften Stimmen der Kinder; ab und zu tönt ein Lied dazwischen.

Wieder taucht das Kind im Nebel unter, begibt sich in das Abenteuer der verlorenen Welt und angelt nach Beweisen für ihre Beständigkeit, krallt sich am Maschenzaun fest, an dem Nebelperlen aufgereiht sind, oder fühlt die feuchte Rinde eines Baumstammes.

Webers weißgekalktes Häuschen ist erst zu erkennen, als es über den Hof läuft. Aus der Tiefe der Brunnenstube wird das Glucksen der Quelle vernehmbar. Heute dringen weiße Dämpfe aus den Ritzen in der Brettertür und vermischen sich mit den umherziehenden Nebelschwaden. Im Sommer ist es gut, auf den Stufen der kühlen Brunnenstube zu hocken und den Wassergeschichten zu lauschen. Jetzt läuft es vorüber und sitzt bald zu Füßen von Herrn Weber, der immer noch hölzerne Matrosenfiguren bemalt. Im Kachelofen zerspringen Buchenscheite, und auf der Ofenbank schnurrt die Katze mit ihren bernsteingelben Augen. In der Ofenröhre steht der Bunzeltopf. Langsam trocknen das gerötete Gesicht und die Locken des Kindes, die vom naßkalten Wetter feucht geworden sind. Seine klammen Finger werden wieder warm und beweglich.

Währenddessen erzählt Herr Weber seine wunderbaren Geschichten. Nur manchmal zuckt etwas Fremdes über sein fröhliches Gesicht. Das komme von den Schmerzen in dem Bein, das er nicht mehr habe, meinte er, als das Kind ihn fragt.

Aber danach beginnen seine Augen zu leuchten, und er und das Kind schweben durch das Fenster aus der niedrigen Stube hinaus. Die Nebelwatte rieselt weich an ihnen herunter, und sie steigen schneller und schneller aufwärts. Oben empfängt sie blendendes Licht und ein Meer aus Bläue. Tief unter ihnen bleiben die feindlichen Flugzeuge zurück und können ihnen nichts anhaben. Sie beide überfliegen Grenzen und Fronten, ohne bemerkt zu werden, und gelangen in ein Land ohne Krieg. Sie sinken in einem Wald voll fremdländischer Pflanzen nieder. Große leuchtende Blüten hängen von den Urväterbäumen herunter, schwingen an gewachsenen Schaukeln unter dämmergrünen Blätterdächern und strömen unbeschreibliche Düfte aus, die Träume erzeugen. Wenn ein Mensch von der wunderbaren Wurzel gegessen hat, kann er die Sprache der Tiere verstehen. Dann lassen sich die regenbogenfarbenen Vögel auf seinen Schultern nieder, wilde Tiere werden zahm und sanft. Herr Weber kennt diese kostbare Wurzel und hält sie unter einem Moospolster verborgen. Um diese Stelle hat er eine Hütte gebaut, deren Dach der Himmel ist. Denn hier wird es nie Winter, kein Nebel trübt die Bläue, und wenn ein warmer Regen fällt, gerinnen seine Tropfen zu schillernden Perlen und Edelsteinen. Als sich beide soeben niederlassen, um nach der geheimnisvollen Wurzel zu graben, beginnt die Erde zu beben, und aus der Wildnis bricht der weiße Elefant, der ihr Geheimnis kennt, und stürmt

mit furchtbarem Trompeten in die Hütte, daß die enge
Tür splitternd auseinanderbricht. Für dieses Mal können
sie sich retten und kehren im Eilflug zurück. Der Eisersdorfer Nebel verschluckt ihre Spur, und sie landen, vor
den Verfolgern sicher, in Webers Stube.

Noch klopft das Herz des Kindes schneller, aber seine
Augen strahlen. Automatisch rückt es Herrn Weber die
Farbtöpfe zurecht, während er von weit gefährlicheren
Abenteuern berichtet und von seiner seltsamen Bekannt-
schaft mit Springmäusen, Affen und sogar Löwen. Er erzählt zum wiederholten Male, wie er im Ersten Weltkrieg
sein Bein verlor, und wie das doch eigentlich ein Glücks-
fall sei, denn sonst müßte er im Zweiten jetzt draußen
im Schützengraben liegen und frieren, und seine schöne
warme Pelzmütze bekäme Löcher.

Sobald Frau Weber oder Else mit bedeutungsvollen
Blicken eintreten, beginnt das Kind natürlich an den
Geschichten zu zweifeln. Sagt doch jeder im Dorf, daß
er die dicksten Lügenmärchen auftischen könne. Auch ist
oft ein listiges Zwinkern in seinen Augenwinkeln zu
sehen, wenn er sich die Tabakspfeife anzündet und be-
haglich im Sessel zurücklehnt. Dennoch liebt das Kind
diese Stunden so sehr, daß Frau Weber es mehrmals zum
Heimgehen mahnen muß.

Geschichten! Geschichten in jedem Eisersdorfer Haus.
Im Winter, wenn die Tage kurz und trüb sind wie das
verlöschende Licht eines Kerzenstummels, hocken sie in
jedem Schatten. Die Großmütter befreien sie aus dem
Dämmerdunkel der Bauerntruhen, wenn sie die schweren
Eichendeckel heben und ihre Schätze betrachten, wenn

sie die Falten der Röcke glätten, ihre Linnen mit dem Blaudruck ordnen und alte Spitzenhäubchen und bestickte Bänder mit zärtlichen Fingern berühren. Zwischen all diesen Dingen müssen die Geschichten sommerlang geschlafen haben. Auch jetzt bleiben sie unsichtbar, außer für die Großmütter. Man kann ihren runzeligen Gesichtern ansehen, wenn sie einer der Geschichten begegnen. Dann schütteln sie verwundert den Kopf, nicken daraufhin, verneinen und bejahen in einem, so wunderlich erscheinen selbst ihnen die Geschichten, die sie beinahe vergessen hatten während ihres langen Lebens.

Die schönste und seltsamste nehmen sie heraus, tragen sie durch den frühen Abend in die Spinnstube auf den Nachbarhof hinüber, wo Frauen und Kinder sich bereits zum Federnschleißen versammelt haben. Leise huschen sie durch die Türe, damit kein Luftzug entsteht. In der Ecke bleiben sie, etwas abseits von den anderen, und die Spinnräder beginnen zu surren.

Auf dem langen Tisch ruhen Federberge. Schweigend sitzen Frauen und Mädchen davor, rupfen die Flocken von den Kielen und hüten sich vor jeder unbedachten Bewegung, um die zarten Gebilde nicht aufzuschrecken. Kein unnützes Wort, kein albernes Gekicher, kein tiefer Seufzer, selbst wenn die Sorge beklemmend auf dem Herzen liegt, kein Atmen mit offenem Munde, damit die weißen Wolken nicht zu schweben beginnen, sich zu einem lautlosen Reigen mischen und den Händen auf immer entgleiten. Hütet eure Zungen und unterdrückt jeden Ausruf, wenn die Großmütter erzählen, wenn eine nach der anderen in das Surren der Spinnräder spricht mit ihrer leisen, brüchigen Stimme. Valeskas Schatten schwebt vorüber, und Rübezahl pocht ans Hoftor, daß die Ängstlichen zusammenzucken.

Zuweilen tritt ein alter Bauer ein und berichtet vom Gottesgericht, vom großen Krieg draußen in der Welt, von dem entsetzlichen Ungeheuer, das näher und näher rückt, Feuer speit, Städte verschlingt, Felder verbrennt und Menschen tötet. Erzählt von den wandernden Dörfern, die sich dem Gebirge nähern mit Mensch und Vieh. Es werden Namen aus dem Dorf genannt von Söhnen und Enkeln, die gefallen sind, und die furchtbare Botschaft zieht wie ein eisiger Luftzug durch die Spinnstube, daß die Federberge zu beben beginnen, obwohl jedes Aufschluchzen tief nach innen versenkt wird, und die feuchten Handrücken verstohlen an der Schürze abgetrocknet werden.

Und wenn sie hinaustreten in die frühe Nacht, die sternenlos und naßkalt ihr Weinen erstickt, dann hofft das Kind einen Augenblick lang, der Nebel möge die wahren Geschichten verschlucken wie einen bösen Traum.

Bei Tag jedoch sammeln sich neue Nachrichten an, die das Herz fast stillstehen lassen vor Entsetzen. Immer mehr fremde Leute kommen ins Dorf. Verwandte schleppen große Kisten aus ihren Wohnungen in den Städten herbei. Dachböden und Keller füllen sich mit fremden Gepäckstücken, und jedes ist randvoll gefüllt und beweist ein Stück der schrecklichen Wahrheit.

Immer häufiger überfliegen Jagdbomber das Tal. Einmal sind es sogar Tiefflieger gewesen, die Angst und Schrecken verbreiteten. Die Vorwarnung erreichte das Dorf zu spät. In aller Eile wurden die Kinder aus dem

Schulhaus getrieben. Durch eine erweiterte Lücke im Zaun suchten sie Deckung im nahen Park, so wie sie es mit dem Luftschutzwart zahllose Male geübt hatten. Fräulein Franke hatte wegen ihrer kurzsichtigen Augen immer noch Schwierigkeiten und stolperte über das Wurzelwerk, während tief herabhängende Zweige sich in ihren Haarnadeln verfingen und den Nackenknoten lösten. Jedoch war das jetzt kein Anlaß mehr zu heimlichem Gelächter und schadenfrohem Grinsen hinter ihrem Rücken. Atemlos verharrten die Kinder am Boden, während in unmittelbarer Nähe Geschosse niederpeitschten. Die Gewalt der Einschläge ließ die Erde im Umkreis erbeben und lief wie ein Zucken durch die gelähmten Leiber der Kinder.

Die Flugzeuge hatten sich längst in Richtung Glatz entfernt, als sich die Kinder aus der Starre lösten und einige aufweinten. Erst jetzt bemerkten sie die Schreie, die von jenseits des Zaunes herüberdrangen.

Zwei Kinder waren zurückgerannt, da eines auf der Flucht in den Park seinen Schuh verloren hatte. Sie berichteten unzusammenhängend, wie nah die Tiefflieger an sie herangekommen seien, so daß sie die fremden behelmten Köpfe darin erkennen konnten und die Mündungen, aus denen die Geschosse auf sie gerichtet worden waren. Zum Beweis wiesen sie auf die Einschlaglöcher im Boden.

Alle Schüler wurden heimgeschickt. Gleich den anderen starrte das Kind auf die Löcher. Es wurde ihm zum ersten Male klar, daß in den todbringenden Flugzeugen Menschen saßen, und es bekam große Angst.

Täglich lief es zu den Einschlaglöchern, wenn es aus der

Schule kam, und schaute sie lange an. Der Vorfall wiederholte sich nicht, die Eisersdorfer Erde jedoch hatte einen Riß bekommen.

Eines Tages deckte der Schnee die Löcher zu. Und durch vielerlei Ereignisse gerieten sie in Vergessenheit.

In allen Häusern wird Pfefferkuchen gebacken. Würziger Duft strömt einem entgegen, wenn man irgendwo einen Hausflur betritt. Herr Weber sitzt jetzt oft am Tisch und spielt auf seiner Zither Weihnachtslieder. Christian und Verena haben Kerzenstummel gesammelt und gießen abends Wachskerzen.

Der Sturm hat ein paar Dachplatten gelockert, und der Maurermeister kommt, um den Schaden auszubessern. Der Riemen des alten Schulranzens ist brüchig geworden und an einer Stelle gerissen. Das Kind sieht dem Sattlermeister beim Flicken zu. Der Schuster besohlt zum x-ten Male Mutters Schuhe, klebt einen Lederfleck auf die dünne Stelle im Oberleder. Das Kind behält den Ledergeruch lange in der Nase. Der Schmied beschlägt die Schlittenkufen, und der Rhythmus der Schläge bleibt eine Weile im Ohr.

Frau Grootmann kommt ins Haus und bringt laute Gäste mit. Sie spricht in gereiztem Ton mit der Mutter, während die Asche ihrer Zigarette auf den Boden fällt. Nach ein paar Tagen verläßt sie das Dorf wieder, und das unbehagliche Gefühl ihrer Anwesenheit verschwindet langsam.

Überhaupt vergißt das Kind für eine kurze Zeit alles Unangenehme. Der Schnee, der leise fällt, hat es ausgelöscht. Von draußen tönt das Schellengeläut eines Pferdeschlittens. Die verheißungsvolle Last vieler Christbäume gleitet vorüber, aus den Nüstern der nickenden Pferdeköpfe steigen weiße Wolken in die eiskalte Luft auf.

Am 5. Dezember wird abends der angefrorene Schnee noch einmal vom Fenstersims gekratzt und ein Stiefel hinausgestellt. Am nächsten Morgen, in aller Frühe schon, wird er hereingeholt, vollbepackt mit Überraschungen.

Von der Straße her hört man die Stimmen der Leute, die zum Rorateamt gehen. Noch verrät kein Schimmer im Osten den steigenden Morgen. Die vielen Wachsstöcke auf den Bänken werden die Kirche in ein wunderschönes Dämmerdunkel hüllen. Gesichter tauchen daraus auf, vor denen weißer Hauch schwebt. »Tauet Himmel den Gerechten«, singt die Gemeinde. Der Frieden wird einkehren, ganz gewiß. Wenn das alte Jahr in Eis und Schnee versunken ist, wird ein neues den Frieden bringen.

Abends brennen die Lichter am Adventskranz. Mutter hält Tannengrün in die Kerzenflamme, daß es knisternd Funken sprüht und nach Weihnachten zu duften beginnt.

Eines Abends ist es so weit. In jedem Hause haben Eisersdorfer Tannen eine wunderbare Verwandlung erfahren und tragen den goldenen und silbernen Abglanz himmlischer Herrlichkeit in die niedrigen Stuben.

In dichten Flocken fällt der Schnee, gleich sanften Flügelschlägen gleitet er an den Fenstern vorüber und breitet sich behutsam über das Dorf. Auf den Dächern liegt er in einer dicken Schicht, und auf den Feldern verdeckt er jede Unebenheit. Unzählige Schneehauben hat er den Zaunpfählen aufgesetzt. Die ausgetretenen Wege haben wieder die Schönheit eines unbetretenen Landes. Drüben im Park tragen die Bäume schwer an der Schneelast.

Das Parktor steht weit offen. Unsichtbare Hände haben die unwillig knarrenden Torflügel geöffnet. Vorzeiten ertönte Musik, wenn sie leise zurückwichen vor den gläsernen Kutschen mit den goldenen Beschlägen und vor den geschmückten Damen mit ihren wippenden Federhüten. Der breite Kiesweg knirschte unter den blanken Rädern, während im Schloß alle Lichter aufflammten, auf der Freitreppe ein eiliges Auf und Ab zu hören war, und die Baumriesen ihre mächtigen Schatten darüberwarfen.

Jetzt steht das Tor wieder offen, das Paradiestor mit den rostig gewordenen Angeln. Viele Spuren führen über die verschneiten Wege in den Park hinein, Spuren von Kinderschuhen, von Schlittenkufen, auch Spuren von Vogelkrallen und der schmalen Schnur des Fuchses.

Schweigend steht das Schloß auf der Anhöhe. Unter seinem dicken Schneedach und der verschneiten Freitreppe liegt es wie im Bann eines hundertjährigen Schlafes. Nur selten bewegt sich ein Schatten hinter einem der Fenster im zweiten Stockwerk. Gegen Abend, ehe die Scheiben verhängt werden, flammt dort jedoch eine einsame Lampe auf, die blickt herunter wie das Auge Gottes und mahnt zum Aufbruch aus dem geliehenen Zaubergarten.

Jeden Nachmittag ziehen kleine vermummte Gestalten ihre Schlitten den Hügel hinauf. Unten, wo sich unter der Schneedecke der Übergang in den Schloßteich vermuten läßt, steht breitbeinig Christian und winkt mit dem

Skistock. Er hat die Umleitung in einen der Waldwege befohlen, denn das Eis trägt noch nicht.

Gestern hatte er es sozusagen mit dem eigenen Leibe überprüft, indem er die Abfahrt als erster wagte und danach, bis zur Brust im Wasser stehend, nach dem Schlitten fischte, der ihm beinahe ins Reich der schlafenden Seerosen entglitten wäre. Ein Versuch, der ihm zuhause einigen Ärger und einen entzündeten Hals eingetragen hatte.

Jetzt helfen ihm ein paar Jungen, einen Wall zu schippen, der ungeschickte Schlittenfahrer auffangen könnte. Auf der Anhöhe steht das Kind und blickt hinunter. Verena nimmt es vor sich auf den Schlitten, und gemeinsam rodeln sie bergab. Den beißenden Fahrtwind im geröteten Gesicht und das seltsame Gefühl in der Magengrube lassen das Kind aufschreien vor Lust und Grauen. Aber es spürt auch Verenas warmen Leib im Rücken, die schützenden Arme zu beiden Seiten, ihre erhitzte Wange an der seinen und zum Schluß die atemberaubende Kurve, um sicher zwischen den Baumstämmen zu landen. Auf zurückzu den Sprung nach den herabhängenden Ästen, die ihre Schneelast abschütteln. Weiße Sterne, die auf der bloßen Hand zerschmelzen.

Auf und ab, Johlen und Schreien, an- und abschwellend! Niemand findet ein Ende. Längst hat sich die Dämmerung in den Park eingeschlichen, und oben im Schloß blinkt das Licht für einen kurzen Augenblick auf. Doch keiner will es bemerkt haben, keiner hört mehr auf Christians Rufen. Noch eine letzte Abfahrt! Noch einmal den kurzen Flug über den niedrigen Schanzentisch wagen, noch einmal haarscharf vor dem dornigen Busch abbrem-

sen! Jetzt nisten schon überall tiefe Schatten in den Baumkronen.

Plötzlich tönt eine zornige Stimme von einem alten
Tannenriesen herunter. Wie erstarrt stehen die Kinder,
vorneweg Christian mit schlotternden Knien, und hören
Valeskas Drohungen an. Ihre Stunde ist gekommen, denn
längst sank die Sonne hinter die Berge. Dicht aneinandergedrängt und schweigend verlassen die Kinder den Park.
Von der Tanne herunter schleudert die Heidnische Jungfrau ihnen Schneebälle und ein schauerliches Gelächter
nach mit einer Stimme, die mit jener von Webers Else eine
gewisse Ähnlichkeit aufweist. Jedoch, man kann es nicht
beweisen, und keines der Kinder mag jetzt zurückbleiben.
Erst jenseits des Parktors werden übermütige Stimmen
laut, Zweifel melden sich an, und man entdeckt an Christians lachendem Gesicht die Verschwörung.

Nachts klart der Himmel auf. Eisiger Frost fängt den
Widerschein des Mondes und der Sterne in Schnee-
kristalle ein. Am nächsten Morgen übernimmt die Sonne
das funkelnde Spiel, vor dem man mit der Hand die Augen
abschirmen muß. Die Tannen im Park erstarrten zu wunderlichen Gestalten und malen bläuliche Schatten in ihren
Umkreis. Der Teich ist fest gefroren, die Kinder befreien
ihn mittags vom Schnee und tummeln sich auf der spiegel-
blanken Eisfläche.

Christian erprobt seine tollkühne Erfindung, eine Art
Rodelfliegen mit Skistöcken, und erntet eine Menge Bei-
fall von den jüngeren Kindern, die ihm zuschauen und
dabei die klirrende Kälte vergessen.

Plötzlich dreht sich der Schlitten, die eisenbeschlagene

Spitze des Skistocks prallt von einem Eisblock ab, schnellt zurück und trifft Christian. In seinen Aufschrei mischt sich das Schreien der Kinder. Verena bahnt sich einen Weg zu ihrem Bruder und kniet neben ihm nieder. Aber er steht schon wieder auf. Ein roter Fleck im Schnee zeigt an, wohin er gestürzt war. Aus seiner Wange fließt Blut. Verena hilft mit einem sauberen Taschentuch aus, er preßt es gegen die Backe, und als das nichts nützt, nimmt er eine Handvoll Schnee dazu.

Wohin jetzt? Nach dem vorgestrigen Bad im Eisweiher ist es heute nicht angebracht, mit einem Loch in der Backe daheim aufzutauchen.

»Also zum Schwesternhaus«, kommandiert Christian. »Und schreit nicht so, sonst hört man es im ganzen Dorf.«

Rote Tropfen auf dem verschneiten Weg zeigen an, wohin sich die Prozession der Rodelschlitten begeben hat. Ins Schwesternhaus geht Christian allein, das ist doch klar. Heute, wo ihm selbst nicht zum Lachen zumute ist, regt ihn das mitleidige Geplärr der kleinen Kinder auf. Selbst Verena hat mit den anderen am Eingangstor zu warten.

Frierend und ratlos hocken alle auf ihren Schlitten und starren auf die Eingangstür. Daß ihm so etwas passieren konnte, und dann gleich eine so schreckliche Wunde, die durch und durch geht! Plötzlich wird die Tür aufgerissen. Mit weitschweifigen Armbewegungen gibt er das Zeichen zum Aufbruch. Im nächsten Augenblick hat seine Gefolgschaft mit ihm fast lautlos die Straße überquert und ist im Park verschwunden.

Dort erzählt Christian, während Verena seine Kleidung,

so gut es geht, mit Schnee säubert, daß ihn die Ankündigung der Schwester, seine Wunde müßte genäht werden, in die Flucht geschlagen hätte. Während sie sich im Nebenraum vorbereitete und mit den Instrumenten klapperte, hatte er mehrere Heftpflaster an sich gerissen, sie rasch übereinandergeklebt und war dann geflohen.

Trotzdem bleibt Christian ein Held für die Kinder, das steht fest. Ein Loch in der Backe hätte sich keines, für welchen Preis auch immer, zunähen lassen. Das mochte bei den Kannibalen üblich sein.

Zum Schlittenfahren hat heute niemand mehr rechte Lust. Vom langen Herumstehen frieren alle bis ins Innerste, und Christians tiefe Wunde schmerzt empfindlich.

Kein Lichtzeichen vom Schloß her, kein vorbestellter Geist sind heute nötig, um die Kinder heimzutreiben. Schweigend ziehen sie unter den Bäumen dahin, kein Schabernack fällt ihnen ein, niemand hängt sich an die leise knarrenden Torflügel.

Morgen aber treffen wir uns wieder am Schloßteich, der hat eine dicke Eisschicht und nichts kann passieren. Schön war es trotzdem! Wenn auch eine Narbe bleiben wird! Morgen wird es so sein wie immer.

Nichts wird so sein wie immer!

Um den Schloßteich kümmert sich niemand mehr, und die Schlittenbahn ist meistens leer, obwohl inzwischen mehrmals Neuschnee gefallen ist, pulvrig und weicher als Watte.

Die alten Spuren sind längst vergangen, unzählige neue schreiben sich täglich in die Eisersdorfer Straßen und Wege ein. An vielen Stellen ist die Schneedecke aufgeschürft, und die Spuren beginnen, sich tief in den Asphalt einzugraben.

Dann entsteht dieses unangenehm schleifende Geräusch, das das Kind von seiner Tafel aufblicken läßt. Es schaut aus einem der großen Fenster des Klassenzimmers und sieht den endlosen Treck vorüberziehen: Ein Wagen, hochbeladen, folgt dem anderen, nickende müde Pferdeköpfe mit Schaum vor den Mäulern und schweißglänzende Leiber, hohe Planen, unförmige Gebirge aus Hausrat mit Ölzeug verhängt, die bunten, reichen Muster riesiger Perserteppiche als fremdländische Zeltdächer über erschöpften Gestalten. Zuweilen entdeckt man einige davon, viele Kinder, alte Leute und Mütter mit dick vermummten Bündeln vor der Brust.

So also sehen sie aus, die wandernden Dörfer, die vor der durchbrechenden Ostfront auf der Flucht sind. Bisher sind die Trecks meistens durch Eisersdorf gezogen, ohne längeren Aufenthalt zu nehmen. Sie machten nur kurz Rast, um die Pferde bei den Bauern zu tränken, um sich selbst ein wenig die Füße zu vertreten, um sich aufzuwärmen und Atem zu schöpfen vor der Weiterfahrt ins Ungewisse.

Das Schloß ist seither aus seiner Verzauberung erwacht, denkt das Kind, während es gedankenverloren den Griffel spitzt. Die Schloßherrin fährt selbst täglich mehrmals riesige Töpfe zu den stockenden Trecks und schöpft dampfende Suppe in die vielen Gefäße, die ihr entgegengestreckt werden.

Auch die anderen Eisersdorfer bringen heiße Getränke

und helfen, so gut es geht. Aber täglich rücken neue Trecks nach, die Flut reißt nicht mehr ab. Unabsehbar schieben sie sich durch den grausamen, kalten Winter des Jahres fünfundvierzig und nähern sich dem Gebirge. Durch sie gelangen Berichte ins Dorf, die schrecklich anzuhören sind, und viele erzählen, daß beim Verlassen ihrer Höfe die Front schon so nahegerückt war, daß es wie der Donner eines heranziehenden Gewitters hinter ihnen hergedröhnt hatte. Und der grausige Feuerschein am nächtlichen Himmel!

Das Kind hat schon eine Weile nichts mehr geschrieben. Fräulein Franke scheint das nicht zu bemerken. Auch die anderen Kinder schauen immer wieder aus dem Fenster und sind unaufmerksam bei ihrer Arbeit.

Wo Tante Lena wohl sein mag? sinnt das Kind vor sich hin. Es ist abends seine letzte und morgens seine erste Frage, die weder die Mutter noch sonst jemand beantworten kann.

Vor ein paar Tagen war sie eilig durch das Gartentor gegangen, um den Vormittagszug zu erreichen. Es war ein Morgen gewesen, an dem die Sonne wieder wärmte und der Vorfrühling zu ahnen war, während die Eiszapfen von den Dächern tropften. Deshalb hatte Tante Lena auch einen leichteren Mantel angezogen. Nur eine kleine Handtasche hing an ihrem Arm, denn sie wollte beide Hände frei haben, um besser tragen und helfen zu können.

»Am späten Nachmittag bin ich aus Neisse zurück«, hatte sie gesagt, »dann holt uns vom Bahnhof ab!«

Als die letzten Reisenden aus dem überfüllten Zug ausgestiegen waren und die Lokomotive dampfend und schwerfällig anzog, dachten Mutter und Kind zuerst, daß Tante Lena den Zug verpaßt haben müsse, obwohl das sonst nicht ihre Art war, doch immerhin, mit den drei Nichten, dem kleinen kranken Jungen und dem vielen Gepäck wäre das nicht verwunderlich gewesen. Auch als der letzte Zug ohne sie durchgefahren war, blieb dies eine ausreichende Erklärung, die selbst für den nächsten Tag noch gelten konnte.

Dann aber war Mutters Geduld zuende. Unruhig lief sie der Postbotin entgegen, versuchte vergeblich, eine Telefonverbindung nach Neisse zu bekommen und wollte sich schließlich selbst auf die Suche begeben. Aber das Durcheinander, das die durchziehenden Trecks verursachten, die Züge, die nicht mehr pünktlich verkehrten und die Sorge um Haus und Kind hielten sie schließlich zurück.

Das Kind muß Fräulein Frankes Aufforderung, einzupacken und zu gehen überhört haben, denn es sitzt immer noch in seiner Bank, während die anderen Schüler sich bereits rasselnd erheben.

»Das wäre es für heute und vielleicht für lange Zeit, Kinder! Ab morgen wird die Schule für andere Zwecke benötigt. Ein Treck ist angekündigt worden, der länger hier bleiben soll. Verlernt mir nicht alles, Kinder! Das geht schneller als ihr glaubt. Übt fleißig, und nun, Gott befohlen!«

Damit entläßt die Lehrerin die Kinder, die jetzt eilig aus der Schule drängen, hier und da bei einem der Wagen verweilen oder sich scheu vorüberdrücken.

Das Kind hofft, hinter irgendeiner Plane die Tante zu

entdecken, doch Wagen um Wagen rollt vorüber, ohne daß ihr vertrautes Gesicht auftauchen würde.

Regen fällt unaufhörlich in den grauen Morgen. Er weicht die Schneedecke auf dem Dach durch. Sie rutscht ab, zerreißt, poltert nach und nach herunter und bleibt in schweren, nassen Haufen vor dem Haus liegen. Er wäscht die Verzauberung der Winterbäume ab, und sie stehen wieder kahl im Garten und recken ihre schwarzen Arme nach allen Seiten. Auf der Straße vermischt er sich mit dem Schnee und bildet solch eine tiefe Matschschicht, daß kein Schuh mehr standhalten kann.

Also bleibt das Kind im Hause. Es steht in der Veranda, blickt durch die Scheiben und beobachtet die Straße. Dabei zieht es meistens die Sicht durch das kleine Seitenfenster vor, weil sein gefärbtes Glas das viele Grau draußen in eine gelbe Welt verwandelt.

Bald muß der angekündigte Treck ankommen, aber lange Zeit bleibt alles still, kaum ein Mensch ist zu sehen. Schon will sich das Kind zurückziehen, da sieht es einen kleinen Hund die Straße herauflaufen. Er wechselt mehrmals die Straßenseite, bleibt hin und wieder stehen, rennt auch einmal ein paar Meter zurück und kommt dann doch näher. Auf der Höhe des Schwesternhauses hält er an, streckt schnuppernd seine Schnauze in die Luft und verschwindet hinter dem Gartentörchen. Der Hund stellt seine Vorderpfoten auf das ebenerdige Küchenfenster und versenkt seinen Kopf in einen blauen Kochtopf, der dort zum Abkühlen steht.

160

Das Kind verhält sich still, denn es ist ein fremder Hund, ein Flüchtlingshund, der sicher halb verhungert ist. Auf einmal hört man vom Schwesternhaus drüben lautes Gezeter; das Fenster wird geöffnet, und die Küchenschwester schwingt aufgeregt ihren Kochlöffel. Der kleine Hund jedoch ist flink abgesprungen und rennt mit eingezogenem Schwanz über die Straße.

Kurz danach hält er inne, läuft wieder zurück, biegt unerwartet in den Seitenweg ein und kommt durch das hohe Gartentor auf das Haus zu. Zunächst bleibt das Kind auf seinem Platz, gebannt von Freude und Überraschung, aber dann reißt es die Tür auf und lockt den Hund zu sich in die Veranda.

Tatsächlich kommt er die Stufen herauf, ein abgemagertes, frierendes kleines Wesen mit einem schmutzigen, zotteligen Fell und schwarzen Augen. Vor dem Kind setzt sich der Hund nieder und legt die Pfote in seine Hand. Atemlos vor Glück drückt das Kind das zitternde Tier an sich und lehnt den Kopf an das strubbelige Fell. Jetzt spürt es die triefende Nässe, nimmt zuerst sein Taschentuch und dann den Lappen, der auf dem Heizkörper liegt und beginnt, den kleinen Kerl trockenzureiben. »Mein Hundchen«, flüstert dabei das Kind immer wieder dem Tier ins Ohr, »jetzt bleibst du bei uns.«

Immer hatte sich das Kind sehnlichst einen Hund gewünscht, aber Mutter war dagegen gewesen. Doch bei diesem Hund ist es etwas anderes. Mutter wird ihn aufnehmen müssen, wo er doch in Not geraten und ein Flüchtling ist, der zudem seinen Herrn verloren hat.

Wenn erst Frühling sein wird, denkt das Kind, lasse ich

ihm beim Sattler ein rotes Halsband nähen, und dann gehen wir in Bad Landeck zwischen den Anlagen spazieren oder in Glatz auf dem Schloßberg und vielleicht, wenn Frieden ist, in Breslau am Waschteich oder über den Ring. Wenigstens aber werden wir in der Margeritenwiese in der Nähe des Hauses oder an der Biele spielen, und die Nachbarn werden sagen: Seht doch den hübschen kleinen Hund an, der ihr im Winter zugelaufen ist!

Das Kind erzählt dem Hund von seinen Plänen. Er scheint dabei aufmerksam zuzuhören und wackelt ein paarmal zustimmend mit dem Schwanz. Plötzlich wird er unruhig, reißt sich los und beginnt, an der Tür zu kratzen. Das Kind öffnet, und wie ein Pfeil schießt der neue Freund davon. Enttäuscht sieht es ihm nach und bemerkt, daß drüben auf der Straße der Treck bereits angekommen und ins Stocken geraten ist.

An der Einmündung des Weges steht ein Mann neben einem Planwagen und pfeift. Jetzt springt der Hund wie toll an ihm hinauf, und das Kind begreift traurig, daß er seinen Herrn wiedergefunden hat und nie zu ihm zurückkehren wird. Es tritt nach einem halben Winken fröstelnd auf die Veranda zurück und schaut betrübt auf die Spuren, welche die nassen Pfoten hinterlassen haben. Grund genug, um sich davor niederzukauern, den Kopf zwischen den Armen zu vergraben und leise vor sich hin zu weinen, wer weiß wie lange.

Plötzlich schreckt das Kind auf und wischt sich über die Augen, denn draußen im Garten ist es unruhig geworden. Im Flur hört man bereits Mutters Schritte, jetzt kommt sie, öffnet die Tür und verhandelt mit den Leuten draußen. Der Stellvertretende Bürgermeister und der Ortsgruppenleiter sind dabei und erklären, daß man Grootmanns Wohnung belegen wolle, da sie sowieso nicht ständig bewohnt sei. Aus Furcht vor ihren gefährlichen Mietern zögert die Mutter zunächst mit ihrer Einwilligung, aber die Männer erklären ihr, daß man sich in einem Ausnahmezustand befinde, doch wollten sie ihr in diesem besonders delikaten Fall die freie Entscheidung überlassen.

Kaum haben sie sich verabschiedet, als ein Mann durch das Gartentor tritt. Das Kind traut seinen Augen nicht, es ist derselbe Mann, der vorher gepfiffen hat, und jetzt springt derselbe kleine Hund vor ihm her durch den Garten, schießt die Stufen herauf und begrüßt das Kind zutraulich und freudig. Es schließt ihn jubelnd in seine Arme und ist viel zu glücklich und mit dem Tier beschäftigt, um näher auf das Gespräch der Erwachsenen zu achten. Doch manches bleibt haften.

Der Mann sei Arzt, er sehe so unrasiert und verkommen aus, weil er mit seinem Dorf schon viele Tage unterwegs sei, weil er in dieser Zeit Tag und Nacht von einem Planwagen zum anderen gekrochen wäre, da die Diphtherie wütete, weil es auch Verletzte gegeben habe bei den Tieffliegerangriffen und weil er am Straßenrand bei manchem Erschöpften oder Sterbenden, bei mancher halbirren Mutter, die sich von ihrem erstarrten, toten Baby nicht trennen wollte, gesessen habe. Und nun habe er erreicht, daß sein Dorf hier bleiben dürfe, bis die Diphtherie abgeklungen sei. Alle seien über den Berg, doch so entkräftet, daß sie nicht weiterkönnten.

Er hoffe, daß er hier im Haus vorübergehend eine

Praxis eröffnen dürfe, denn alle seine Kranken bedürften dringend seiner Betreuung; selbstverständlich sei er auch für die Eisersdorfer da, denn man habe erfahren, daß kein Arzt im Ort ansässig wäre. Er bitte, die Erlaubnis nicht voreilig zu geben, denn selbstverständlich kämen viel Unruhe und Unannehmlichkeiten ins Haus. Jedoch sei ihm gesagt worden, daß dieses sich für eine Praxis am besten eigne.

Das Kind hat begriffen, daß der Mann für eine Weile hier wohnen will, und es denkt an den Hund, dem es liebevoll das Fell krault. Deshalb springt es auf, läuft zur Mutter und bestürmt sie, unbedingt ja zu sagen. Doch die Mutter hat sich bereits selbst dazu entschlossen, den Arzt aufzunehmen und sagt es ihm.

»Ehe ich annehme«, beginnt der Arzt nach einer Pause, »muß ich Ihnen noch etwas Schwerwiegendes mitteilen.«

»Ich habe keine Angst vor Ansteckung, und außerdem ist das Kind gegen Diphtherie geimpft«, beruhigt ihn Mutter.

»Nein, das ist es nicht«, fährt er in ernstem Ton fort, blickt sich dann unruhig um und zündet sich in nervöser Hast eine Zigarette an.

»Das Kind — können Sie es nicht eine Weile wegschicken?«

Die Mutter winkt dem Kind zu. Es wendet sich sofort zur Treppe, doch im Hinaufsteigen kommen ihm Bedenken: Der Mann ist fremd! Er wird vielleicht Mutter etwas antun? Ob er in Wirklichkeit ein Arzt ist? Oder hat er das nur gesagt, weil er sich hier einschleichen will?

Es läßt die Tür vernehmlich ins Schloß fallen, öffnet sie

aber sogleich wieder vorsichtig und tritt mit klopfendem Herzen und hochrotem Kopf auf den oberen Flur zurück. Es schämt sich, das Gespräch der Erwachsenen belauschen zu wollen, aber da ist auf einmal diese bedrängende Angst um die Mutter. Jetzt hat es beide im Blickfeld, ohne selbst gesehen zu werden und horcht angestrengt nach unten.

»Es gibt einen weit größeren Hinderungsgrund, mich hier aufzunehmen«, flüstert der Arzt und hält lauschend inne, ehe er fortfährt, »es ist nicht ungefährlich für Sie, einen wie mich im Hause zu haben. Überall sind jetzt Streifen unterwegs, die suchen nach Deserteuren und Leuten wie mich. — Ich bin Jude!«

Mutter sagt nichts. Warum antwortet sie nicht? denkt das Kind. Aber sie ist blaß geworden, sie tritt zurück, sie lehnt sich gegen die Wand, als ob ihr nicht gut wäre. Was hat sie nur? Der Mann hat ihr doch nichts getan. Der kleine Hund sitzt zu seinen Füßen, und die Zigarette zittert in der Hand des Arztes. Mutter muß furchtbar erschrocken sein.

Ob das wegen des fremden Wortes ist? Jude, das habe ich nie gehört! Oder doch?

Im Fotoalbum gibt es ein altes Bild von einem kleinen Mädchen im weißen Spitzenkleid. Margot, hatte Mutter gesagt, sei ein Judenmädchen und sie habe es liebgehabt, doch sei es früh gestorben.

Vielleicht ist es das, eine Krankheit, an der man sterben muß, überlegt das Kind. Gewiß ist deshalb die Mutter so erschrocken, weil ihr der Mann so leid tut, denn etwas Böses kann es unmöglich sein. Der Mann hat eine so gute Stimme und sieht nicht gefährlich aus, trotz seines unrasierten Gesichts und des zerknitterten Anzugs.

Jetzt bewegt sich die Mutter wieder, geht auf den Mann zu und streckt ihm beide Hände entgegen:

»Das ändert nichts. Bleiben Sie!«

Der Mann erwidert kein Wort, aber er hält lange ihre Hände fest in den seinen. Dann setzt er sich in einen der Korbsessel auf der Veranda, lehnt den Kopf zurück und schläft augenblicklich ein. Ihm zu Füßen liegt zusammengerollt der kleine Hund und sinkt ebenfalls in Schlaf.

Mutter ist inzwischen nach oben gekommen, hantiert in der Küche, bereitet Tee und etwas zur Stärkung und trägt leise das Tablett hinunter. Nach einigen Minuten erwacht der Arzt wieder, sichtlich erfrischt, ißt heißhungrig und schlürft dankend das heiße Getränk.

»Warum haben Sie nicht lieber Deutschland verlassen, damals?« fragt Mutter.

Der Arzt erwidert, daß er sich das oft selbst gefragt habe, als alle Möglichkeiten, über die Grenzen zu kommen, abgeschnitten worden seien.

»Es kam immer etwas dazwischen. Sie müssen wissen, daß ich der einzige Arzt eines ziemlich großen Dorfes bin. Da gibt es immer dringende Fälle. Ich fand nie den rechten Zeitpunkt, um ohne Sorge davongehen zu können. Aber Sie sehen, bis hierher habe ich es geschafft.

Es war kein Verräter unter ihnen, kein einziger. Sie haben mich immer gedeckt. O ja, viele wußten es. Und jetzt, in den Stunden der größten Not belohnt sie Gott selbst dafür, daß sie ihren Arzt nicht ausgestoßen haben. Trotz der unmenschlichen Umstände dieser Flucht ist keines an der Diphtherie gestorben. Noch ein paar Tage der Ruhe hier, und alle werden gesund sein. Das ist der Dank an mein Dorf, daß Gott meine Hände gesegnet hat.«

Voller Bewegung hat die Mutter zugehört:

»Welch wunderbare Geschichte in dieser grausamen Zeit!«

»Ja, es gibt überall Licht, nicht immer ausreichend hell, um Zusammenhänge zu erkennen und den Sinn zu ergründen, aber Anlaß genug, um weiterleben zu wollen.«

»Was hat Sie bewogen, mir gegenüber so offen zu sein, obwohl Sie mich überhaupt nicht kennen?«

»Ich muß es wohl sein, denn meine Anwesenheit bedeutet ein großes Risiko für Sie, Sie wissen welches. Deshalb mußte ich Ihnen die Wahl lassen, selbst auf die Möglichkeit hin, daß Sie über Leben oder Tod entscheiden könnten. —

Außerdem habe ich mich ein wenig von meinem kleinen Hunde leiten lassen. Der war heute morgen nämlich schon einmal hier, als er dem Treck vorausgeeilt war. Als ich ihn suchte und nach ihm pfiff, kam er aus diesem Hause, und Ihr kleines Mädchen winkte ihm nach.

Die Kreatur hat auch in dieser Zeit, wo wir im Menschlichen so verunsichert sind, sein gutes Gespür behalten. Aus diesem Grunde richte ich mich jetzt oft nach meinem Hunde! — Sehen Sie, das sind ältere Spuren.«

Der Arzt deutet lächelnd auf die angetrockneten Pfotenabdrücke und erhebt sich.

Mutter ist bereit, Grootmanns Wohnung aufzuschließen und gesteht, wieviele Hemmungen sie dabei habe, und ob er überhaupt wisse, daß er sich in die Höhle des Löwen begebe? Aber der Arzt beruhigt sie:

»Diese Art Leute sind die ersten, die sich einer Ver-
antwortung entziehen. Die Front ist viel zu nahegerückt,
Sie werden sie nicht wiedersehen. Die Hauptlast des
namenlosen Leides werden wieder die Unschuldigen zu
tragen haben.«

Inzwischen hat Mutter alle Zimmer geöffnet. Kalter
Zigarettendunst schlägt ihnen entgegen, und sie zieht die
Vorhänge zurück um zu lüften. Im Herrenzimmer steht
ein schwerer Schreibtisch vor dem Fenster. Sie will sich
auf die Platte knien, um den Knauf erreichen zu können.
Einen Augenblick später reißt sie der Arzt zurück. Im
Halbdunkel hat sie die Patronen übersehen, die offen auf
dem Schreibtisch liegen.

»Wir müssen alles sorgfältig nach Waffen durchsuchen«,
sagt der Arzt. »Wenn die Sieger auch nur ein verdächtiges
Stück hier finden, wird man Sie alle miteinander erschie-
ßen, ganz gleich, wem die Waffen gehören.«

Gemeinsam drehen sie den Inhalt einer jeden Schub-
lade, eines jeden Schrankes um, und bald liegen eine Reihe
Pistolen, Gewehre und reichlich Munition auf dem Tisch.
Auch einige Uniformen nimmt die erschrockene Mutter
von den Kleiderbügeln, rollt sie fest zusammen und ver-
schnürt sie zu kleinen Bündeln. Der Arzt hilft ihr beim
Verpacken der Waffen. Heute nacht wollen sie sie heimlich aus dem Hause schaffen und in ein tiefes Wasserloch
in der Biele versenken.

»Vielleicht haben Sie uns jetzt das Leben gerettet«,
meint Mutter, immer noch blaß vor Aufregung.

»Vergessen Sie nicht, es konnte nicht ohne Ihre
Menschlichkeit geschehen«, gibt der Arzt zu bedenken.

Das Kind ist beiden von Raum zu Raum gefolgt, manchmal mühsam einen erschreckten Ausruf unterdrückend, wenn wieder eine Waffe zum Vorschein kam. Aber es weiß jetzt ganz sicher, wenn es auch die Gespräche der Erwachsenen nicht ganz verstanden hat, daß dieser Mann gut ist und ohne Schuld, was immer das Wort von vorhin auch bedeuten mochte. So lange er da ist, will es niemanden nach diesem Wort fragen.

Während die Mutter dem Arzt hilft, die neue Praxis notdürftig herzurichten und für ein paar Schwerkranke die Betten zu beziehen, sitzt das Kind in der Veranda, füttert den Hund und erzählt ihm allerlei, was man als Neuling von Eisersdorf wissen sollte.

Natürlich kann das Kind den anderen erzählen, daß es mit der Mutter in Mittelwalde gewesen ist, daß der Zug kaum Verspätung hatte und die Fahrt beinahe so schön war wie früher, auf hinzu wenigstens, aber von dem Jungen kann es zu niemandem sprechen. Immer wenn es das versucht, ist der Hals wie zugeschnürt, und die Stimme bleibt weg. Dann taucht es mitten im Satz nach innen, dort steht sein bleiches Gesicht immer vor ihm.

Das Kind weiß, daß es ihn noch gar nicht gesehen hatte, als sie mit der Kutsche vom Bahnhof abgeholt wurden, die sie eine ganze Strecke weit durch die bergige Gegend fuhr, an Äckern vorbei, auf denen die Wintersaat grün schimmerte und an Waldrändern entlang, wo die Weidenkätzchen schon blühten. Wenn es sich hinterher alles noch einmal vorstellt, so schwebt das Gesicht des Jungen vor der Kutsche her und mischt sich in alle seine Bilder.

Mutter hatte eine Nachricht erhalten, auf das versteckt liegende Gut zu fahren, weil sie dort Näheres über ihre Verwandten in Neisse erfahren könnte, und weil dort ein Paket abzuholen sei.

Die Leute waren alle sehr freundlich, obwohl selbst dort auf dem Hofe fremde Planwagen standen, alle Hände voll zu tun war und die Mädchen bis zu den Ellenbogen in den Teigschüsseln steckten. Vom Backhaus her kam der Duft frisch gebackenen Brotes über den Hof geweht, aber gerade der läßt das Kind jetzt in der Erinnerung nicht mehr in Ruhe.

Sie saßen in der guten Stube, und die Mutter der jungen Ordensschwester hatte das beste Geschirr herausgeholt, was dem Kind immer schrecklich unangenehm ist, weil man dann so aufpassen muß. Es schmeckte ihm auch nicht. Es wußte nicht wohin mit dem Spinat, dem gesunden, den es von einer Backenseite auf die andere schob. Mit Milch spülte es ihn dann nach und nach hinunter.

Das Kind kann einfach nichts mehr essen, immer sieht es das Gesicht des Jungen vor sich.

Damals freilich kannte es ihn ja noch nicht, und es muß einen anderen Grund gehabt haben, daß es den Teller beim besten Willen nicht leeressen konnte, obwohl Mutter vorwurfsvoll herüberblickte und es sich auch wirklich nicht gehörte. Die junge Schwester, die es von Neisse her kannte, wo seine Tante Oberin war, nahm ihm dann endlich den Teller ab, trug ihn in die Küche hinaus, und der Fall war erledigt.

Die Schwester wurde jedesmal traurig, wenn sie ihren Besuch ansah, denn er erinnerte sie an das Neisser Oberhospital.

»Die gütige Mutter Oberin hat mich dann heimgeschickt, bis die Zeit der schwersten Prüfungen vorüber sei. Schon als die Bomben das Krankenhaus trafen, ein Teil des Dachstuhls abbrannte und der eine Flügel schwer beschädigt wurde, habe ich versagt. Mein Gottvertrauen hält nicht stand, wenn irgend etwas geschieht, das außer der Ordnung ist. Vielleicht sind es auch nur die Nerven? Vor den Russen habe ich noch größere Angst. Die Mutter Oberin sagt zwar, daß auch sie Geschöpfe Gottes seien und bestimmt Respekt vor unserem Ordenskleid hätten, aber mir fällt es schwer, das zu glauben, nach all dem was wir gehört haben. Sie hat keine Angst, auch damals, als es brannte, war sie die erste beim Löschen, bis endlich die Feuerwehr eintraf.

Sollte die Front noch näherrücken, wird sie mit den Schwerkranken und Alten aufbrechen. Bis jetzt hat sie aber den versprochenen Lazarettzug noch nicht bekommen. Ich weiß, daß sie meine jüngeren Kräfte nötig braucht, aber sie sind gelähmt vor lauter Angst. Darum bin ich ihr dankbar, daß sie mich zu meinen Eltern heimgeschickt hat. Hier helfe ich, die Trecks zu betreuen, es gibt genügend Kranke dabei, so bin ich nicht ganz überflüssig und nicht ganz abtrünnig.«

Es ist undenkbar, daß das Kind sich während des Gesprächs den Jungen vorstellen konnte, aber sein Gesicht schwebt jetzt immerfort über dem der jungen Schwester, wenn es an sie denkt.

Diese berichtete dann noch, wie die Tante aus Eisersdorf angekommen war, um die Cousinen mit dem Kind abzuholen, wie da die Mutter Oberin höchstpersönlich mitgeholfen hätte, den schwerbepackten Handwagen zum Bahnhof zu schieben. Auf dem Bahnsteig allerdings wären sie getrennt worden, wo dekorierte Uniformierte, also die Goldfasane, die Menschenmassen in die Züge verfrachtet hätten.

Ein Grund zum Aufatmen wenigstens, denn nun wissen sie, daß die Vermißten irgendwohin gefahren sein müssen und hoffentlich keinem Luftangriff zum Opfer gefallen sind.

»Und der Onkel, der verehrte Herr Rendant«, fuhr die Schwester fort zu berichten, »hat mir hier aufgeschrieben, wohin er mit seiner restlichen Familie ziehen wird, nicht in die Grafschaft sondern höher hinauf in die Berge.«

Damit gab die Schwester der Mutter einen eng zusammengefalteten Zettel.

»Er hat dasselbe unerschütterliche Gottvertrauen wie Ihre Frau Schwester, meine geliebte Mutter Oberin«, erzählte die Schwester weiter.

»Wie Sie wissen, hat er seit seiner Kopfverletzung aus dem Ersten Weltkrieg viel zu leiden und ruht mittags immer ein wenig in einem bestimmten Zimmer des Oberhospitals. Eines Tages erhob er sich sogleich wieder und legte sich unerklärlicherweise in einem anderen Raum zur Ruhe. Kurz darauf folgte ein überraschender Angriff aus der Luft, und das erste Zimmer wurde so schwer beschädigt, daß er darin umgekommen wäre, wenn ihn sein Schutzengel nicht hinausgeführt hätte. —

Sehen Sie, es hört sich so einfach an, aber in mir sprechen so viele Stimmen der Angst, daß ich meines Engels Stimme nicht davon unterscheiden kann.«

Das Kind kann sich nicht darauf besinnen, was Mutter auf den Bericht von der wundersamen Rettung des Onkels geantwortet hatte, denn wieder ist das Gesicht des fremden Jungen vor ihm aufgetaucht. Und jetzt kam ja auch der Zeitpunkt näher, wohin es tatsächlich gehörte.

Die Kutsche, die beide zum Bahnhof brachte, war ziemlich beladen worden mit allerlei Beuteln, Taschen und Kartons, und sie hatten ganz schön daran zu schleppen. Weit war es ja nicht vom Bahnhofsvorplatz durch die Sperre auf den Bahnsteig. Doch auf dem Platz gab es ein großes Gedränge: Flüchtlinge, die anscheinend auch zu dem Zug wollten.

Auf der linken Seite des Bahnhofsgebäudes lag der Junge auf dem dunklen Asphalt. Er lag da, schmal und vergangen in seinem viel zu reichlichen Anzug, seine Hände waren weiß und knochig und irrten manchmal über seinen Körper, als wollten sie sich vergewissern, ob er noch vorhanden wäre. Sein Gesicht war totenblaß, die bläulichen Lippen aufgesprungen, und auf der Stirn glänzten einzelne Schweißperlen. Seine großen Augen richtete er nach oben, weg von der Menge, und manchmal schlossen sie sich mit einem leisen Seufzer. Zwei Frauen beugten sich jetzt zu ihm nieder, rollten seinen dünnen, grauen Mantel zusammen und schoben ihn unter sein Genick, damit er nicht ganz auf der harten Straße liegen mußte.

Das Kind sah den Jungen an, der eben zu ihm herüberschaute, und die Blicke der beiden Kinder stürzten einen

Augenblick lang ineinander. Das Kind wußte auf einmal, daß es diesen Jungen liebhatte wie nichts auf der Welt, daß es ihn mitnehmen wollte nach Eisersdorf, um ihn dort gesund zu pflegen, und dann sollte er sein zwölf-jähriger Bruder sein.

Das Brot, welches das Kind aus der Tasche holte, wollte niemand haben. Es hielt die Hand ausgestreckt, aber der Junge schaute nicht mehr herüber.

»Zu spät!«

»Was fehlt ihm denn?«

»Es ist die Ruhr! Seine Mutter ist bereits daran gestor-ben, und unsere eigenen Kinder sind tot, und auch wir tragen die Ruhr im Leibe. Darum kommt uns nicht zu nahe! —

Nein, früher, da hätte uns das Brot geholfen. Jetzt hilft uns nichts mehr. —

Nur ein Platz!

Das wäre schön, wenn wir uns irgendwo ausstrecken könnten — für immer.«

Eine der Frauen kniete mühsam nieder und wischte dem Jungen den Schweiß von der Stirn.

Er öffnete noch einmal die Augen, breitete die Arme aus, und ein Lächeln schien in seinem Gesicht aufleuchten zu wollen. Da fiel sein Kopf zur Seite.

Herr, gib ihm die Ewige Ruhe, und das Ewige Licht leuchte ihm, Herr, laß ihn ruhen in Frieden!

Das war für seine Seele gesprochen, alle Umstehenden bekreuzigten sich, aber für seinen toten Körper gab es keinen Frieden.

Ein paar Uniformierten hatte das Sterben schon zu

lange gedauert. Sie traten jetzt näher und wiederholten, daß sie ihn laut Seuchengesetz nicht hierlassen dürften. Die beiden Frauen beugten sich widerspruchslos nieder, breiteten den zusammengerollten Mantel aus, legten den toten Jungen darauf und trugen ihn zum Zug. Das war sicher auch nicht erlaubt, aber der Schaffner hatte Tränen in den Augen und schaute weg.

Lieber Gott, wo bist du geblieben, daß du deine geliebten Kinder auf der nackten Straße sterben läßt?

Einige Leute hatten das Gepäck der Frauen zum Zug geschleppt. Das meiste jedoch blieb auf dem Bahnhof zurück. Sie brauchten es nicht mehr.

Das Kind saß mit seiner Mutter in demselben Zuge, nur durch wenige Waggons von dem toten Jungen getrennt. Es hielt die Augen geschlossen und weinte nach innen.

Vor ihm stand allein das Gesicht des Toten, der Blick, mit dem er es angesehen hatte und der letzte mit dem wunderbaren Lächeln.

Warum hat er gelächelt?

Was hat er gesehen?

Wo doch nichts Schönes um ihn herum gewesen ist, nur der graue Asphalt, die weinenden Frauen, der trübe Himmel und sein ausgebrannter Körper.

Vielleicht war doch noch einer da, den wir nicht sehen konnten. Das ist es! Einer hat ihm zugewinkt, der sammelt die Seelen der Toten ein. Der läßt sie nicht auf der Straße liegen. Oder in der Ecke eines Zuges.

Denn der alte Schaffner hatte gesagt, daß noch mehrere tote Kinder im Zug seien.

An der nächsten Station blickte das Kind aus dem Fenster. Ein Kinderwagen, der mit einem schwarzen Tuch zugehängt war, wurde vorbeigeschoben.

Wieder eines!

Ohne Namen und ohne Gesicht!

Wer weiß, ob er dort bleiben durfte, der kleine tote Körper?

Zuhause erzählt das Kind, wie gesagt, daß es in Mittelwalde gewesen ist, und es berichtet dies und das. Nur von dem Jungen schweigt es. Es hat keinen Zweck es erzählen zu wollen, irgend etwas schnürt ihm den Hals zu. Und beim Essen bringt es manchmal kaum einen Bissen herunter, wenn es daran denkt, wem es womöglich das Brot wegißt. Zumindest den Toten des morgigen Tages.

Überall begegnet ihm das Gesicht des Jungen. Neulich geschah es sogar in der Kirche während der Kreuzwegandacht. An der siebenten Station, wo es heißt: Jesus fällt zum zweiten Male unter dem Kreuz, da hatte der Heiland auf einmal das Gesicht des Jungen und drückte seine Stirn in den Staub, wie es letzthin auf dem Bahnhofsvorplatz geschah. Und an der letzten Station, wo der Heiland die Arme am Kreuz ausgestreckt hält und sein Kopf sich zur Seite neigt, da ähnelte er wieder dem Jungen am Kreuz auf der Straße.

Überall schaut er dich an, daß du manchmal dein Brot heimlich zu den Wagen trägst in der Hoffnung, ihn doch noch wiederzufinden.

Tot! Was ist das?

Vielleicht nicht so weit weg, wie wir denken. Ganz nah möglicherweise, nah wie meines Bruders Gesicht.

»Rot Gewand, rot Gewand, schöne grüne Linden.«

Eine kleine Gruppe Kinder zieht zum Sommersingen durchs Dorf. Vor jedem Haus stellen sie sich auf mit ihren bunten Stäben, an denen Kreppapierblumen stecken und lustig flatternde Bänder. Keine Tür, die sich nicht öffnen würde, um den kleinen Wichten irgend etwas Gutes in den Korb zu legen, nachdem sie ihr Lied gesungen und ihre Sprüche aufgesagt haben, die man schon vergessen glaubte nach all der Angst und Düsternis der letzten Monate.

Das Kind blickte zufrieden auf seinen Stab, der noch vom Vorjahr ist, dem man aber mit Hilfe einiger bunter Papierreste wieder den Glanz des Neuen geben konnte. Der Hund des Arztes springt fröhlich voraus, und am Ende des Rundgangs bekommt auch er seinen Anteil.

Auf heimzu, als sich die Kinder langsam zerstreuen, auseinanderflattern wie bunte Sommervögel, läuft das Kind zur Biele und setzt sich auf einen Stein, den die Frühlingssonne angewärmt hat. Der Hund rennt aufgeregt am Ufer hin und her und bellt die Wellen an.

Himmelschlüssel blühen, und der Wind trägt ihren süßen Duft herüber. Manchmal glaubt das Kind, im Aufblitzen der Wellen das Gesicht des Jungen zu erkennen. Und es stellt sich vor, er würde leben und hätte ihm den bunten Sommerstab gebastelt. Mit einem Strauß Schlüsselblumen und Buschwindröschen, die am Parkrand zu finden sind, geht das Kind heim.

Täglich überfliegen Flugzeuge das Tal. Wieder ziehen Trecks durch Eisersdorf, Militärstreifen suchen die Scheunen, die Dachböden und die Keller nach Deserteuren ab. Die Einwohner werden zusammengeholt, um am Ortseingang Panzersperren zu errichten. Alte Männer müssen sich zum Volkssturm melden. Noch immer versprechen aufdringliche Stimmen im Radio die Wunderwaffen, die den Endsieg bringen werden. Viele Menschen vernehmen es mit bitterem Hohngelächter.

Dann kommt die Karwoche. Früher brachten die Eisersdorfer ihren Patenkindern am Gründonnerstag gute Sachen ins Haus: Selbstgebackene Männlein und Weiblein und butterzarte Sonnen. Für Ostern wurden aus Hefeteig Osterlämmer gebacken. Das alles gibt es in diesem Jahr nicht.

Jedoch versammeln sich viele Eisersdorfer und viele Fremde in der Kirche, um besonders eindringlich zu beten. Einige ahnen, daß ihre eigene Leidenszeit erst beginnen wird.

»Dabei mache ich nicht mehr mit«, sinniert ein wunderlicher alter Mann vor sich hin, »denn seht, auch unsere Feinde bestürmen mit ihren Gebeten den Himmel um Hilfe. Mir tut der liebe Gott leid. Wem soll er nur helfen? Ich werde ihn nicht auch noch belästigen!«

Am Karsamstag wird das Osterwasser in aller Frühe geweiht. Wie seit undenklichen Zeiten binden die Bauern

Holzspäne zu kleinen Kreuzen, versehen sie mit geweihten Palmweiden, umschreiten damit segnend ihre Äcker und stecken die Kreuze an die vier Ecken ihrer Felder. Sie haben sich abgemüht, gepflügt, geeggt und gesät, und der Segen quillt bereits überall aus dem dunklen Erdreich. Doch wer in diesem Jahr ernten wird, wagt niemand zu sagen. Das steht in Gottes Hand.

Die Kinder sind schon lange nicht mehr in der Schule gewesen, das Schulhaus ist ständig belegt. Fräulein Franke gibt abwechselnd in ihrer Wohnung Unterricht, und wer Glück hat, darf zu Herrn Böhm gehen und kann bei ihm zwischen Tulpen- und Narzissenbeeten allerlei lernen.

Auch der Herr Pfarrer versammelt die älteren Kinder zum Religionsunterricht in der Kirche, damit sie ihren Katechismus nicht verlernen. Manchmal setzt sich das Kind einfach dazu, denn ihm gefallen vor allem die Biblischen Geschichten, die man dort erzählt bekommt. Und wenn der Herr Pfarrer Fragen stellt und den Katechismus abhört, dann streckt das Kind zuweilen auch seinen Finger in die Höhe und gibt seine Antwort laut und deutlich, daß es durch das Kirchenschiff schallt. Die größeren Kinder brechen eines Tages in Gelächter aus. Christians rote Backen sind zum Platzen voll von verschlucktem Lachen, Verena drückt das Kind an sich und sagt: »Hascherle!« Nur der Herr Pfarrer blickt es ernst an und wiegt bedenklich den Kopf.

Grund genug, um am nächsten Sonntag die Mutter des Kindes ins pfarrherrliche Wohnzimmer zu bitten und nach mehrmaligem Räuspern, Stopfen dreier Pfeifen, langüberlegter Wahl und der Zeremonie des Anrauchens

179

sie darauf aufmerksam zu machen, daß ihres Kindes Gesinnung ins Weltliche abzugleiten drohe. Sodann erzählt er ihr, daß es auf die erste und grundsätzliche Frage des Katechismus: Woraus besteht der Mensch? geantwortet habe: Heute besteht der Mensch nur noch aus Haut und Knochen.

»Eine sehr diesseitige Antwort und keine kindliche, gewiß«, gibt die Mutter zu, »aber ganz aus dem täglichen Erfahrungsbereich des Kindes, das ständig Umgang mit dem Hunger und immer knapper bemessenen Lebensmittelkarten hat. Und doch ist mir diese nüchterne Antwort immer lieber als eine, die dem lieben Gott die Schuld für unsere unheilige Zeit zuschieben möchte.«

Der Herr Pfarrer ist nicht uneinsichtig, bestimmt nicht, aber schließlich ist er in seinem Amt, um über das Seelenheil der ihm anvertrauten Gemeinde zu wachen. Nachdem einige dicke Rauchwolken die Ernsthaftigkeit seines Nachdenkens unterstrichen haben, verabschiedet er die Mutter mit dem hochherzigen Angebot, das Kind ab und zu auf den Pfarrhof zu schicken, damit es sich eine Kanne voll Milch abholen könnte.

In einer Zeit, in der niemand weiß, was der morgige Tag bringen wird, ob das völlige Chaos in den nächsten Stunden schon hereinbrechen muß, ob das noch verbliebene Leben kurz oder lang bemessen sein wird, wenn jede Regelmäßigkeit und Ordnung sich aufzulösen beginnen, ist es eines der größten Wunder zu erleben, wie es draußen Frühling wird. Kein Ereignis, sei es auch noch so schwerwiegend für Menschen, ja für ganze Völker, vermag das Aufbrechen einer einzigen Knospe zu verhindern. In Zeiten, wo unzählige heimatlos Gewordene über die Straßen irren und ebenso viele andere ihr Fluchtgepäck bereitstellen, kehren die Vögel zurück, nisten an ihren alten Plätzen, in inzwischen verlassenen Gärten, unter den Giebeln leerstehender Häuser oder an einer anderen gewohnten Stelle, von der vielleicht nicht mehr übrigblieb als eine Ruine. Während die Herzen der Menschen betäubt sind von Angst, feiert die Natur in trunkenem Jubel das Wiederauferstehen aller Kräfte.

An einem solchen Frühlingstag tritt ohne vorherige Ankündigung Tante Lena durch das Gartentor. Das Kind hat sie vom Kammerfenster aus zuerst entdeckt und stürmt ihr entgegen. Die Mutter schließt sie erlöst in die Arme; sechs Wochen beiderseitiger Ungewißheit sind zuende. Es gibt viel zu erzählen, und das Kind kann vor freudiger Erregung kaum den Berichten folgen.

»Auf dem Bahnsteig in Neisse fing es an.«

»Wohin?«

»Nach Glatz.«

»Dort stehen die Russen.«

»Aber ich komme soeben aus Glatz, dort ist kein Russe zu sehen.«

»Wollen Sie diese schönen deutschen Mädchen den Russen in die Hände spielen?«

»Gegen die Goldfasane waren wir ohnmächtig. Der Zug fuhr nach Dresden. Irgendwann kamen wir an. Der kleine Junge wurde immer kränker: eitrige Mittelohrentzündung.

Aber unter diesen Menschenmassen wollten wir nicht

bleiben. Böse Vorahnungen sagten mir: Nur fort von hier!

Doch zurück in die Grafschaft fuhr kein Zug. Wir nahmen irgendeinen, in dem notdürftig Platz für uns und unser Gepäck war.

Das Fieber stieg höher. Wir fuhren durch die Tschechei, während Dresden unterging. Nachdem unser Zug unterwegs mehrmals unter Beschuß geraten war, kamen wir in Wien zu einem Großangriff zurecht. Wir weigerten uns, in den Bunker zu gehen, der Junge fieberte und phantasierte, und das Gepäck wollten wir uns nicht stehlen lassen. Außerdem hatten wir selbst keine Kraft mehr.

Irgendwann war es dann zuende, und wir wunderten uns, daß wir am Leben geblieben waren. In Niederösterreich, bei Linz an der Donau, fanden wir Unterkunft in einem schönen, ruhigen Haus. –

Keine Nachricht habt ihr erhalten?

Von allen möglichen Orten aus haben wir an euch geschrieben. Da die Nichten in guten Händen waren und es dem Jungen besserging, wollte ich sogleich zu euch zurückkehren. Aber ich bekam keine Genehmigung. In ganz Schlesien seien die Russen. –

Ich habe nichts außer dem, was ich am Leibe trage, ich war nur für ein paar Stunden von zuhause weggefahren, versuchte ich zu erklären. Also bekam ich eine Notausstattung, immerhin so viel, daß ich jetzt einen ganzen Karton voll zu tragen hatte.

Was sollte ich tun? Niemand wollte mir die Rückreise bewilligen. Als letzter Ausweg fiel mir ein böser Trick ein, der aber wirkte:

Sie glauben wohl nicht an den Endsieg?

Das war eine Drohung, und sie konnten nicht anders und mußten mir die Fahrkarte geben.

Die Schuhe haben die Rückreise nicht überstanden. Besonders in Budweis zerschnitten Glassplitter das Leder. Streckenweise war die Bahnlinie gesprengt oder zerbombt. Ich glaube, daß ich den größten Teil der Strecke gelaufen bin. Doch ich habe es geschafft, weil ich in Sorge um euch war und weil ich daran geglaubt habe, daß ich es schaffen werde.

Sie ist wieder da, und einen Augenblick lang hat das Kind das Gefühl des lange ersehnten Friedens. So müßte es sein, wenn der Krieg zuendeging: Alles Böse würde augenblicklich verschwinden, alle Menschen wären wieder vereint, die Sonne würde scheinen, die Bäume würden blühen, und die Glocken müßten läuten. Das Bild von Eisersdorf würde wieder stimmen.

Auch im Nachbarhaus wird eine Heimkehr gefeiert. Barbara, die als Rote-Kreuz-Schwester monatelang fort gewesen war, ist heimgekommen.

Ein Telefonanruf aus Glatz läßt zu später Stunde eine Kutsche in die Kreisstadt jagen. Für Frau Böhm sind die Pferde an jenem Abend viel zu langsam, aber ein Auto war nirgends mehr zu bekommen. Benzin gibt es nur noch für das Militär.

Wie Frau Böhm später erzählt, hatte sie Mühe, ihre Tochter wiederzuerkennen, wie sie, völlig erschöpft, schmutzig und zerrissen in einem Winkel des Wartesaals hockte im trüben Dämmerlicht, das eine einzelne Glühbirne abgab. Aber sie lebte! Und in Eisersdorf, daheim, nach einem reinigenden und erfrischenden Bad, kommt die gewohnte fröhliche Barbara wieder zum Vorschein.

Gleich einem Lauffeuer geht es im Dorf herum, daß sie wieder da ist, und immer von neuem muß sie berichten, wie weit sie herumgekommen ist und in welchen Gefahren sie oft geschwebt hat, daß die letzte Station Holland gewesen sei und wie sie mit ein paar anderen Rote-Kreuz-Schwestern und vielen Schwerverwundeten im engen Laderaum eines Frachtkahns nach Hamburg schiffte. Sechs Tage hatte diese Fahrt gedauert, und dabei war der überfüllte Kahn öfter angegriffen worden, ehe er vorsichtig im Hafen einlief. Hamburg wurde ständig von schweren Luftangriffen heimgesucht. Bald wurden sie weitergeschickt. Beim Berliner Roten Kreuz sollten sie sich melden. Jedoch war Berlin zu diesem Zeitpunkt bereits eine eingeschlossene Stadt. Alle wissen es längst: Der Krieg ist verloren! Laut darf man es immer noch nicht sagen, um nicht wegen Wehrkraftzersetzung grausam bestraft zu werden. Doch endlich bekommen sie die Erlaubnis zu gehen, sich auf eigene Faust durchzuschlagen. Daheim jedoch haben sie sich an der nächsten Dienststelle zu melden.

Noch einmal beginnt für Barbara eine gefährliche Irrfahrt, aber sie kommt durch. Viel Zeit bleibt ihr nicht, um sich von den Strapazen und Entbehrungen zu erholen. Jetzt wird jede helfende Hand benötigt. Die Front ist inzwischen nahegerückt. In Glatz betreut Barbara von nun an die Schwerverwundeten, darunter viele sterbende Kindersoldaten mit Bauch- und Lungenschüssen.

Es gibt auch einen Abschied, der das Kind traurig macht.

Der Arzt muß mit seinem Dorf wieder auf Treck gehen. Die Kranken haben sich in der Zwischenzeit alle erholt. Die Wagen und die Tiere, welche die Leute bei den Eisersdorfer Bauern untergestellt hatten, stehen eines Morgens abfahrbereit auf der Straße. Vorüberfliegende Flugzeuge geben das Zeichen zum Aufbruch.

Es ist Ende April, und so wird die Fahrt erträglicher werden als im Winter. Die Hoffnung, in Eisersdorf den Russen entkommen zu können, ist dahin. Das Gerücht breitet sich aus, daß sie ihren Weg auch durch das Bieletal nehmen werden.

Einige Eisersdorfer beginnen, sich selbst für eine Flucht in die Berge vorzubereiten. Die meisten lassen sich jedoch nicht einmal durch die Aufrufe der Kreis- und Ortsgruppenleiter dazu bewegen. Wenn wir sterben müssen, dann zu Hause, ist die fast einhellige Meinung der Grafschafter.

Das Kind steht am Wagen des Arztes, streichelt den kleinen Hund und denkt dauernd daran, wie still es nachher im Haus sein wird. Während der letzten Wochen saßen immer Patienten unten im Flur oder auf der Veranda, und im Garten tollte der Hund herum. Gewiß, gegen Abend werden neue Flüchtlinge einziehen, aber so wie es war, wird es nie wieder werden.

Die Pferde ziehen an, und aus vielen Wagen, die vorüberrattern, winken ihm Menschen zu, inzwischen vertraut gewordene Gesichter, die es nie wiedersehen wird. Hinter einer halb zurückgeschlagenen Plane glaubt das Kind für einen Augenblick das Gesicht des Jungen zu erkennen. Es beginnt, dem Wagen nachzulaufen, erreicht ihn, zieht sich mit beiden Händen keuchend an ihm hoch und entdeckt, daß es sich getäuscht hat. Im Loslassen vernimmt es einen Warnruf, ein paar starke Arme packen zu und reißen es auf die Seite.

Das Kind bleibt am Straßenrand stehen und sieht die letzten Wagen vorüberfahren. Der kleine Hund kommt zurückgelaufen, springt an ihm hoch und bellt. Noch einmal lehnt das Kind seinen Kopf gegen das warme Fell des Tieres und denkt an den Morgen zurück, an dem der vierbeinige Freund zum ersten Male durch den Garten kam und für sich und seinen Herrn eine Heimat suchte.

Es erinnert sich auch an das Wort des Arztes, das die Mutter zuerst so erschreckt hatte. Es ahnt, daß irgend etwas damit verbunden ist, was das Leben für ihn schwierig macht und daß er den Hund dringend braucht. Seufzend löst das Kind seine Arme von dem Tier und schickt es fort.

Weinen wird es nicht, hier, mitten auf der Straße. Schließlich ist es dafür schon viel zu groß. Wenn es nachher ins Haus zurückkommt, wird alles so sein wie früher. Und früher war es nicht traurig. Es versteht selbst nicht, warum das Herz schwer wird, schwer um etwas, das ihm niemals gehört hat.

Oder doch?

Irgend etwas ist geblieben, bleibt von allem, dem es begegnet. So sammelt sich nach und nach viel an, so viel, daß es schwer auf dem Herzen liegenbleibt. Kein Grund also, traurig zu sein.

Der Krieg ist zu Ende. Das Kind ist noch einmal aufgestanden, lehnt am Kammerfenster und schaut hinaus in die Nacht. Die Luft ist mild, und von den blühenden Apfelbäumen unter dem Fenster steigt süßer Duft auf. Das Kind betrachtet entzückt die Blüten, die vom Licht, das aus irgendeinem der unteren Fenster kommt, angestrahlt werden. Hell leuchten unzählige Gesichter aus dem Dunkel zu ihm hinauf. Das Kind kann sich nicht sattsehen. Hier und da blinken Lichter, die winken von den Häusern der Nachbarn und von den Höfen jenseits der Biele herüber. Der Krieg ist zu Ende, deshalb verdunkelt niemand mehr die Fenster.

Nie hat es etwas Schöneres erlebt, als diese Nacht voller Lichter, denkt das Kind, zündet seine Lampe ebenfalls an und stellt sich vor, wie ihre Strahlen durch das Dorf wandern. Den ganzen Krieg über war das Licht eingesperrt, jetzt ist es frei und tanzt über die blühenden Bäume, über Wiesen und Wege.

Und oben der Himmel gehört wieder dem lieben Gott, dem Mond, der Sonne und den Sternen. Das Sirengengeheul, das vorhin das Kind geweckt hat, war nur ein böser Traum. Jetzt reißen keine Flugzeuge mehr die Menschen aus dem Schlaf. Es wird nachts immer still und schön sein wie heute, wo Erde und Himmel gemeinsam leuchten.

Nun muß alles gut werden, denkt das Kind. Warum fürchten sich die Menschen weiterhin, obwohl kein Krieg mehr ist?

Den ganzen Tag über zogen wieder Flüchtlinge durch das Dorf. Unten im Hause schlafen ein paar Frauen, die auf der Flucht sind. Sogar einzelne Soldaten sind unterwegs. Sie marschieren nicht mehr zackig im Gleichschritt, sondern laufen aufgeregt über die Äcker, ruhen sich kurz in den Scheunen aus oder verstecken sich in den Wäldern. Ihre glänzenden Achselstücke haben sie abgerissen und das Hakenkreuz von der Mütze getrennt. Mutter hat schon Anzüge hergegeben, und auch in anderen Häusern verschenken die Leute die Kleidung der gefallenen Söhne.

Ganz gut kann es doch nie mehr werden, überlegt das Kind weiter. So viele sind tot. Bei Böhms sind zwei Söhne gefallen, und die Toten aus allen Eisersdorfer Häusern zusammen könnte es nicht zählen. Das Haus auf der Adalbertstraße haben die Bomben zerstört, und von dem Haus in Markt-Bohrau blieb ebenfalls nur ein Schutthaufen übrig. Und dann der Junge, die vielen anderen toten Kinder, der tote Stiefbruder, die Toten unter den Ruinen und die Toten am Straßenrand. Niemand wird sie zählen und begraben.

Aber nun ist der Krieg zu Ende, es wird keine Toten mehr geben. Die Häuser kann man wieder aufbauen, sagen die Leute.

Auch das Haus vom Neisser Onkel Franz, obwohl man sich nicht vorstellen kann, daß es je wieder so gelingen wird wie früher. Es ist ja nicht gleichgültig, wo ein Sofa steht und wie es aussieht. Und wie die Bilder hängen und wo das Kasperletheater steht. Auch die Wagen mit den vielen Puppen hatten ihren ganz bestimmten Platz.

Überhaupt wäre es am schönsten, wenn alle Dinge wieder genau an dieselbe Stelle kämen. Das Geschirr, die Gardinen, die Teppiche und die Tapeten sollten die gleichen Muster wie zuvor haben.

Es war immer so gemütlich in dem Haus. Onkel Franz erzählte lustige Geschichten, dann bekam man nie Heimweh, wenn es draußen dunkel wurde. Oder er sang ein fröhliches Lied, dann aß man in Gedanken doch noch den Teller leer. Der Tisch müßte auch wieder so groß sein, daß alle daran Platz hätten wie früher. Und die Lampen müßten genau an der gleichen Stelle hängen, damit Tante Frieda sich nicht beim Nähen die Augen verdirbt. Und auf der Veranda müßte das blauweiße Tischtuch wieder auf dem Kaffeetisch ausgebreitet werden.

Wie sollen nur alle die Räume aufgebaut werden? Der Sohn und die Töchter müssen doch ihre eigenen Zimmer wieder haben.

Es ist kaum anzunehmen, daß Onkel Franz die Schaukel noch einmal erneuern wird, seine Kinder sind ja inzwischen zu groß dafür. Mit dem Haus wird er genug Arbeit haben, er kann zwar alles, aber man kann sich nicht vorstellen, daß es so wird wie früher.

Die Bäume haben die Panzer auch niedergewalzt. Es wird lange dauern, bis sie wieder nachgewachsen sind. Ohne die Blautannen wird der Garten ganz kahl aussehen.

Eigentlich will man nicht glauben, daß das Haus wirklich weg ist, bis auf eine einzige Mauer und den Schornstein. Aber Onkel Franz und Tante Frieda haben es neulich selbst erzählt.

»Das Haus liegt im Schußfeld, wir brauchen den Platz zur Verteidigung der Heimat«, hatte die deutsche Wehrmacht gesagt.

»Die haben nicht einmal gewartet, bis wir das Ende der

Straße erreicht hatten«, berichtete Onkel Franz weiter.»Ich sagte nur noch, schaut euch nicht um, da fiel es bereits in sich zusammen.« Das ist kein Anblick für die zarte Tante Frieda. Auch Neisse nicht. Das ist so zerbombt, daß man es nicht wiedererkennt. Bei einigen Häusern sind nur die Fassaden mit den hohen schönen Giebeln stehengeblieben. Von weitem sehen sie nicht zerstört aus. Aber im Näherkommen entdeckt man dann, daß hinter den Fensterhöhlen nichts mehr ist als der freie Himmel und Schutt, daß die wunderschönen Verzierungen abgebrochen sind. Niemand wird die alten Häuser mehr genau so prächtig, wie sie waren, aufbauen können. Und die herrlichen Kirchen, die Neisse berühmt gemacht haben, ebenfalls nicht. Es wird dann eine ganz andere Stadt sein, nur der Name wird der gleiche bleiben. Mit Breslau und unzähligen anderen Orten ist es auch so.

All das haben Mutter und Tante Lena neulich selbst erfahren, als sie am 1. Mai bei Onkel Franz drüben im Böhmischen waren. Die Eisersdorfer Nachbarn meinten, es sei ganz schön leichtsinnig, in dieser Zeit so eine gewagte Tour zu unternehmen. Was da alles passieren konnte! Aber ich hatte keine Angst, denn Webers Else schlief bei mir, und im Haus wohnten noch das Berliner Ehepaar und einige andere Leute.

Mutter und Tante gingen nicht auf den großen, gefährlichen Straßen, denn sie kennen ja jeden Schleichweg bis hinauf ins Gebirge. Der Ort, wohin Onkel Franz mit seiner Familie geflohen ist, liegt so in den Wäldern verborgen, daß die Russen ihn nicht finden werden. Die aufregendsten Nachrichten gelangen nicht in seine Einsamkeit. Die Holzfäller, die sie trafen, hatten noch nicht einmal gehört, daß Hitler tot ist. Auch Onkel Franz brachten sie diese umwerfende Nachricht. Er rief sie allen Leuten zu, und sie waren ganz außer sich vor Freude und in der Hoffnung auf eine bessere Zeit. Denn nun konnte der Krieg nicht mehr lange dauern, und alles würde wieder gut werden.

Mutter und Tante machten sich gleich am nächsten Morgen auf den Heimweg. Nun hatten sie sich davon überzeugt, daß alle lebten. Selbst Fiffi, der kleine Hund, hat die Flucht gut überstanden.

Es ist kühl geworden, und das Kind schließt das Fenster. Auch das Leuchten der Blüten ist erloschen, im Hause sind alle zur Ruhe gegangen. Aber das Kind kann noch nicht einschlafen, wenn es daran denkt, was sich vor kurzem im Hause ereignet hat.

Mutter war ganz schön aufgeregt, als in den letzten Kriegstagen plötzlich Grootmanns Verwandte vor der Tür standen. Es war ein Glück, daß der Arzt zu diesem Zeitpunkt bereits wieder auf Treck war und keine anderen Flüchtlinge die untere Wohnung bezogen hatten.

Natürlich merkten sie, daß die Zimmer in der Zwischenzeit bewohnt worden waren, wenn auch Mutter jedesmal darauf achtete, daß alles in schönster Ordnung blieb. Aber so etwas spürt man eben. Man sieht seinen Sachen sogleich an, wenn sie ein anderer nur angeschaut hat. Grootmanns Verwandte sagten ausnahmsweise nicht viel. Sie fühlten sich nicht mehr ganz so stark wie sonst, obwohl der Mann noch immer in voller Uniform, die über und über bepflastert war, umherstolzierte.

Er öffnete das Gartentor und steuerte einen riesigen Militärlastwagen auf den Weg. Das Fahrzeug hatte er organisiert, wie er es nannte. Tante Lena meinte, das sei nur ein anderer Ausdruck für Stehlen. Diese Art Leute würde es so nennen.

Sie schleppten einige der vielen Kisten vom Dachboden herunter und luden sie ein. Auch in der Wohnung machten sie sich zu schaffen und in den Kellerräumen ebenfalls. Das Innere des Militärfahrzeugs erinnerte jetzt stark an einen Möbelwagen. Es blieb aber immer noch genügend Platz frei.

Die Kinder der Leute, ein hübsches, zwölfjähriges Mädchen und ein lieber, zweijähriger Junge, ein blonder Lockenkopf, hatten vorn bei den Eltern im Führerhaus Platz. Die anderen Plätze waren noch unbesetzt, und die Leute boten der Mutter, der Tante und dem Kind an, mit ihnen zu fliehen.

Einen Augenblick lang waren sie versucht gewesen, das Angebot anzunehmen, denn einige Eisersdorfer hatten das Dorf bereits verlassen, und langsam kroch die Angst in ihnen hoch, wenn sie an die leerstehenden Häuser und die Verwirrung auf den Landstraßen dachten, wo alles in wilder Flucht begriffen war. Aber ihr Mißtrauen gegen diese fanatischen Nazis siegte dann doch über die Angst, und sie lehnten ab.

Eine alleinstehende Frau, die seit dem ersten Kriegsjahre verwitwet war und eine schreckliche Furcht vor den Russen hatte, fuhr schließlich mit. Durch sie, die am näch-

sten Tage völlig erschöpft und verstört ins Dorf zurück-
kehrte, erfuhr man überhaupt erst, was sich ereignet
hatte.

Frühmorgens hatte der Lastwagen Eisersdorf verlassen.
Mutter stellte später fest, daß Grootmanns Verwandte sie
vor ihrem überstürzten Aufbruch noch gehörig bestohlen
hatten. Aber das spielte jetzt keine Rolle mehr.

Die Frau erzählte, daß sie in ziemlich rücksichtslosem
Tempo etwa zwei Stunden lang auf den überfüllten Straßen gefahren seien. Dann merkten sie, daß die Russen
bereits in allernächster Nähe standen. Der Mann riß das
Steuer herum, wendete und versuchte, rückwärts zu entkommen. Aber die Russen hatten sie bereits eingeschlossen.

Immer wieder überläuft die Frau ein Zittern, und ein
wildes Schluchzen schüttelt sie, wenn sie versucht, den
Hergang von dem zu schildern, was jetzt geschah.

Mit einem Ruck bremste der Mann und forderte seine
Frau, seine Kinder und sie selbst auf, sofort den Wagen
zu verlassen. Als er vor dem Kühler stand, riß er blitzschnell seine Pistole aus dem Koppel, sein Gesicht ver-
zerrte sich, und dann gab er dicht hintereinander zwei
Schüsse ab, die seine Frau und seine Tochter töteten.
Daraufhin richtete er den Lauf gegen seinen kleinen Sohn.
Irgend etwas muß aber seine Hand einen Augenblick gelähmt haben, sagte die Frau. Wahrscheinlich war es dieses
liebe Gesicht des Kindes, das ihn in aller Unschuld und
voller Vertrauen anlächelte.

Er nahm eine knappe Wendung, zielte auf die Frau,
verfehlte sie aber. Wie irrsinnig vor Angst rannte sie auf

das Wäldchen zu, das gleich neben der Straße lag, und riß den kleinen Jungen mit sich fort. Abermals peitschte ein Schuß hinter ihnen her, aber die Frau meint, daß der Mann nicht mehr richtig gezielt hätte.

Er verfolgte sie auch nicht, aber einige grauenvolle Minuten lang konnte sie ihn, an den Boden geduckt, noch undeutlich erkennen. Er machte sich am Wagen zu schaffen. Der Schreck und die Baumstämme nahmen ihr die klare Sicht. Schließlich fiel noch ein einzelner Schuß, und der Mann sank zu Boden. Wenige Augenblicke später begann der Lastwagen zu brennen, und bald war alles nur noch eine lodernde Feuersäule.

Die Frau berichtete dann weiter, wie sie sich nachts mit dem Kinde durchgeschlagen habe, abseits der Landstraße, oft genug in gefährlicher Nähe zu den Russen. Der kleine Junge habe sich an sie geklammert und trotz des Geschützdonners keinen Laut von sich gegeben, und so hätten sie schließlich halbtot Eisersdorf erreicht.

Das Kind, sagte die Frau, betrachte sie nun als ihr eigenes. Es habe ein Gesicht und ein Wesen, als hätte es nie den anderen Leuten gehört. Es sei ganz seltsam, meinte sie abschließend, aber seit sie das Kind hätte, wäre ihre Furcht vor den Russen nicht mehr so groß, und sie würde jetzt alles ruhiger abwarten können.

Inzwischen sind die Lichter diesseits und jenseits der Biele erloschen. Wenn wir mitgefahren wären, dann lebten wir jetzt nicht mehr, denkt das Kind mit Angst. Und doch sitzt die Furcht nicht zu fest verankert. Es ist eine Mauer zwischen ihr und dem ganz tief Innen aufgerichtet.

Diese Mauer ist Teil des Hauses, das es so sicher umschließt. Hier wollen wir bleiben, was auch kommen mag, hatte Mutter gesagt. Und das Kind fühlt genauso. Großvaters Haus hat alles überstanden, sogar die wilden Hochwasser der Biele. Was jetzt kommt, kann ihm bestimmt ebensowenig anhaben wie ein schweres Gewitter.

Beruhigt legt sich das Kind wieder zu Bett, denn über sich weiß es das ruhige nachtschwarze Viereck des Himmels, das zum Kammerfenster hereinschaut und mit zahllosen Sternen besät ist.

Mit der ersten grauen Dämmerung, die durch das Fenster in die Kammer steigt, schleicht sich die Angst herein. Angst! Angst! Angst!

Die Russen werden kommen, dagegen nützt der ganze Frieden nichts. Vielleicht sind sie schon im Niederdorf, vielleicht hinter dem Märzdorfer Wald.

Was mögen das für Wesen sein? Sie sollen aussehen wie andere Menschen auch, sagen die Leute, die bereits welchen begegnet sind. Und die Kriegsgefangenen, die auf dem Freihof gearbeitet haben, waren das nicht auch Russen? Sie machten sogar einen gutmütigen Eindruck. Aber jetzt kommt eine andere Sorte.

Die Verwandten aus Markt-Bohrau, die neulich mit ihrem Bettengebirge angekommen sind und jetzt bei Tante Paula in Ullersdorf wohnen, haben von ihnen Schreckliches berichtet.

Allein ihre Art zu musizieren wirkt entsetzlich. Sie

spielten auf Vaters schönem Flügel und benutzten dazu eine Axt, mit der sie zwei der Beine abhackten und die Tasten von dem schweren, aufschreienden Leibe des Instrumentes trennten. Eine schauerliche Musik entrissen sie den springenden Saiten, nachdem sie den Deckel in mehrere Teile gespalten hatten. Sie spielten Stücke, die endeten in einem einzigen qualvollen Akkord, in den ein Klavier beim Sturz aus dem zweiten Stock auf das Straßenpflaster ausbrach.

In sinnloser Zerstörungswut stürzen sie sich auch auf Häuser und andere Dinge, die ja keine Schuld an irgendetwas haben können, und was der Krieg verschont hat, fällt jetzt in Trümmer. Wenn schon die Rache mit leblosen Gegenständen so verfährt, wieviel grausamer wirft sie sich dann auf ein endlich besiegtes Volk, das so große Schuld trägt? Da wird nicht lange nach Verantwortlichen gesucht, es ist, als kühle das Blut Unschuldiger besser die entfesselten Gefühle.

Zahllose Menschen werden erschossen und auf schlimmere Weise zu Tode gequält. Die Russen entlassen nach ihren grausigen Umarmungen unzählige Frauen, Mädchen und selbst Kinder krank, irr, tot oder als Selbstmörder.

All diese Berichte irrlichtern durch das Kind, zusammenhanglos, grell aufzuckend und verschwimmend wie böse Träume. Es wird das Haus nicht mehr verlassen. Nicht einmal in den Garten unten will es gehen, denn der Zaun wird ihnen nicht standhalten, das hohe Eisentor sie nicht zurückdämmen. Deshalb bleibt das Tor offenstehen. Keine Tür, die sich nicht ihrem brutalen Stiefeltritt splitternd öffnen würde. Aber das Haus, das kann einen vielleicht vor ihnen schützen. Es hat doch immer standgehalten. Ragte es nicht wie eine Felseninsel aus den reißenden Hochwassern der Biele?

Das Kind steht hinter der Gardine verborgen und blickt hinaus. Inzwischen ist die Sonne aufgegangen, und es sieht auf die menschenleere Straße hinüber. Noch gestern hasteten in einem unbeschreiblichen Durcheinander die Flüchtenden darüberhin.

Zu beiden Seiten liegen Gepäckstücke in den Straßengräben. Wen die Kräfte verlassen, der wirft seine Schätze wie Plunder beiseite, um das nackte Leben zu retten. Niemand folgt, der sich danach bücken würde. Keiner, der jetzt nach einer halb geöffneten Schmuckkassette im Straßengraben greifen und damit die Flucht auch nur für eine Sekunde unterbrechen würde. Und die Eisersdorfer? Angesichts der wochenlang durchziehenden Trecks haben sie verlernt, nach Besitz zu verlangen. Selbst die neugierigen Kinder scheuen sich, fremde Dinge heimzutragen.

Wie unheimlich still es ist! Das Kind wischt sich mit dem Handrücken über die feuchte Stirn und sucht, sich zu erinnern. Das gab es doch schon einmal? Diese Stille, bevor etwas Entsetzliches geschah. Wenn man sich nur erinnern könnte!

Das Dorf ist leer, als wenn alle Menschen gestorben wären. Heute nacht ist der Henschelbauer schwer beladen aufgebrochen. Auf seinem Wagen saßen außer seiner Familie Frau Böhm, Barbara, Isolde, Christian und Verena. Für ein paar Tage wollen sie sich oben in Pohldorf bei den Großeltern verstecken, auf einem Hof, der verborgen hinter den Wäldern liegt und von keiner Straße aus gesehen werden kann. Wenn der erste Sturm vorüber ist, wollen sie zurückkommen. Herr Böhm ist dageblieben. Er will sein Haus nicht verlassen, wird es hüten, bis seine Lieben heimkehren.

Wenn sie doch bald wiederkämen!

Daß an so einem Tag überhaupt die Sonne aufgegangen ist! Daß sie auf die roten Dächer und die weiße Kirche scheint, als wenn nichts wäre. Daß über jeden Ackerrain das Goldgelb des Löwenzahns ausgestreut ist und die verschwenderisch blühenden Bäume wie riesige Sträuße die Gärten schmücken. Mit taufrischem Maigrün ist das Tal überzogen bis hinauf zum dunklen Saum des Märzdorfer Waldes.

Vielleicht ist alles nicht wahr. Vielleicht werden die Russen nicht kommen. Jetzt müßten die Glocken zu läuten beginnen und den ganzen Tag über den Frieden verkünden.

Vielleicht war es nur ein böser Traum, der mich so geängstigt hat. Ich habe doch oft so schreckliche Träume.

Aber die weißen Tücher, die aus den Giebelfenstern der Eisersdorfer Häuser heraushängen? Vorgestern hatte der Ortsgruppenleiter alle Leute auf dem Dorfplatz versammelt und ihnen geraten, weiße Fahnen zu hissen, wenn sie am Leben bleiben wollten.

»Wir haben den Krieg verloren, wir haben eben Pech gehabt«, hatte er achselzuckend verkündet. Und damit war er verschwunden.

Wir haben Pech gehabt und ein Achselzucken! — Ist das alles für die unendlichen Leiden und eine halb verbrannte Welt? fragen die Leute.

Ist das alles für den toten Jungen, der auf der Straße starb, für alle die Toten und für das, was noch kommen mag?

Denn es kommt etwas Furchtbares über uns alle. Die Russen sind vielleicht schon da. Das ist die Wahrheit. Und das Meer aus leuchtenden Blüten, der blaue Himmel und die Sonne sind eine Täuschung, nur ein Traum, damit die Wirklichkeit noch schrecklicher wird und mehr schmerzt.

Sie sind da!

Das ist die Wirklichkeit!

Zwei russische Soldaten, die mit ein paar Sprüngen über Webers Zaun setzen, die Beete überqueren und auf das Haus zu laufen. Mit Gewehren kommen sie rasch näher. Aber sie haben sie nicht im Anschlag. Kolbenschläge pochen an die Tür. So hat sich noch niemand hier angesagt. Das Herz schlägt bis zum Hals, übertönt fast die Schläge unten.

Mutter und Tante tasten sich mit weichen Knien die Treppe hinunter. Zwei fremde, alte Frauen. Seit heute morgen haben sie graue Haare unter den Kopftüchern und weiße Gesichter. Die Hände zittern, und der Hausschlüssel läßt sich schwer bewegen. Dann springt die Tür auf.

Sonnenschein flutet herein und die schwarzen Schatten der Russen. Die Augen auf die Schatten am Boden heften und auch auf die schweren, lehmigen Soldatenstiefel. Schon vor den Schatten weicht man unwillkürlich zurück. Jetzt einen Blick auf die Wirklichkeit werfen, auf die Gewehre, auf die fremden Gesichter. Aber sie sind schon nicht mehr auszuloten, nicht zu überprüfen auf ihre Gefährlichkeit hin. Hastig sind sie vorbeigestürzt, und das Kind hört nur noch die lauten Schritte auf der Treppe und das Dröhnen im eigenen Kopf.

Wenig später poltern sie herunter, zwei bärtige Gesichter, durch den Nebel vor den Augen schwer erkennbar, aber die Gewehre nicht im Anschlag. Sie rennen durch das Tor, die Haustüre bleibt weit offenstehen. Keiner getraut sich, die Klinke zu berühren. Die Tür ist fremd geworden, so fremd, es ist, als würde der Schlüssel nicht mehr dazu gehören.

Inzwischen wird die Straße schwarz von Militärfahrzeugen. Panzer sind auch dabei. Aus allen quellen russische Soldaten heraus, die auf die Nachbarhäuser zuströmen. Jetzt biegen einige der schweren Lastwagen in den Seitenweg ab und nähern sich dem Haus. Sie kommen durch das offene Tor, die groben Reifenprofile graben sich tief in den Gartenweg ein. Knirschend fahren sie über das Tulpenbeet, knicken einen Apfelbaum ab. Acht, zehn, zwölf Lastwagen besetzen den Garten, stehen quer über den Beeten, auf denen die Blumen sterben. Eine große Limousine zwängt sich dazwischen, stoppt hinter dem Haus. Offiziere steigen aus, ohne die Hand an die Pistolentasche zu legen.

»Frau, Kind, nix Angst!« Sie betreten das Haus, belegen Grootmanns Wohnung. Funker schleppen eilig Geräte herein, während das Kind sich aus der Versteinerung löst. Wie Katzen klettern sie vom Boden durch eine Luke aufs Dach hinaus und montieren die Antennen. Zwei

Russen sitzen im nächsten Augenblick am Tisch der Wohnküche im ersten Stock, hämmern wie wild mit den Fingern auf dem Morseapparat.

Im Augenblick keine Gefahr! Keine Gefahr im Augenblick! Auch nicht von der ölverschmierten Hand, die einen großen Klumpen Butter auf den Tisch knallt. Die schwarzen Spuren stören die Funker nicht, die in den Pausen gierig aus Zweilitergläsern Heidelbeeren und von dem Butterklumpen zu löffeln beginnen. Langsam breitet sich eine violette Lache auf dem Tisch aus, umspült den Butterklumpen und tropft zu Boden, tropft unaufhörlich, tropft und wird vom Teppich aufgesaugt.

Keine Gefahr im Augenblick! Deshalb folgt auch das Kind dem Winken der schwarzen Hand, dem breiten Grinsen des Kochs und Monteurs in einer Person, dessen Hände aus Berufsgründen schwarz und fettig zugleich sind. Mit zögernden Schritten läuft es hinter ihm her in den Garten, denn es fürchtet sich abzulehnen. Der Mann öffnet die Tür der Limousine und zeigt lachend auf die Hühnerschar, die bei seinem Kommen aufgeregt über die dunkelroten Polster zu flattern beginnt. Er greift mit der schwarzen Hand mitten hinein in das verängstigte Flügelschlagen, packt ein Huhn, hält es dem Kind vor die Augen, dreht dem Tier blitzschnell den Hals um und freut sich über den Entsetzensschrei des Kindes. Auf dem Hackeklotz trennt er mit einem Beil den Hühnerkopf vom Rumpf und wirft den Körper in hohem Schwung von sich, lacht dröhnend dem kopflosen Leib nach, der in den letzten Zuckungen noch über ein paar Beete flattert und schreit wiehernd: Germanski!

Siebenmal greift er in das Innere des Wagens. Immer schwieriger gestaltet sich die Jagd nach den Hühnern. Siebenmal dreht er die Hälse um, siebenmal hebt er das Beil in die Höhe, und siebenmal verlieren sich die flügelschlagenden Leiber in unregelmäßigen Zuckungen im Garten. Ebenso oft schreit das Kind und ebenso oft tönt der triumphierende Ruf des Russen.

Es soll nur ein Scherz sein und keine Gefahr im Augenblick! Doch das Kind steht wie gelähmt, starrt auf den Hackeklotz mit der Blutlache, sieht das Blut träge zum Rand fließen, sieht, wie es zu Boden tropft und das Sägemehl rot färbt. Ringsum im blutverschmierten Gras liegen die sieben Hühnerköpfe mit quellenden Augen, und Blut sickert ringsum in die Erde. Doch der Russe rüttelt das Kind an der Schulter, daß es aus seiner Lähmung aufschreckt und bedeutet ihm, die toten Hühner einzusammeln. Es gibt keinen Widerspruch, das weiß das Kind, und es läuft hierhin und dorthin, krallt sich am Zaun fest und übergibt sich würgend.

Die Mutter und die Flüchtlingsfrauen sitzen schweigend an der Hausecke und rupfen die Hühner in aller Eile. Das Kind bringt sie daraufhin in die Küche und reicht sie dem Koch, der inzwischen ein mächtiges Feuer im Herd angefacht hat. Neben der Kohlenkiste steht noch der Benzinkanister. Eine hohe Stichflamme hat im Emporschießen die Decke über dem Herd geschwärzt. In der versenkten Wasserwanne kochen bald darauf ein paar Hühner, während die anderen in der Pfanne brutzeln. Immer wieder greift die schwarze Hand in einen verschmierten Butterklumpen auf dem Tisch und wirft einen

Teil davon in die Pfanne, daß das Fett hoch aufspritzt.

Endlich hat auch der fleißige Koch Zeit, an sich selbst und an die Reinigung seiner Monteurshände zu denken. Staunend beobachtet das Kind durch die offene Tür, wie er im Badezimmer in die Wanne spuckt, sich vor der Kloschüssel niederkniet, mit der einen Hand nach der Kette angelt, zieht, und sich im schnell vorüberrauschenden Wasserstrom Gesicht und Hände zu waschen beginnt. Eine mühselige Angelegenheit, die er kopfschüttelnd und prustend einige Male wiederholt, ehe er pfeifend in die Küche zurückkehrt. Ein paar andere Russen sind soeben mit ihrer Arbeit fertig geworden. Sie haben im unteren Stockwerk sämtliche Türklinken, die sie für pures Silber halten, abmontiert und in einen Sack gesteckt. Jetzt spukken sie ebenfalls in die Badewanne und helfen sich gegenseitig bei der schwierigen Wäsche in der Kloschüssel.

Inzwischen hat sich der alte Berliner Herr aus seinem Zimmer gewagt und tappt vorsichtig die Treppe herunter. An seiner Weste schaukelt die Uhrkette hin und her. Ein Russe läuft ihm entgegen und reißt mit geübten Fingern dem verdutzten Mann die Uhr mitsamt der Goldkette ab.

Die Flüchtlingsfrauen, die bis dahin in der unteren Wohnung einquartiert waren, sind aufgefordert worden, das Haus zu verlassen. Weinend packen sie ihre Bündel zusammen, und das Kind sieht ihnen traurig nach, wie sie aus dem Haus gehen und unschlüssig auf dem Wege stehenbleiben.

Bis tief in die Nacht tönt das Gröhlen der Russen aus dem unteren Stockwerk herauf. Sektpfropfen knallen, Schnapsflaschen kippen um, leere Gläser zersplittern an der Wand, Lachen explodiert, Möbel werden aus den offenen Fenstern polternd in den nächtlichen Garten geworfen.

Im Augenblick keine Gefahr! denkt das Kind, ehe es erschöpft in tiefen Schlaf sinkt.

Eine goldgelbe Löwenzahnwiese breitet sich aus wie ein Teppich, den die Füße nicht berühren dürfen. Darüberschweben im Gleitflug! Auf jede Blüte fällt ein Tropfen Blut, und auf einmal läuft die Löwenzahnwiese rot an.

Mit einem Aufschrei erwacht das Kind, bis ins Innerste erschreckt durch den eigenen Schrei. Wieder dieser entsetzliche Schrei!

Das bin ich nicht, denkt das Kind voller Entsetzen.

Oder bin ich es doch?

Was schreit aus mir?

Der Schrei löst sich von selbst und sammelt sich in der Nacht draußen mit anderen Schreien.

Das Kind springt aus dem Bett. Nun ist es hellwach und vernimmt deutlich vom Dorf her eine schrille Frauenstimme. Hilfeschreie, die schließlich wimmernd absterben. Noch einmal diese Schreie, von einer Stimme, die ähnlich klingt und dann verstummt.

Gefahr! Gefahr! denkt das Kind. Es ist, als sei die Hauswand durchlässig geworden von den furchtbaren Schreien. Nur fort von hier!

Weg von dieser Mauer, die nachgibt!

Zitternd schleicht das Kind hinüber in das Schlafzimmer, wo Mutter und Tante ängstlich lauschend wach liegen. Es schlüpft in Mutters Bett, in die warme Höhle, in den traumlosen Schlaf.

Im unteren Stockwerk, wo die Russen ihren Rausch ausschlafen, herrscht noch tiefe Ruhe. Das Kind ist soeben aufgewacht, blickt in den Spiegel gegenüber und schaut zu, wie sich zwei vertraute Gesichter zu verwandeln beginnen. Ein paar Handbewegungen, und die frische Haut hat einen fahlen, kränklichen Farbton bekommen, Puder ins braune Haar, das dunkle, unkleidsame Kopftuch darüber, kurze, prüfende Blicke in den Spiegel: Zwei fremde, alte Frauen verlassen das Schlafzimmer.

Das Kind springt aus dem Bett und läuft hinterher. Ihm fällt seine Kammer ein, und es untersucht die Wand, die ihm nachts so durchlässig erschienen war. Sie steht jedoch fest und unverrückt an der gewohnten Stelle.

Beim Blick aus dem Fenster sieht das Kind den Berliner Herrn langsam auf das Tor zukommen. Er geht mit mühsamen Schritten und setzt sich auf den großen Stein unten vor der Einfahrt nieder. Besorgt winkt ihm das Kind zu, doch Herr Klix schaut nicht auf. Aus Furcht vor den Russen getraut es sich nicht zu rufen. Die Mutter wird aufmerksam, und auch Frau Klix hat beobachtend hinter der Gardine gestanden. Leise eilen sie treppab, laufen dem alten Mann entgegen, der sich mehrmals vergeblich zu erheben sucht. Sie stützen ihn, warten ab, fassen ihn wieder unter den Achseln und führen ihn schweigend ins Haus. Auf der Treppe halten sie öfter an. Unterdrückte Schmerzenslaute sind kaum hörbar. Erst oben im Zimmer, als er wie leblos ins Bett sinkt, lösen sich tiefe Seufzer.

Die Hände von Frau Klix zittern so sehr, daß Mutter ihr das Wasserglas abnimmt und dem Erschöpften Schluck für Schluck einflößt. Bald kommt er wieder zu sich, und das Erlebte erfüllt ihn mit solchem Zorn, daß er sich allein aufzurichten vermag und erzählt, was geschehen ist.

Gestern war er ins Nachbarhaus gegangen, um nach Herrn Böhm zu schauen, der ja ganz allein mit den Russen im Haus sein mußte. Was sollte ihm als altem Mann schon geschehen? hatte Herr Klix gedacht. Frauen wagten sich besser nicht auf die Straße. Aber er, dem jeder ansehen mußte, daß er unmöglich Soldat gewesen sein konnte, mußte sich schon um den Nachbarn kümmern.

Herr Klix schüttelt verständnislos den Kopf, als er das Chaos zu schildern beginnt, das er im Hause vorgefunden hatte. Durch die offenstehenden Türen konnte man sehen, daß Möbelstücke umgestürzt waren und die Sachen aus den Schränken und Kommoden in wüstem Durcheinander verstreut lagen. Über die Wäsche hatte man den Inhalt einiger Einmachgläser gekippt.

»Und Herr Böhm, was ist mit ihm?« unterbrechen ihn jetzt alle in höchster Angst.

»Das fragte ich mich auch, doch zunächst konnte ich ihn nicht entdecken«, antwortet Herr Klix.

Lange brauchte er nicht zu suchen. Plötzlich fühlte er den heftigen Stoß eines Gewehrkolbens im Rücken und wurde die Kellertreppe hinuntergestoßen. Dort stolperte er über die am Boden liegenden Vorräte und tappte an geöffneten Kisten vorbei. Im hintersten Kellerraum endlich fand er Herrn Böhm. Er stand dort mit erhobenen Armen und mit zur Wand gekehrtem Gesicht und wurde von zwei Soldaten bewacht, die ihre Maschinengewehre auf ihn gerichtet hielten. Mit einem rohen Stoß zwischen die Rippen rissen die Russen ihm selbst die Arme empor und stellten ihn neben Herrn Böhm gegen die Wand. Jedesmal, wenn einer ermüdete, die Arme zu sinken begannen, rissen grobe Schläge sie in die Höhe, zwangen sie wieder in die unglückliche Haltung.

Es wurde Abend, es wurde Nacht. Von oben hörte man das Poltern und Toben der Betrunkenen. Die Wachen wurden abgelöst und tranken ab und zu einen kräftigen Schluck aus ihren Schnapsflaschen. Dadurch wurden sie selbst schläfrig und unaufmerksam, was sie den Gefangenen hin und wieder mit Schlägen heimzahlten, um sie und sich selbst wachzuhalten. Doch konnte Herr Böhm von Zeit zu Zeit flüsternd berichten, was ihn in diese gefährliche Lage versetzt hatte.

Die Kisten im Keller, die bei der Durchsuchung des Hauses erbrochen worden waren, gehörten Verwandten und Freunden in der Stadt, die sie hier während des Krieges untergestellt hatten. In einer der Kisten mit kostbaren, antiken Sammelstücken fanden die Russen eine alte Pistole. Sie gerieten so außer sich, daß es Herrn Böhm beinahe das Leben gekostet hätte.

An der Wand stehend verbrachten beide die endlos erscheinende Nacht. Schließlich hörte man von oben Poltern und Türenschlagen, der Morgen sagte sich an. Als die Russen ihre Lastwagen beladen hatten, fuhren sie davon, und die beiden Männer waren erlöst.

Alle atmen auf, als Herr Klix seinen Bericht abschließt und sogleich erschöpft in tiefen Schlaf fällt.

»Gottlob, sie leben!« sagt Mutter. »Nicht auszudenken, wenn wir damals Grootsmanns Wohnung nicht für den

Arzt geöffnet und die Russen ihre vielen Waffen bei uns gefunden hätten.«

»Dann lebte jetzt keines mehr hier im Haus«, fügt Frau Klix hinzu, die sich immer noch nicht beruhigen kann.

Das Kind geht zum Fenster hinüber, von wo aus es das Nachbarhaus beobachtet. Am liebsten würde es hinüberlaufen. Doch auf die Straße hinaus wagt es sich nicht. Wäre nur eine Lücke im Zaun, durch die es schlüpfen könnte! Mit seinem Taschentuch beginnt es zu winken. Immer wieder schwenkt es über dem Nicken der Haselbuschzweige sein helles Tuch. Immer wieder sinkt der Arm erschlafft nieder.

Endlich taucht eine Gestalt drüben am Fenster auf. Er ist es! Schweigend hebt Herr Böhm seine Hand und winkt ihm zu. Das Kind winkt wortlos zurück, winkt und winkt, bis die vertraute Gestalt hinter einem Schleier vor den Augen undeutlich wird.

Tagsüber schwärmen die Russen auf Pferden aus. Querfeldein reiten sie, durchsuchen jede Scheune, jeden Schuppen, jeden verrotteten Winkel, durchstöbern jedes Gebüsch, den Park, die Schlupfwinkel an der Biele, klopfen das bröckelige Gestein der Kalköfen ab, durchkämmen die Wälder bis hinüber nach Märzdorf oder hinauf zur Weißkoppe, lassen auch den alten Steinbruch nicht aus, sondern werfen ihre Augen überallhin in seine überwucherte Wildnis.

Wenn sie zurückkehren, hoch zu Roß, treiben sie mit lauten Schreien an, die sie am Kälberstrick hinter sich herziehen. Gequälte Gestalten hinken nach, können das Tempo nicht einhalten, stolpern, fallen, werden ein Stück weit mitgeschleift, rappeln sich wieder auf, traben mühsam weiter. Manche haben notdürftige, angeschmutzte Verbände über ihren bärtigen, grauen Gesichtern, tragen den Arm in der Schlinge oder stützen das steife Bein mit einem krummen Stock. Die Uniformen sind schmutzverkrustet oder zerrissen, die Achselstücke entfernt, aus den lehmigen Stiefeln quellen Fußlappen hervor.

Im Schulgarten werden die letzten versprengten deutschen Soldaten eingepfercht. Halb verhungert erwarten sie dort den Abtransport in die russische Gefangenschaft, wenn sie nicht vorher ein Genickschuß niederstreckt.

Immer wieder versuchen ein paar Eisersdorfer, sich ihnen zu nähern, ihnen etwas Eßbares durch den Zaun zuzuschieben. Argwöhnisch werden sie von den Wachen beobachtet und mit Schlägen vertrieben. Aber einige lassen sich nicht abhalten und versuchen von neuem, in die Nähe der Unglücklichen zu gelangen, die bald in den unermeßlichen Weiten Rußlands verlorengehen werden.

Einer der Russen schaut großzügig weg, während ein paar Soldaten mit flehenden Augen zusammengerollte Papierfetzen mit der Anschrift ihrer Familien herausreichen, sie in Hände legen, denen selbst bald nichts mehr gehören wird, sie in die Ungewißheit werfen und sich mit einem Hoffnungsschimmer an der schmalsten Insel einer Möglichkeit verankern.

Das Kind sitzt hinter einem russischen Lastwagen verborgen im Garten und schaut durch den Zaun. Drüben auf der Landstraße, die an der Kirche vorbei zum Melling hinaufführt, ziehen die Gefangenen wie dunkle Schatten durchs Dorf. Sie bewegen sich langsam, mit Stricken aneinander gefesselt, gemeinsam verstrickt in ein ungewisses Schicksal. Einzelne schauen herüber, blicken lange auf Häuser und Gärten, auf diese kostbaren kleinen Umzäunungen, nach denen sie sich in den Schützengräben gesehnt hatten und von denen sie in Zukunft lange träumen werden. Sie sehen aber auch, wie durchlässig die Zäune wurden und wie unbehütet die umstellten Häuser zurückbleiben.

Seit einer ganzen Weile beschäftigt sich das Kind damit, Scherben so zusammenzulegen, daß ein Bild entsteht. Blaue, gelbe und rote Blüten fügen sich nach und nach zu einem Strauß. Die zierlichen Gitterteile des durchbrochenen Randes sind noch fast alle vorhanden. Schließlich liegen alle Scherben an der richtigen Stelle, und das Kind betrachtet aufmerksam den zerbrochenen Teller.

Es hatte die vielen Einzelteile auf dem Wege gefunden, dort war der Teller zertreten worden oder unter die Räder gekommen. Er stammte aus dem Schloß und gehörte zu einem alten Meißner Porzellanservice.

Im Schloß waren inzwischen Geschirr und Kristall zerschlagen worden. In wilden Nächten, in denen sich die Schloßherrin im Park verborgen hatte, zersplitterten die schönsten Dinge in einem unerhörten Rache- und Freudentaumel. Wundervolle Möbelstücke mit den feinsten Intarsien verziert, kostbare Bilder und Teppiche wurden auf Lastwagen geladen und abtransportiert.

Täglich fahren vollbeladene Militärautos vorbei. Haus für Haus wird durchsucht, Klaviere und Polstermöbel werden zuerst aufgeladen und fortgefahren. Aus den Ställen werden die Pferde geholt und ebenfalls mitgenommen. Irgend jemand hat erfahren, daß durch Eisersdorf die große Straße nach Wien führe, auf der die nicht abreißenden Fahrzeugkolonnen unermeßliche Werte abtransportieren. Wien sei der Umschlagplatz. Von dort aus würden die Güter in den Osten weitergeleitet. Stadt um Stadt, Dorf um Dorf werden nach und nach ausgeräumt.

Das Kind gräbt mit bloßen Händen ein tiefes Loch in das zerwühlte Gartenbeet, legt die Scherben vorsichtig hinein und deckt Erde darüber. Nun schlägt es einen Stoffrest auseinander und hält ein feingeschliffenes Prismenglas gegen das Licht. Christian, der mit der Mutter und den Geschwistern zurückgekehrt ist, hat es ihm mitgebracht, als er sich neulich mit ein paar anderen Jungen ins Niederdorf gewagt hatte.

Im Barockschloß hausten die Russen noch übler als in der Nachbarschaft. Das Porzellanzimmer war ihnen ganz und gar zum Opfer gefallen. Die zierlichen Möbel, die Porzellanstühle mit den blauen Samtpolstern, die wertvollen Plastiken liegen zerschmettert im Hof. Mit den abgesprungenen Köpfen spielen die Russen ein makabres Fußballspiel. Auch der prächtige Kronleuchter war beim Sturz aus dem Fenster in tausend Teile zersprungen. Das Prismenglas hatte zum Kronleuchter gehört und früher oft im Licht zahlloser Kerzen Licht versprüht.

Das Kind hält das Glas dicht vor die Augen; die Welt verkleinert sich. Regenbogen läßt es in sanften Kreisen darüber aufleuchten. Und es vergißt für eine Weile die Wirklichkeit der Lastwagen hinter seinem Rücken. Jetzt nimmt es auch den Duft wahr, der vom Fliederbusch drüben an der Hausecke herüberweht. Im vergangenen Jahr ist um diese Zeit Mai gewesen, denkt das Kind. Damals blühten Schneeball- und Fliederbusch noch in Wirklichkeit.

Inzwischen sind viele Wochen vergangen. Im Traum bewegte sich der Sommer nebenher. Ein leiser Windstoß erinnerte zuweilen an Lindenblüten und die aus dem Nachbargarten leuchtenden Blütendolden an den Akazienberg. Dort oben ist es still geworden, seit die Russen die Ziegen und die Hühner geschlachtet haben. Weil das Haus ständig besetzt und bewacht wird, wagt sich kein Kind mehr hinauf, bleiben die Verstecke und Mulden leer, ist das blaue Dach des Himmels mit den schaukelnden Zweigen davor aus dem Gesichtskreis gerückt. Zuweilen schleicht Barbara in der Dämmerung auf den Hügel, um im hohlen Stamm einer Akazie nach ihren dort verborgenen Schätzen zu sehen.

Auch der Biele bleiben die Kinder fern. Niemand hat das Mäuerchen aus dem vergangenen Jahr wieder aufgerichtet. Es ist jetzt zu gefährlich, dort zu spielen, wo die Russen zum Zeitvertreib nach Forellen schießen oder explodierende Handgranaten ins hoch aufspritzende Wasser schleudern.

Wer mag noch offen und frei über die Dorfstraße laufen, wo die Lastwagenkolonnen noch immer durchs Tal fahren? Jeder muß achten, nicht verschleppt oder überfahren zu werden, wie es schon vielfach geschehen ist. Auf keinen Fall darf man die Ausgangssperre übertreten.

Früher brannten an Sonnwend die Johannisfeuer auf den Höhen. Überall im Tal flammten sie auf und gaben die feurigen Winke weiter. Rengersdorf warf das Zeichen nach Eisersdorf, das Feuer beim alten Kalkofen schickte die Aufforderung weiter nach Ullersdorf, und von dort loderten die Feuer über Kunzendorf und Reyersdorf bis nach Bad Landeck auf. Es wurde gesungen und getanzt, junge Paare versprachen einander und sprangen kühn durch die Flammen.

Jetzt wird hin und wieder Feuer an eine Scheune gelegt, um zitternde Menschen aus ihren Verstecken zu zwingen. Andernorts stecken die Russen Getreidefelder in Brand, um die Frauen und Mädchen, die sich zwischen dem Wald von Halmen versteckt halten, besser jagen zu können.

Auf dem Pfarrhof ist heimlich eine Strohschütte eingerichtet worden. Aus Häusern, die neue Einquartierung bekommen haben, retten sich die Frauen dorthin vor Gewalttätigkeiten. Bei dem Sprung aus dem Fenster verletzten sich bereits einige so schwer, daß sie die Flucht hierher nicht mehr schaffen konnten. Jedoch ist das Versteck auch nicht sicher. Nachts feiern manchmal die Russen dort, schlachten ein Schwein und braten es lärmend im Hof. Die Stimmen, die von draußen hereindringen, lassen keinen ein Auge zutun. Der Feuerschein, der über die Decke huscht, blinkt Gefahr.

Woche für Woche kommt neue Einquartierung ins

Haus, vertiefen sich die Fahrspuren der Lastwagen auf den Beeten. Woche für Woche bringt nach ihrer Abfahrt die Mutter das Haus wieder in Ordnung, kratzt das erkaltete Fett vom Küchenboden, vom Herd und aus der Wasserwanne, reinigt das ekelig verschmutzte Bad und rückt in den Zimmern die Möbel, so gut es geht, an den alten Platz. Manchmal ist sie noch nicht einmal fertig, da dröhnen erneut Schläge gegen die Tür, und wiederum fordern Russen Einlaß.

Meistens sind es Offiziere, und ihre Anwesenheit hält die plündernden, wilden Rotten fern. Dadurch bleibt das Leben im Hause einigermaßen erträglich, und seine Bewohner sind vor dem Schlimmsten verschont.

»Ein besonderer Schutzengel bewacht dieses Haus«, sagt Mutter manchmal, und das Kind fühlt zuweilen die alte Geborgenheit, wenn auch des Nachts die Mauern immer durchlässiger werden, qualvolle Schreie von draußen hereindringen und sein Schlaf unruhig wird.

Zeitweise, wenn die Russen wieder einmal abgezogen sind, suchen verängstigte Menschen Zuflucht im Haus. Einmal sind es Unglückliche, die aus ihren Wohnungen vertrieben wurden, dann eine Ukrainerin, welche aus ihrer Heimat verschleppt und jetzt elend zurückgelassen wurde. Das Kind erschrickt vor ihrem von Ausschlag zerfressenen Gesicht und den blutunterlaufenen Augen, die ständig tränen. Aber Mutter tröstet sie, ist gleichbleibend freundlich zu ihr, hat sie lieb, weil niemand sie liebt und teilt das wenige Essen mit der armen Jammergestalt, die mit dem Abzug der nächsten Einquartierung wieder gewaltsam fortgeschwemmt wird.

Seit ein paar Tagen steht das Kind jeden Abend hinter der Gardine, lauscht zum Nachbarhaus hinüber, aus dem lautes Gröhlen dringt und wartet, bis sich drüben in der Dämmerung Schatten von der Hauswand lösen, sich kaum wahrnehmbar zwischen den Johannisbeersträuchern dukken, beim raschen Wechsel zu den Haselbüschen für einen Augenblick deutlich erkennbar werden, im Gebüsch untertauchen und dort eine Weile regungslos verharren. Jedesmal hält das Kind den Atem an und verfolgt mit vor Angst zugeschnürtem Halse die Flucht der Nachbarn aus ihrem Hause, wenn dort die angetrunkene Horde nach den Mädchen zu gieren beginnt. Nach ein paar Minuten fängt es an, sich unten zu regen, die Zweige schlagen auseinander, durch eine verborgene Lücke im Zaun schlüpfen Barbara, Isolde, Verena, Christian und ihre Eltern in den Garten. Mutter ist ihnen vorsichtig entgegengegangen und führt sie lautlos ins Haus, wo sie die Nacht verbringen werden.

Zuvor verschließt Herr Böhm mit einem Stück Draht notdürftig die Zaunlücke, damit sie fremden Augen verborgen bleibt.

»Diese Abgrenzung zwischen unseren Grundstücken ist eigentlich völlig unnötig«, meint er einmal, »wo wir und unsere Kinder so gut befreundet sind.«

»Das ist wahr«, erwidert Mutter, »aber Großvaters übergroße Korrektheit zog immer Grenzen. Doch wir wollen sie nicht mehr zwischen uns.«

»Wenn alles vorbei ist und wir wieder friedlich nebeneinander wohnen dürfen«, sagt Herr Böhm, »dann soll diese Grenze hier fallen. Dafür will ich schon sorgen.«

Das müßte schön sein, denkt das Kind. Voriges Jahr hätte diese Lücke schon sein sollen, damals, als es den Akazienberg noch gab mit seinen wunderbaren Spielen, als man noch aufrecht durch die Gärten laufen konnte, wann immer man wollte und einen Platz am Familientisch der Nachbarn hatte. Warum haben damals nicht alle manchmal zusammen in einem Hause geschlafen? Jetzt freut sich niemand mehr darüber. Nicht einmal Barbara singt ein Lied, und nicht einmal Christian und Verena hört man lachen. Alle schweigen, damit man das Pochen an der Haustür nicht überhört, diese drei kurzen, lauten Schläge: Angst! Angst! Angst!

Und doch will ich daran glauben, daß wir in diesem Hause geschützt sind.

»Und Gott jeden Tag danken«, wiederholt Mutter abends vor dem Zubettgehen.

In anderen Häusern geschehen schreckliche Dinge, die die Erwachsenen den Kindern verschweigen.

Ich weiß jetzt, warum Tante Paula geweint hat.

»Gott straft unser Volk«, sprach Tante Hedwig. »Die Unschuldigen büßen, denn die Schuldigen sind nicht gut genug dafür. Ihr Maß ist übervoll, selbst wenn sie mit dem Leben dafür bezahlten.«

Tante Paulas Tränen versteht das Kind besser als Tante Hedwigs Worte. Aber etwas Ähnliches hat es in Glatz gehört, als sie, um die gefährliche Landstraße zu meiden, an der Biele entlangschlichen und beinahe die Opfer eines russischen Fischfangs geworden wären. Die Kugeln pfiffen an ihren Köpfen vorbei. Es war unvorsichtig, überhaupt nach Glatz zu gehen, aber die Ungewißheit um Tante Marias und Onkel Josephs Schicksal war nicht mehr länger zu ertragen.

In ihrem Vorgarten lag das Klavier, und die Wohnung war fast ausgeräumt, aber die alte Spieldose hatte noch niemand von den Eindringlingen entdeckt. Tante Maria holte sie jetzt aus dem Versteck, gab sie dem Kind, schickte es mit der Aufforderung, vor dem Spiel sorgfältig die Fenster zu schließen, in ein anderes Zimmer und meinte, zum Aufziehen sei es nun groß genug.

Zunächst freute sich das Kind, aber als die ersten Töne durch den Raum tanzten, mit leichten Sommerschritten auf die hellen Flecke an der Tapete zuschwebten, erschrak es, hielt sich die Ohren zu und lief auf den Flur hinaus. Bald verstummte die Melodie, und das Kind hörte deutlich die Stimmen aus dem Nebenzimmer. Es wollte die Erwachsenen nicht belauschen, aber unwillkürlich hatten sich seine Ohren in den letzten Wochen daran gewöhnt, jedes Geräusch scharf zu unterscheiden.

Erst als Onkel Josephs Stimme das Wort »Juden« aussprach, zuckte es leicht zusammen. Sofort erinnerte es sich an den Arzt. Damals war dieses Wort auch gefallen. Im nächsten Augenblick preßte es sein Ohr an das Schlüsselloch.

Jetzt vernahm es Tante Marias leise Stimme, die sich anhörte, als ob sie weinte.

»Wenn ihr sie gesehen hättet«, sagte sie, und dann folgte eine Pause. »Wir wußten es alle nicht. Vielleicht hätte es niemand bemerkt, Trecks waren wir ja längst gewöhnt, aber die SS-Männer fielen sofort auf. Es schneite auch so sehr, und der Ostwind wehte so eisig, daß selbst unsere Wohnung nicht richtig warm wurde.«

Sie konnte nicht weitersprechen, und Onkel Joseph war wieder zu hören:

»Wegen des Schneetreibens waren sie kaum erkennbar, aber sie waren barfuß und wie schmale graue Schatten in ihren dünnen Lageranzügen. Aus einem Lager im Osten sollen sie nach dem Westen abtransportiert worden sein. Wer weiß wohin?«

»Es kommt auf uns alle zurück«, sagte jetzt Tante Maria.

»Es hat schon begonnen, aber ich sehe immer eine Straße vor mir, einen Winter in Eis und Schnee. Ich träume so oft davon. Wir ziehen auf einer Straße, der Schnee fällt, und wir kommen nirgends an.«

»Laß das doch«, versuchte Onkel Joseph sie zu beruhigen.

»Schreckliche Erinnerungen erzeugen böse Träume.«

»Nein, ich bin selbst dabei, ich erkenne es ganz deutlich, auch eure Gesichter«, beharrte Tante Maria. »Ich beginne, den Sinn unserer Leiden zu ahnen.«

Nun waren die Worte nicht mehr zu verstehen.

Das Kind sitzt auf dem oberen Treppenabsatz, und vor seinen Augen taucht die vereiste Straße auf. Ganz am Ende springt ein kleiner Hund auf und kommt ihm entgegen. Aber immer, wenn es sich bemüht zu erkennen, ob es der Hund des Arztes auch wirklich ist, zerreißt das Bild. Es erinnert sich auch nicht, welchen Rückweg sie von Glatz nach Eisersdorf genommen haben.

Nach Ullersdorf wollte zunächst schon niemand mehr gehen, aber Tante Lena meinte, es bliebe nichts anderes übrig, da die Lebensmittelvorräte fast zu Ende wären. Sie würde sich eben allein auf den Weg machen. Mutter erwiderte, das käme gar nicht in Frage, sie würden unter allen Umständen zusammenbleiben, und so gingen sie gemeinsam über Feldwege und an der Biele entlang zu Tante Paula.

Ich weiß jetzt, warum Tante Paula geweint hat, denkt das Kind. Daß gerade sie geweint hat, macht für das Kind alles noch schlimmer, unabänderlicher, macht die Wirklichkeit wirklicher.

»Er konnte nicht ohne Stock gehen, das wißt ihr alle. Ihr habt ihn ja gekannt. Ohne Stock ging es einfach nicht mit dem steifen Bein. Er mußte ja erst die Treppe hinuntersteigen, ihr wißt, wie langsam und vorsichtig er sein mußte mit dem Bein. Ihr habt alle noch das schwere Aufsetzen des Stockes im Ohr, oder etwa nicht? Da mochten die Russen noch so ungeduldig gegen die Haustür treten, er konnte nicht schneller öffnen. Der Stock muß sie so böse gemacht haben. Immer hallte es so durch den großen Flur, wenn er ging, ihr erinnert euch doch? Vielleicht haben sie seinen Stock als Waffe angesehen und ihn deshalb erschossen.

Magda hat den Schuß gehört, fast irrsinnig vor Angst. Sie hört ihn jetzt noch. —

Nein, sie ist oben im Zimmer und läßt niemanden zu sich hinein. —

Er war wohl gleich tot. Sie konnte doch nicht zu ihm. Wegen des Schrankes. —

Immer, wenn Russen auf das Haus zukamen, versteckte er sie im ersten Stockwerk in der Kammer und schob den schweren Schrank davor. Ihr wißt ja, wie schön sie ist und wie er sie vergöttert hat. Und es ist bisher auch immer alles gut gegangen. Er liebte sie doch.

Sie konnte sich nicht befreien, es ist doch kein Fenster in der Kammer. Stundenlang war sie eingesperrt mit ihrer Angst. Denn als er nicht kam, wußte sie, daß etwas ganz Furchtbares geschehen war. Auch das Klopfen des Stocks war nicht mehr zu vernehmen.

Endlich kamen Nachbarn vorbei, ihr wißt ja, wie einsam das Haus steht. Sie sahen ihn in der offenen Tür liegen. Erst nach einiger Zeit fiel ihnen ein, daß Magda irgendwo im Haus versteckt sein könnte. Sie riefen nach ihr, und als sie endlich antworten konnte, fanden sie sie in ihrem Versteck und brachten sie mir.

Er hat niemandem etwas getan, das wißt ihr doch. Wer mit den Bäumen und mit den Tieren redet wie er, der ist ein guter Mensch. Ihr kanntet ihn doch.

Es war wegen des steifen Beines, daß er den Stock brauchte. Er hätte den Stock vielleicht nicht nehmen sollen, aber ihr wißt, wie langsam und unsicher er dann ging. Ihr habt ihn ja alle gekannt.

Ich höre auch immer noch seinen Schritt und das schwere Aufsetzen des Stockes. Magda vernimmt es oft noch viel deutlicher. Dann muß ich sie zurückhalten, damit sie nicht in das Haus zurückläuft, versteht ihr?«

Seltsamerweise schien Tante Paula ihre eigenen Tränen nicht zu bemerken, so fremd waren sie ihr. Nicht ein einziges Mal wischte sie sich über die Augen.

Es muß mit der Zeit zusammenhängen, überlegt das Kind. Mit dieser Zeit, die sie den Zusammenbruch nennen.

Er scheint überall zu sein, außen und innen.

Den Kopf gegen das Geländer gelehnt, grübelt es noch eine Weile vor sich hin.

Die Wände des Hauses werden jetzt immer durchlässiger. Das Türschloß ist beinahe nicht mehr vorhanden. Wildfremde gehen aus und ein, wann immer es ihnen gefällt. Und nun auch noch die Wände! Ihre Durchlässigkeit breitet sich weiter aus.

Nachts irrt das Scheinwerferlicht der Mähmaschinen über die Decke und über die Wandschräge. Das Rattern der Dreschmaschinen dringt durch die Poren der Backsteine und setzt sich mit kleinen schnellen Hammerschlägen im Gehirn fest. Tag und Nacht, Tag und Nacht, — bis einer der Motoren wieder heißgelaufen und entzwei ist. Eine kurze Pause entsteht, während Ersatz beschafft wird.

Täglich entfernt sich das Geräusch, wird draußen leiser, aber innen quält es einen weiter, das Klopfen läßt sich nicht abstellen.

Immer wieder der Traum von einer Mulde zwischen goldgelben Halmen. Die Grannen des Roggens schreiben feine Linien ins Blau. Aus ihnen schweben Wolkenschiffe, die sich tief herabsenken zu Klatschmohn, Schafgarbe und Kamille, zu Kornblume, Ackerwinde und Minze. Und sie lösen dich aus der Mulde, tragen dich am Zobten vorbei und zeigen dir etwas so deutlich wie eine zweite Wirklichkeit.

Hinter dem Haus, wo früher die Mohnkapseln reiften und Blumen blühten, wachsen dieses Jahr Kartoffeln unter der Erde. Noch haben sich an dieser Stelle die Wagenspuren nur vereinzelt in die Beete eingegraben. Mutter hat das Erdreich wieder gelockert und hofft auf eine reichliche Ernte. Außerdem wird man guten Rübensirup kochen, vielleicht auch Obst ernten können. Irgendwoher muß Hilfe kommen, daß der Hunger nicht zu groß wird.

Die Nachbarn können nachts wieder ohne Sorge in ihrem Hause schlafen. An heißen Augustabenden stehen die Fenster weit offen, die Klänge eines Liedes schweben über den Garten, begleiten den Tanz der Fuchsienblüten drüben auf der Terrasse, streifen die bittersüße Schwere der langsam reifenden Nüsse, nehmen vom Duft der Zaunwicke und des Löwenmauls die leichte Süße sowie die kraftvollen Farben der Zinnien und mischen den Zaubertrank, der den Dämon bezwingt.

Als bei Böhms eine neue Horde das Haus stürmte, verweilten die Augen des Anführers eine Weile auf dem Klavier, das unerklärlicherweise zu diesem Zeitpunkt noch nicht zerstört oder abgeholt worden war, und seine Augen wurden gut. Wortlos setzte sich Herr Böhm nieder, legte seine Hände auf die Tasten und begann zu spielen: Russische und deutsche Volkslieder, kleine Klavierstücke. Barbara sang dazu, die anderen fielen ein. Es gelang ihnen, die Gewalttätigkeit und Wildheit der Russen zu bannen und Freude, Lachen und Weinen auf ihre Gesichter zu singen. Kosta war gerührt, er schämte sich nicht,

Tränen in den Augen zu haben, und die andern nahmen daraufhin andächtig ihre Mützen ab.

Hörte Herr Böhm mit dem Spiel auf, verstummte der Gesang, erschien sogleich wieder das böse Flackern in den Augen der Eindringlinge. Nur Kosta behielt sein verändertes Gesicht, und alle spürten, daß er in ihm sein eigenes wiedergefunden hatte. Der lauernde Ausdruck, die Anzeichen der Verrohung, die der Krieg ihm eingezeichnet hatte, verschwanden. Er erinnerte sich auf einmal, daß er nicht zeitlebens als Soldat in Schützengräben gelegen hatte, daß er irgendwann und irgendwo in einem kleinen Dorf an der Wolga Lehrer gewesen war und daß er während seiner Studienzeit deutsche Bücher gelesen hatte. Er bekam Heimweh nach seinem Dorf, nach seinen Eltern und Geschwistern und nach einem Mädchen, das er liebgehabt hatte. Die anderen Russen wurden von seinem Heimweh angesteckt. Sie verlangten immer wieder dasselbe Lied, das sie in tiefe Melancholie versenkte: Ich weiß nicht, was soll es bedeuten, daß ich so traurig bin. Wunderbarer mögen die Hirten auf dem Felde das Gloria der Engel kaum empfunden haben, als die an Geschützdonner und Schreie gewöhnten Soldaten die Stimmen der Mädchen. Sie bekreuzigten sich und gelobten, sie nicht anzurühren, nur zu bewundern

Kosta bleibt immer am längsten wach. Er ist der Verzauberung der Musik verfallen und Bruder, Schwestern, Vater und Mutter begegnen ihm tief drinnen in einem fremden Land, das er voller Verbrecher glaubte und auf das er seine ganze Rache ausschütten wollte.

Ein Rest des alten Mißtrauens bleibt noch eine Weile

bestehen. Von jedem Essen, das Frau Böhm den Russen kochen muß, hat sie mit ihrem Mann und ihren Kindern vorher zu kosten. Aber das verliert sich später.

Während der Erntezeit taucht Kosta mit seinem kleinen Trupp regelmäßig bei Böhms auf, bezieht bei ihnen Quartier, nennt alle bei ihren Namen, ruft von weitem »Papa und Mama«, wenn er durchs Gartentor kommt und bittet um die alte, traurige Melodie.

Ringsum sind die Felder abgeerntet, und deshalb ist Kosta heute zum letzten Male da. »Ich weiß nicht, was soll es bedeuten«, klingt es noch langsamer und trauriger durch das Zimmer. Was wird nun werden?

»Papa, Mama«, wiederholt er beschwörend, »ihr müßt weg von hier. Noch bösere Zeiten werden sein.«

Er selbst ist bereit, der Familie bei der Flucht zu helfen. Immer wieder warnt Kosta vor den Polen, die bald kommen werden, um sich für das viele von Deutschen erlittene Unrecht zu rächen. Aber im Grunde weiß er selbst, daß es kein Entrinnen mehr gibt. Außerdem will kein einziges Familienmitglied Eisersdorf noch einmal verlassen.

Zuhausebleiben, das versteht Kosta. Bewegt blickt er durch das geöffnete Fenster hinaus ins Tal, wo die blaue Kammlinie der Berge mit dem Nachthimmel zu verschmelzen beginnt. Zuhausebleiben, sagt Kosta, wiegt bedenklich den Kopf hin und her und verlangt zum letzten Mal das Lied. Spät trennt man sich heute. Für Kosta war es eine kurze Zeit Zuhausesein, für Böhms ein letztes Mal eine kleine Spanne Geborgenheit im eigenen Hause.

Bei Sonnenaufgang brechen die Russen auf. Kosta umarmt alle und verspricht zu schreiben. Die Jüngste,

Verena, schläft noch tief. Einmal sehen möchte er sie noch. Auf Zehenspitzen schleicht er in ihr Zimmer, betrachtet sie lange und sagt entzückt: »Papa, Mama, die wird die Schönste!«

Jetzt aber muß er gehen. Ein zu langer Abschied taugt nichts. Er grüßt militärisch kurz, steigt zu seinen Kameraden auf den Lastwagen, und seine Worte gehen im Geräusch des anspringenden Motors unter.

Septembermorgen! Kein Luftzug und nicht die kleinste Wolke am Himmel, damit der große Sommerofen nicht zu rasch abkühlt, der den Früchten die letzte Reife geben soll und den warmen Goldton, das leuchtende Rot, das mehlige Blau. In gleichmäßiger Wärme reiht sich ein Sonnentag an den anderen. Man merkt schon, daß es morgens später hell wird und abends eher dämmert. Vorsichtig wird das große Feuer gedämpft, damit die Mittagssonne die samtene Haut der Früchte nicht versengt, das saftige Fruchtfleisch nicht dörrt, die unterschiedlichen Farbtöne nicht ausbleicht.

Auf der Haustreppe sitzen und zuschauen, wie es reift. Nichts tun, nur mit der eigenen Haut nachfühlen, ob der Sommerofen etwa doch noch zu viel Hitze hat. Nein, nichts wird verderben. Sogar der belächelte Weinstock an der Südseite des Nachbarhauses trägt in diesem Jahre Trauben, nicht übergroße, zugegeben, aber erkennbar und beinahe süß unter dem harten Leder ihrer blauen Schalen. Die wenigen unzertretenen Tabakstauden in Webers Garten bekommen eine schöne, gleichmäßige Färbung. Golden reifen die Birnen am Zaun. Wie große, gelbe Ampeln leuchten sie aus dem schon rötlich schimmernden Laub.

Nichts tun, einfach da sein, zusehen wie es reift und still für sich den Geburtstag genießen. Es hat tatsächlich noch einen Gabentisch gegeben. Schöne Dinge wurden daraufgezaubert. Auch die beiden Flüchtlingsfrauen, die jedesmal nach Abzug der Russen wieder ins Haus kommen, haben einiges beigesteuert. »Aus Dankbarkeit und des Kindes wegen! Wenn man fast nichts mehr besitzt, weiß man erst, wie schön es ist, etwas verschenken zu können«, haben sie gesagt.

Ein schmaler Goldring mit einem roten Stein funkelt an der Hand des Kindes. Eine der Frauen hat ihn aus ihrem Mantelsaum getrennt und ihm an den Finger gesteckt. Die andere nähte aus Mutters Stoffresten einen Hampelmann. In den weiten Pluderhosen ist der pastellgrüne Gardinenstoff aus der Breslauer Wohnung wiederzuerkennen. Sein Gesicht ist blaß und ernst. Überhaupt scheint er nicht viel Spaß machen zu wollen, kuschelt sich in seiner müden Weichheit lieber in die schützenden Arme des Kindes.

Warten, wie es reift! Und wie die Reife atmet. Gerüche, die vorüberschweben wie die Fäden des Altweibersommers. Am späten Nachmittag erst wird der Wind wie allabendlich die kräftige Würze von den Wäldern daruntermischen. »Ein Grund mehr, in Eisersdorf zu leben«, sagt Mutter immer wieder.

Und still ist es! Alles reift ohne Lärm und ohne Worte!

Das Zwitschern der Vögel und das Bienengesumm geht ohne zu stören nebenher. Das ist die Musik, die man nicht hören kann.

Wer wagt es, jetzt hier einzubrechen? Mit Geschrei über die Dorfstraße zu rattern, über die Stille herzufallen, mit grellen Zurufen in einer unverständlichen Sprache das Schweigen zu zerschneiden? Soll es denn nie ein Ende haben? Wann wird der Acker, der zwischen dem Zaun und der Straße liegt, und auf dem während des ganzen Sommers nichts wachsen konnte, endlich in Ruhe gelassen werden? Viele Füße laufen eilig darüberhin, trampeln auf den Zaun zu, Hände krallen sich fest, schieben sich begehrlich durch die Lücken und langen nach den goldgelben Birnen. Stören sie, während sie reifen, wollen sie abreißen, ehe sie die letzte Süße des Sommers in sich aufgesaugt haben.

Außerdem ist es Diebstahl, über einen fremden Zaun zu greifen. Empört springt das Kind auf. Mehrere Stufen auf einmal nehmend, läuft es aufgebracht zu den Fremden hinüber, schreit die Frauen mit den langen Röcken und den großen Kopftüchern an und funkelt böse mit den Augen, überhört auch das beschwichtigende Rufen der Mutter vom Hause her, die das Kind zu spät bemerkt hat.

Maßlos erstaunt schauen die fremden Frauen auf, sehen die herrische Handbewegung des Kindes, die sie fortschickt. Tatsächlich, sie zucken zurück, pflücken dieses Mal nicht die verbotene Frucht aus dem Paradiesgarten. Mit leeren Händen gehen sie zu ihren Karren zurück und entfernen sich über die Dorfstraße.

Schon kommt die Mutter, nimmt das Kind erschrocken in die Arme und versucht ihm zu erklären, daß Gesetze und Gebote für die neuen Herren so wenig wie für die Russen gelten würden. Sie würden sich nehmen, was ihnen gefiele, und wir müßten es geschehen lassen. Ohne ein Wort, selbst ohne einen Blick, der die Gedanken verraten könnte. Das seien Polen gewesen, und es kämen noch mehr. Ja, auch in die Häuser würden sie kommen, das sei anzunehmen.

Bestürzt geht das Kind mit ins Haus zurück, zieht den goldenen Ring vom Finger und verbirgt ihn in seiner Kammer. Der Hampelmann wird zu den Puppen gelegt, der Wagen mit einem Tuch zugedeckt.

Ein schwarzes Tuch über einem Kinderwagen. Das Gesicht des Jungen, das flüchtig durchs Fenster blickt, jedoch nicht lange genug, um ihn rufen und festhalten zu können.

Abwarten und schweigen. Nichts sagen, mit niemandem darüber reden. Vergiß, wem die Birnen wirklich gehören und der Garten mit den überwachsenen Wagenspuren. Zurückkehren in die Wirklichkeit!

Es ist kaum zu glauben, daß eine Neunzehnjährige ohne weiteres mit energischen Schritten ein fremdes Haus betritt, sich ungeniert darin umschaut, die Schränke öffnet, darin herumwühlt, in gebrochenem Deutsch fragt:

Wer ist hier Hausbesitzer? und auf die Antwort der Mutter unverfroren erklärt: Jetzt ich!

Damit ist es geschehen! Das Haus hat seinen Besitzer gewechselt. Hanja, die neue Hausbesitzerin, dreht sich auf dem Absatz herum und geht, nicht ohne ihre baldige Rückkehr zuvor angekündigt zu haben. Noch ehe sich alle von der Überraschung erholen können, ist sie in Begleitung eines Polen wieder da. Wie selbstverständlich führt sie ihn durchs Haus, übersieht die erstaunten Gesichter ringsum, öffnet noch einmal den gleichen Kleiderschrank, den sie vorhin bereits flüchtig durchwühlt hatte, bückt sich und holt etwas aus dem unteren Wäschefach hervor, hält es triumphierend in die Höhe und ruft: »Patronen! Deutsche Patronen!«

Alle sind blaß geworden. Jeder weiß, bei wem Patronen gefunden werden, der hat mit dem Schlimmsten zu rechnen: Gefängnis! Erschießung! Je nachdem! Wer Glück hat, wird nur auf die Straße gesetzt und verliert sein Wohnrecht.

Mutter gewinnt als erste die Fassung zurück. Man bemerkt ihre innere Erregung kaum, als sie entschieden sagt:

»Das ist nicht wahr! Niemand von uns hier besitzt Patronen. Sie selbst haben sie vorhin heimlich in den Schrank gelegt!«

Der Pole mischt sich mit schneidender Stimme dazwischen. Niemand versteht ein Wort, doch jeder weiß, was gemeint ist. Alle müssen das Haus verlassen.

So schnell kann das geschehen?

So rasend schnell, wie eine Kugel trifft!

Jetzt geht es um alles, tot oder lebendig. Gefahr für das Haus, für uns alle, spürt das Kind. Ohne ein Wort, selbst ohne einen Blick, der die Gedanken verraten könnte, hat die Mutter gesagt, und es bleibt wie erstarrt zwischen den Erwachsenen stehen, die noch keine Anstalten machen, den Befehl auszuführen. Immer gefährlicher klingt die eiskalte Stimme des Fremden, der mit der Miliz droht, so daß selbst die schwerhörige Frau Klix sich zitternd über das Treppengeländer beugt und herunterschaut. Laut übersetzt Hanja die Aufforderung ihres Begleiters noch einmal und blickt sich dabei um, als richte sie in Gedanken bereits das Zimmer neu ein.

»Lauf schnell, Kind«, ruft jetzt die Mutter verzweifelt, »lauf ins Schwesternhaus hinüber! Vielleicht können sie uns helfen.«

Ein völlig unsinniger Gedanke. Was sollen die paar schwachen Frauen schon ausrichten? Aber es fällt ihr nichts anderes ein, und irgend etwas muß jetzt geschehen.

Einen Augenblick lang stockt das Kind, doch dann rennt es los, rennt und rennt mit der Hand vor dem Munde, um nicht laut aufzuschluchzen, rennt durch den Garten, über den Weg, über die Straße, an der Miliz vorbei, stürzt ins Schwesternhaus und fällt mit einem Aufschrei in die Arme der Schwester. Von Schreien geschüttelt stößt es hervor:

»Das Haus! Sie hat Patronen gebracht und gesagt, es seien unsere und jetzt...«

Da bemerkt es einen russischen Major, dem eine der Schwestern gerade die Hand verbunden hat und verstummt mit vor Schreck geweiteten Augen. Der Russe steht auf, kommt auf das Kind zu und will, daß es ihm alles genau erklären soll. Zunächst bringt das Kind kein Wort hervor, aber er streichelt ihm über den Kopf, zieht es freundlich an den Zöpfen. Das Kind soll nicht weinen! Ein paarmal schluckt es noch, verhaspelt sich auch vor Aufregung, aber dann hat der Russe den Sachverhalt begriffen. Er wird helfen.

Wie Raphael den blinden Tobias nimmt er das Kind bei der Hand und schreitet mit ihm auf das Haus zu.

Lieber Gott, du hast deinen Engel in der Verkleidung eines russischen Majors in das Schwesternhaus geschickt, und Mutter hat seine Gegenwart geahnt. Verstohlen mustert das Kind den großen Mann neben sich und fürchtet sich nicht mehr. Nichts Ungewöhnliches ist an ihm zu entdecken, außer vielleicht seine Stärke. Im Hause nimmt er dann die Sprache der beiden Eindringlinge an und schleudert ihnen zornige Worte entgegen. Furchterregend sieht er aus in seiner Wut, man könnte Angst bekommen vor seinen Trompetenstößen, wenn man nicht wüßte, um wen es sich in Wirklichkeit handelt. Schweigen, nichts sagen, nicht mit einem Blick verraten, was man weiß.

Wunderbarerweise sind Hanja und ihr Begleiter kleinlaut verstummt, die Angst der Hausbewohner schrumpft zusammen, erlöst atmen alle auf. Es wird ihnen nichts geschehen. Oben sollen die Deutschen wohnen, unten die Polen, damit basta.

Die beiden Flüchtlingsfrauen müssen freilich wieder einmal ausziehen, aber sie dürfen ihre Habseligkeiten mitnehmen. Im Schloß werden sie ein Zimmer bekommen. Dort finden jetzt alle Zuflucht, die aus ihren Häusern ausgewiesen werden.

Hat man sich denn auch bedankt, oder ist das in der Hast und Aufregung etwa vergessen worden? Unbemerkt ist der Major verschwunden, was das Kind noch mehr in seiner Annahme bestärkt, daß Gott ihn eigens zur Rettung geschickt habe. Gott danken, daß er geholfen hat und daß er seinen Engeln noch immer Zeichen gibt, denkt das Kind, während es langsam die Treppe hinaufsteigt.

Aber warum, lieber Gott, schickst du sie nicht allen zu Hilfe? Hast du denn zu wenige, daß sie nicht überall dort helfen können, wo sie so dringend gebraucht und gerufen werden?

Hanja, die neue Hausbesitzerin, genießt ihre ungewohnte Lage sichtlich. Sie hat nicht nur von dem Haus Besitz ergriffen, sondern auch von allem, was darin ist mitsamt seinen Bewohnern. Mutter und Tante, manchmal auch das alte Ehepaar und sogar das Kind, müssen ihr zu Diensten stehen, wann immer sie es wünscht. Allerdings vergißt sie auch nicht, daß ihr Sieg nicht so vollkommen gewesen ist, wie sie ihn sich raffinierterweise ausgedacht hatte.

Der Mutter gegenüber zeigt sie deshalb einen gewissen Respekt. Im oberen Stockwerk öffnet sie niemals mehr allein einen Schrank. Wenn sie etwas will, fragt sie, und Mutter muß es ihr dann geben.

Gleich nach ihrem Einzug will sie die polnische Fahne

hissen. Mutter wird gezwungen, sie zu nähen. Der rote Stoffrest von Grootsmanns unkenntlich gemachter Hakenkreuzfahne und das Stück eines alten Bettlakens werden in aller Eile zusammengenäht und zum Fenster hinausgehängt. Wenige Augenblicke später steht die Miliz vor dem Hause. Hanja ist außer sich, tobt und schreit. Es dauert eine Weile, bis sie Mutter klarmachen kann, daß sie die Farben falsch zusammengesetzt hat und deshalb draußen jetzt die österreichische Flagge weht.

Um die Essenszeit hört man meistens das eilige Geklapper ihrer Absätze die Treppe heraufkommen. Das ist das Signal, schnellstens Butter und andere Kostbarkeiten verschwinden zu lassen. Die findige Tante Lena hat auf der Rückseite des Bücherregals ein sicheres Versteck eingerichtet. Meistens setzt sich Hanja an den Familientisch, nachdem sie in die Kochtöpfe geschaut und gekostet hat. Es ist sehr schwierig, noch eine Person mehr zu ernähren, da die Lebensmittel immer knapper werden und man für deutsches Geld nichts mehr kaufen kann, polnisches aber nur auf dem Schwarzen Markt erhält.

Nach und nach verwandelt sich Eisersdorf. Es hat sogar einen polnischen Namen bekommen, der für deutsche Zungen schwer aussprechbar bleibt und nicht im Gedächtnis haften will. Immer wieder fragen die Leute einander, teils ungläubig, teils belustigt, wie das Dorf nun neuerdings heißen soll. Es ist doch zu lächerlich, daß ein Ort, der nie einen anderen Namen trug, seit er mit der uralten Martinskirche vor Jahrhunderten erbaut worden war, sich plötzlich verändern soll.

»Die können sich so viele Namen ausdenken wie sie

wollen«, meint das Kind, »jeder sieht doch selber, daß das hier Eisersdorf ist.«

Alle deutschen Schulbücher und sogar die Hefte sind verbrannt worden. Polnische Miliz marschiert ständig auf der Straße auf und ab. Jeder zittert vor dem Augenblick, da sie mit scharfer Wendung auf ein Haus zugeht, um Männer oder Frauen zu einem ihrer Verhöre nach Ullersdorf oder nach Glatz zu bringen. In jedem größeren Ort gibt es solch ein gefürchtetes Gebäude, vor dem mehrere Motorräder mit laufenden Maschinen stehen, um die Schreie der Gequälten zu übertönen. Niemand kann Genaues erfahren, denn wer lebend zurückkehrt, ist zum Schweigen gezwungen.

Nein, hier werden die Falschen verhört, die Kriegsverbrecher sind nicht in Eisersdorf zu finden. Alle, die hiergeblieben sind, hatten ein gutes Gewissen und glaubten, dies beweisen zu können.

Langsam zeigt es sich, daß Hanja im Hause zu haben, das kleinere Übel ist. Sie ist die Sekretärin des neuen polnischen Bürgermeisters, und deshalb betritt die Miliz ihr Haus nicht.

Frühmorgens kommt Hanja meistens schwerbepackt nachhause. Über beiden Armen hängen hübsche Kleider oder Wäsche. Alles wirft sie der Mutter hin und verlangt, es solle sofort gewaschen werden. Kein Hinweis, daß die Stücke blütenweiß oder ungebraucht seien, kann sie davon abhalten, ihren einmal gegebenen Befehl zurückzunehmen. Sie liebe alles frisch, wiederholt sie eigensinnig.

Wenig später flattern dann die gewaschenen Kleider und Blusen an der Wäscheleine, und die Eisersdorfer

Mädchen schauen im Vorbeigehen voller Ingrimm herüber und überlegen sich neue Verstecke für den Rest ihrer Kleidung. Denn häufig wiederholen sich die nächtlichen Besuche in den Häusern, bei denen Hanja mit von der Partie ist.

Unersättlich und mit sicherem Geschmack rafft sie selbst die besten Stücke zusammen, das andere reißen ihre männlichen Begleiter an sich. Bald weiß jedermann im Ort, daß derjenige, der einen schwarzen Damenstrumpf über das Gesicht gezogen hat, der neue Bürgermeister höchst persönlich ist und daß man die Ehre hat, von einer Amtsperson inkognito bestohlen zu werden.

Nicht immer zeigen die neuen Herren so viel Schamgefühl. Hanjas Gier kennt selbst am hellichten Tag keine Grenzen. Besonders am Sonntag fühlt sie sich mit anderen Polinnen von gut gekleideten Deutschen in Versuchung geführt.

Frühzeitig erscheinen sie zur Messe und besetzen die hinteren Bankreihen. Die Deutschen, die man sogleich an den weißen Armbinden erkennt, müssen die vorderen Plätze einnehmen und tragen die Schuld daran, daß sich selbst an diesem geweihten Ort der Versucher naht und den im Hintergrund inbrünstig Gebete murmelnden Polinnen ins Ohr flüstert, welcher Rock, welches Kleid ihnen besonders gut zu Gesicht stehen würde.

Eine Weile wehren sie sich noch gegen den aufsteigenden Wunsch, umklammern heftiger den Rosenkranz, lassen die Perlen eiliger durch die Finger gleiten, bis sie schließlich doch unterliegen. Wer ist schon vollkommen?

Am nächsten Sonntag werden sie wieder darum bitten

kommen, aber heute können sie kaum den Schluß der Messe abwarten. Gleich den anderen verläßt Hanja sofort nach dem Schlußsegen, den sie sich nicht entgehen lassen will, die Kirche und fiebert unten an der Treppe der Trägerin ihres neuen Kleides, ihrer neuen Schuhe entgegen.

An Ort und Stelle will sie probieren, setzt den Fuß auf die unterste Stufe. Der Schuh paßt: Seine ehemalige Besitzerin muß barfuß nachhause laufen.

Das große Bild, das den heiligen Martin darstellt, wie er gibt, anstatt zu nehmen, wird schließlich zum Ärgernis, und die Polen verhängen es eines Tages mit einem säuberlich gefälteten, hellblauen Vorhang.

Nach und nach getrauen sich die Eisersdorfer kaum noch in ihre Kirche, vor allem, seit der Pfarrer immer mehr von einem neuen verdrängt wird, der den guten Meßwein entdeckt hat und ihm fröhlich zuspricht. Menschliche Schwächen, wer zeigte sie nicht, besonders, wenn er in ein Land kommt, das trotz aller Zerstörungen und Plünderungen im Verhältnis zum eigenen noch immer reich ist.

Hanja sitzt im geräumigen Eßzimmer und betrachtet stolz, was sie zusammengetragen hat. Sie sonnt sich in ihrem neuen Reichtum, während sie auf den schön gedeckten Tisch blickt, auf die Damastdecke, das Porzellan, die Kristallgläser, das Silberbesteck. Das Kind steht unter dem Türrahmen und schaut auf das lebendige Spielzeug, welches Hanja von einem ihrer nächtlichen Besuche mitgebracht hat: Ein kleines zitterndes Hündchen, das mitten auf dem Tisch hockt. Da und dort zeigen feuchte Flecke an, daß es noch nicht stubenrein ist. Auch auf dem Teppich sind viele dunkle Spuren zu sehen.

»Bringen Sie es doch zurück«, bittet das Kind. »Mutter hat gesagt, daß es noch zu klein ist und ohne seine Mutter sterben muß. Wie es zittert und weint!«

Drüben auf dem Sofa sieht das Kind seine Puppe sitzen. Stumm und starr thront sie auf den seidenen Kissen und würdigt Hanja keines Blickes. Hanja wollte das Puppenkind unbedingt haben und hat es sich einfach aus dem Wagen geholt. Ab und zu geht das Kind hinunter, um nach ihm zu sehen, und kämpft mit den Tränen.

Hanja ist doch viel zu groß für eine Puppe, denkt es. Wenigstens hat sie ihm nicht die kleinere weggenommen, auf die man sorgfältig achtgeben muß, seit sie das Loch im Kopf hatte und in der Breslauer Puppenklinik gewesen ist. Auch der Hampelmann mit dem traurigen Gesicht würde das Leben bei ihr nicht ertragen können.

Mutter hat erklärt, daß Hanja, als sie ein kleines Mädchen war, nie so eine schöne Puppe besessen hat. Deshalb solle man sie ihr gönnen. Sie wird sie wiedergeben, hat sie versprochen.

Das jammervolle Piepsen des Hündchens lenkt das Kind von seinen Gedanken ab.

»Bringen Sie es doch zurück, es muß sonst sterben«, fleht das Kind noch einmal.

»Gut, gut«, verspricht Hanja, »heute abend bestimmt!«

Sie sieht ein, daß sie mit dem hilflosen Tier sowieso nicht viel anfangen kann und entschließt sich, dem hartnäckigen Bitten ausnahmsweise nachzugeben.

Der Blick des Kindes fällt auf einen herrlichen, drei-armigen Silberleuchter, der drüben vom Schloß stammt.

Gestern ist das gewesen, als es, hinter den Haselbüschen verborgen, den Triumphzug auf der Dorfstraße beobachten konnte. Ein Rutengänger hatte den Platz im Park entdeckt, wo eine eisenbeschlagene Truhe vergraben worden war. Schätze über Schätze! Der Bürgermeister schritt voran, trug den vergoldeten Teller hoch über dem Kopf wie eine Sonne. Ein Funkeln und Blitzen auch in den begehrlichen Augen.

Es folgten Hanja und andere Amtspersonen, die übermütig das Tafelsilber schwenkten, silberne Leuchter und Tabletts, kristallene Schalen, kostbaren Schmuck. Ein silbriges Blitzen, wie mittags auf den unruhigen Wellen der Biele. Zum Schluß die Truhe, an der zwei Männer schwer zu schleppen hatten!

Unter der Erde dieses Landes lag noch vieles verborgen. Gründliches Suchen und Graben würde zutage befördern, was die Russen in ihrer unüberlegten Hast übersehen hatten. Andernorts dachte man bereits an Goldzähne. Gold! Gold!

Mutter hat das Silberbesteck beizeiten herausgerückt. Unseren Platz finden sie nie! denkt das Kind. Mutter hat ihn gut ausgewählt, eines Nachts, als weder Mond noch Sterne etwas verraten konnten.

Bei uns werden sie all das nicht vermuten, meinte sie.

Nur kein Wort, keine Andeutung, keinen Blick, die verraten könnten, was man weiß.

Nicht einmal daran denken!

Vorsichtig zieht sich das Kind zurück, läuft hinaus in

den Garten und setzt sich in der Nähe des Kellerfensters nieder, aus dem angenehme Kühle aufsteigt.

Das mit dem Keller war vorige Woche.

Schweißnasse, geschwärzte Gesichter, Kohlenstaub zwischen den Zähnen und wie schwarze Punkte die Poren der Haut. Die Rücken gekrümmt und abends steif vor Schmerzen. Das Kratzen der Schaufeln auf dem rauhen Zementboden, ohne Pause, Stunde um Stunde. Dreißig Zentner Koks an einem einzigen Tag aus dem Keller zu schippen, ist keine Kleinigkeit für ein paar Frauen.

Zuerst sagte Mutter, an einem Tage wäre das nicht zu schaffen. Aber der Pole mit dem Messer in der Stimme duldete keine Widerrede.

»Entweder — oder!« übersetzte Hanja.

Nur nicht aus dem Hause verjagt werden!

Mutter und Tante fingen sofort an zu schaufeln, das Kind holte Hilfe. Frau Weber kam gleich. Immer ist sie da, wenn man sie braucht. Eine der Flüchtlingsfrauen eilte aus dem Schloß herbei. Zu Böhms zu gehen getraute sich das Kind nicht, denn die Polin, die dort wohnte, machte sich vor dem Hause zu schaffen.

Die ganze Zeit über stand Hanjas Verlobter vor den arbeitenden Frauen, trieb sie mit seiner messerscharfen Stimme zu größerer Eile an und lächelte eisig, wenn nur eine kurz aufschaute.

»Wir sind immer gut zu euch gewesen«, übersetzte Hanja mit einem gefährlichen Unterton, »aber wir können auch anders sein.«

Und sie beugten ihre Rücken tiefer und immer tiefer,

je später es wurde. Im Wettlauf mit der Uhr trugen sie den riesigen Koksberg ab, der fast den ganzen Kellerraum füllte, langsam absackte und kaum merklich kleiner wurde.

Immer, wenn das Kind hinauflief, um eine Stärkung zu holen, stempelten sich seine kleinen Fußtritte schwarz auf die Treppenstufen. Kurz vor Mitternacht war es geschafft. Schweißüberströmt und staubbedeckt, die verklebten Haarsträhnen in den Gesichtern, krochen sie die Kellertreppe hinauf und blieben erschöpft auf den Stufen sitzen.

Ein Lastauto fuhr über den Kiesweg, hielt vor dem Hause. Ein kurzes Hupen.

»Schnell weg, los, los!« schrie Hanja.

Der Pole rannte in nervöser Hast zur Haustür, während sich die Frauen mühsam aufrappelten und verschwanden. Große Säcke wurden in den Keller geschleppt, schnell und beinahe geräuschlos, dann brauste das Auto davon.

In aller Frühe, während oben alle noch ganz zerschlagen in ihren Betten lagen, hörte man wieder Motorengeräusch. Die Säcke wurden aus dem Keller getragen und eilig abtransportiert. Wenig später polterte Hanja die Treppe herauf, donnerte gegen die Türen und trieb zur Eile an.

Der Koks muß in den Keller zurück, er kann nicht draußen liegenbleiben.

Noch einmal die Plage, dreißig Zentner durch das enge Kellerfenster zu schaufeln, und nach jedem Schaufeln, beinahe noch dreißig Zentner, und die Rücken schmerzen so von gestern, nun vielleicht noch neunundzwanzig oder achtundzwanzigeinhalb, und die schlappen Arme versagen bereits jetzt ihren Dienst.

Abends ist es dennoch geschafft! Und zuletzt noch den schwarzen Staub zusammenkehren, damit der Rasen nicht verdirbt, denn so etwas mag Hanja nicht. Daß ja kein Brocken übrigbleibt! Ordnung muß sein!

Die große graue Fläche rings um das Kellerfenster hat einen dunklen Fleck im Gedächtnis des Kindes verursacht. Noch heute schmerzen Rücken und Arme, und das alles wegen einiger Säcke, wegen einer einzigen Nacht!

Eine dunkle Limousine fährt durch das Gartentor. Zwei schwarz gekleidete Männer steigen aus und nähern sich dem Hause. In ihrer Mitte geht ein großer Mann, schaut flüchtig zum Kammerfenster herauf und blickt wieder geradeaus. Er sieht aus wie — —. Nein, er kann es nicht sein! — Onkel Franz?

Noch einmal schaut er herauf, hebt die Hand und winkt. Verwirrt winkt das Kind zurück, schließt die Augen, preßt sie fest zusammen, verjagt den Traum und öffnet sie schnell wieder. Onkel Franz ist noch da. Eben setzt er den Fuß auf die Stufen und verschwindet mit den Männern hinter der Haustür. Ach, wenn er es wirklich wäre!

Jetzt hört man Mutter rufen, eine Stimme antwortet: Der dunkle, warme Baß, an dem man Onkel Franz erkennt.

Er ist es!

Das Kind stürmt die Treppen hinunter, fliegt in seine

Arme. Er hebt es zu sich empor, ganz dicht vor die vertraute Landschaft mit Hügeln, Tälern und Furchen, den zwei leuchtenden Seen unter hellen Buschreihen. Sein Gesicht ist heute ernst, aber in den Augenwinkeln verraten feine Verästelungen, wie oft ein Lächeln darüberhin gezogen ist. Nach einem herzlichen Kuß und: So ein großes Mädchen bist du geworden? läßt er es auf den Boden zurückgleiten. Wenig Zeit für Zärtlichkeiten und kein Gedanke an eine lustige Geschichte, heute, wo der Anlaß des Kommens so ernst und gewichtig ist.

Die Polen neben ihm haben weder Zeit noch Lust, länger zu warten, der eine ist ein hoher geistlicher Würdenträger, der andere sein Dolmetscher. Man will sogleich zur Sache kommen. Wie aus sicherer Quelle verlautet, befinden sich im Hause geraubte Kirchenschätze aus der ehemaligen Provinz Posen, die von unvorstellbarem Wert sein sollen. Bei der Übernahme des Oberhospitals in Neisse war davon die Rede gewesen. Onkel Franz hatte zufällig ein paar Namen gehört und so lange gebeten, als Begleiter und Wegweiser mitfahren zu können, bis es ihm erlaubt worden war.

Mutter ist blaß geworden. Sie führt die Männer mit schweren Schritten auf den Dachboden hinauf. Hanja und ihr Verlobter folgen mit triumphierendem Lächeln. Das Kind hastet erschrocken hinterher.

Oben stehen Kisten aus Grootmanns Besitz, die meisten sind noch verschlossen, aber man sieht, daß sie verrückt worden sind, daß Spuren im Staube verlaufen. Ein paar Hammerschläge, die Deckel fliegen auf.

Unruhige Herzschläge beim Rascheln des Papiers und

der Holzwolle, beim Berühren des kühlen Porzellans. Kein Aufatmen, bevor nicht die letzten Kisten durchsucht sind. Im Rücken den stechenden Blick von Hanjas Begleiter, das höhnische Grinsen, von dem man feuchte Hände bekommt.

Endlich ist es so weit. Unter dem erstaunten Ausruf der anderen beugt sich der Priester hinunter und hebt eine goldene Monstranz aus dem Dunkel der Kiste. Es folgen Kelche, Patenen, kostbare, edelsteinverzierte Reliquiare.

Das Kind zwängt sich zwischen den Erwachsenen durch und steht mit sprachlosem Erstaunen vor den Schätzen. Auch Mutters Gesicht verrät maßlose Überraschung. Währenddessen versucht Onkel Franz noch einmal, dem Dolmetscher zu erklären, wem die Kisten gehört haben und daß seine Schwester nichts damit zu tun hat.

Hanjas Verlobter ist inzwischen vorgetreten. Mit heftigen Worten scheint er sich anzubieten, die Miliz zu holen. Unbeirrt legt der Priester Stück um Stück ehrfürchtig in die Kisten zurück. Schließlich wischt er mit einer unwilligen Handbewegung die eiskalte Stimme weg und schüttelt verneinend den Kopf. Der Dolmetscher sagt zu Onkel Franz:

»Wir glauben Ihnen, daß Ihre Schwester nichts damit zu tun hat. Außerdem ist auf einem der Holzdeckel noch Grootmanns Name zu entziffern und nicht völlig unkenntlich gemacht, nur die Anschrift ist die gleiche. Der hochwürdige Herr Prälat meint, es sei Gottes Fügung, daß Sie uns ausgerechnet begegnet sind, um Ihre Verwandten vor dem schrecklichen Verdacht des Kirchenraubes retten zu können.«

Ärgerlich wendet sich Hanjas Verlobter ab, als sie ihm den Inhalt der Worte flüsternd übersetzt. Während er und der Dolmetscher die Kisten in das Auto bringen müssen, gesteht der Prälat den beiden Geschwistern eine kurze Unterhaltung zu, während der er sich in den Garten zurückzieht.

Mutter ist noch ganz verwirrt, nur langsam faßt sie sich. Anstelle von Tante Lena, die jetzt täglich mit der Spitzhacke im Steinbruch schwer arbeiten muß, berichtet sie dem Onkel kurz von der geglückten Irrfahrt seiner drei Töchter, die in Niederösterreich inzwischen in Sicherheit sind. Er erzählt daraufhin in raschen Worten von seiner Familie und flüsternd von den gräßlichen Verstümmelungen und dem bestialischen Ende der alten Klosterschwester, die, das Oberhospital bewachend, der Invasion der Russen zum Opfer gefallen war.

Ein kurzes Hupen, Onkel Franz muß aufbrechen. Eine rasche Umarmung, ein Händedruck, er steigt ins Auto. Auch der Priester reicht Mutter die Hand und sagt ein paar Worte, die der Dolmetscher wieder übersetzt:

»Sie waren in großer Gefahr! Danken Sie nicht mir, sondern Gott, er hat Sie gerettet.«

Erst jetzt, als sich der Wagen längst entfernt hat, verlassen die Mutter die Kräfte. Sie setzt sich auf den Treppenstufen nieder und drückt zitternd ihr Kind an sich. Es ist die Stunde, zu der sich von den Bergen der Wind aufmacht, wie mit Flügelschlägen die Blätter des wilden Weins an der Giebelseite des Hauses bewegt und den Geruch der Wälder ins Tal trägt.

Wenn man abends mit geschlossenen Augen und gleichmäßig atmend im Bett liegt, so glauben die Erwachsenen immer, man würde schlafen. Schlafen, obwohl die Türen des Hauses nichts mehr taugen und man beständig auf der Hut sein muß. Man liegt da und schläft und hat doch die Ohren offen und hört das Murmeln der Erwachsenen und den Brunnen vor dem Haus.

Man liegt da und schläft, hat die Augen geschlossen, wie es sich um diese Stunde gehört, und sieht doch genau, was geschehen ist.

Es ist ganz so, wie Onkel Franz gesagt hat.

Von seinem Hause stehen nur noch die Giebelwand und der Schornstein. Die Wand ist rauchgeschwärzt, aber man erkennt die Stelle wieder, an der das Foto entstanden ist: Das Brautpaar und die jüngeren Schwestern der Braut mit den pastellfarbenen, langen Kleidern und den Blumenkränzen im Haar. Auch die Kinderhochzeit wurde einige Jahre später genau an dieser Stelle aufgenommen. Daß dem kleinen Jungen dabei Vaters schwarzer Zylinder ins Gesicht rutschte, ist nicht so lächerlich wie die Tatsache, daß er auf einem Fußbänkchen steht, damit er der Braut wenigstens bis zur Nasenspitze reicht. Man war viel zu sehr mit dem Schleier beschäftigt, um zu bemerken, daß das Tuch nicht richtig über das Bänkchen gebreitet war. — Die meisten Fotos sollen verbrannt sein.

Das Seltsame ist, daß die Innenwand des Hauses jetzt auch im Freien steht. Die Reste der Tapete sind schon vom Regen verwaschen und von der Sonne ausgebleicht.

Das hatte man sich immer einmal gewünscht; ein Zimmer im Freien mit dem Himmel als Dach.

Kinder haben solche verrückte Ideen, sagen die Erwachsenen, und höchstens noch Herr Weber.

Aber nachts, wenn es kalt wird und Regenwolken Mond und Sterne verdecken, dann weint man doch, wenn das schön ausgedachte Spiel nicht zu Ende geht.

Da liegen Onkel Franz, Tante Frieda, die drei Jüngsten und der Hund in der einzigen Ecke, die das Haus noch hat und versuchen einzuschlafen.

Genau dort stand früher das Tischchen mit dem Radio. Täglich zu einer bestimmten Stunde verschwand damals Onkel Franz unter einer dicken Wolldecke, um den englischen Sender zu hören, damit er erfuhr, was wirklich draußen in der Welt geschah. Das sah immer zu komisch aus. Er schickte zuvor jedesmal zwei seiner Kinder hinaus. Die mußten beobachten, ob etwa ein Verdächtiger auf der Straße hin und her ging, der ihn abhören und verraten konnte.

Jetzt liegen sie da und warten, bis die Russen gröhlend durch den Garten gezogen sind und den leeren Hühnerstall und die Waschküche kontrolliert haben. Kein Rascheln und kein Husten verraten, wer sich in den Ruinen versteckt hält. Auch der Hund gibt keinen Laut. Schon während der Flucht hat er begriffen, wann er still sein muß. Onkel Franz hatte immer kluge Hunde.

Die Nacht wird noch kälter, seit der Wind gedreht hat und in die einzige Ecke des Hauses bläst. Onkel Franz spürt wieder seine bekannte innere Unruhe, und er rüttelt die anderen, die vor Erschöpfung bereits eingeschlafen sind, noch einmal wach. Mit letzter Kraft raffen sie sich auf und ziehen mit ihrem Fluchtgepäck in die Waschküche um, die für den Rest der Nacht vor den Russen sicher sein wird.

Um Mitternacht schrecken alle von einem furchtbaren Getöse aus dem Halbschlaf auf. Sie rennen hinaus: Ein Stück der Hauswand ist eingestürzt. Staub steigt aus dem Schutt auf, genau von der Stelle, wo sie vorher gelegen haben.

Onkel Franz kann wirklich alles. Er bemerkt auch immer genau, wann ihm sein Schutzengel winkt. Beim Ernteeinsatz ist das ebenfalls so gewesen.

Damals mußten die Deutschen in die verminten Felder und das Korn schneiden.

Onkel Franz hat an einer bestimmten Stelle zu bleiben und die Abfahrt der Erntewagen zu leiten. Stunde um Stunde steht er da und hat nicht einmal Zeit, sich den Schweiß von der Stirn zu wischen. Wegen seiner Kopfverletzung aus dem Krieg soll er sich gar nicht so lange in der brütenden Sonnenhitze aufhalten. Aber das kümmert niemanden.

Endlich, als die Sonne bereits untergegangen ist, darf er gehen. Er taumelt ein wenig, und als er haltsuchend um sich blickt, entdeckt er, daß er auf einer Tellermine steht, den Fuß nur wenige Zentimeter vom Auslöser entfernt. Mit einem Schlage hellwach, verlagert er vorsichtig das Gewicht und tritt dann langsam beiseite. Er gibt im Weiterlaufen Zeichen, schreit und deutet auf die Stelle im Feld, aber der Pole, der den letzten Wagen lenkt, treibt lachend die Pferde an, jagt sie, um ihn zu erschrecken, auf ihn zu, bis die Explosion den Mann, die Pferde und den Wagen zerreißt und alles im auflodernden Feuer zerstiebt. Das ist schrecklich! Wenn alle die gleiche Sprache hätten, wäre das nicht passiert.

Manche Leute sagen, daß es keinen Schutzengel gibt. Die sollen nur Onkel Franz fragen, der kann es ihnen genau erklären. Er weiß ja so viel, er löst die schwierigsten Rechenaufgaben und repariert spielend jeden Wasserhahn. Man kann sich in allem auf ihn verlassen und bekommt ein richtig sicheres Gefühl, wenn man an ihn denkt.

Ein Glück, daß er dagewesen ist! Das haben Mutter und Tante auch gesagt.

Wenn unten die Haustüre nicht wäre, dann könnte man jetzt richtig schlafen. So aber muß man immer die Ohren offenhalten, denn manchmal poltert jemand dagegen. Neulich, als der Russe kam, wickelte sich Hanja sogleich einen dicken Wollschal um den Hals, öffnete die Wohnzimmertüre eine Handbreit und rief, sie habe Angina. Vor dieser Krankheit fürchten sich die Russen bekanntlich am allermeisten. Und so kam er herauf, machte sich's in der Küche bequem, aß und trank und sah sich bis spät in die Nacht Bilderbücher an. Vor Müdigkeit schlief ich aber ein.

Mutter muß mich dann ins Bett herübergetragen haben.

Mit einem Stoß wurde die Schlafzimmertür aufgerissen, der Russe stieß die beiden Frauen grob herein. In dem Augenblick begann das Kind zu schreien. Es schrie, schrie in wilder Verzweiflung, und der Schrei nahm kein Ende.

Verstummte auch nicht, als der Russe der Mutter einen Schlag versetzte, die Tante so gegen den Schrank schmetterte, daß die Tür aufsprang und er das Kind anbrüllte. Der Schrei blieb, durchdrang das Haus, durchstieß die Mauern, den schweigenden Garten. Der Schrei war unerträglich, aber der Russe wußte, daß er ihn höchstens erwürgen konnte, wenn er ihn zum Schweigen bringen wollte. Doch er wollte dem Kind nichts tun, denn es hatte sein Brot mit ihm geteilt. Deshalb zog er sich fluchend zurück.

Wenn man sich doch erinnern könnte! Mutter erzählt, daß ich es war, die so geschrien hat. Das ist gut möglich. Ich hätte es jedenfalls so machen wollen. Aber ich kann mich nicht mehr erinnern. Doch in der Küche kann man erkennen, daß sich etwas abgespielt hat. Der große dunkle Fleck auf dem Fußboden stammt von dem Tintenfaß, das der Russe in seiner Wut gegen die Tür geschleudert hatte, als es Mutter und Tante gelungen war, ihm den Schlüssel wieder zu entwinden, die Tür zu öffnen und einen Fluchtversuch zu unternehmen.

Man muß immer mit einem Ohr auf die Geräusche unten achten und nur so vorsichtig schlafen, daß für alle Fälle ein Schrei wachbleibt.

Die Augen geschlossen halten, die Bilder zerrinnen jetzt, werden lang und breit, wie wenn das Wasser der Biele darüberfließt. Und der Brunnen! Der Brunnen vor dem Hause! Dorthinein tauchen die Bilder.

Und jetzt schlafen!

Dünnwandiger Schlaf! Wie müde die Augen und wie
schwer die Glieder!

Bis auf das Ohr!

Wenn man gleichmäßig atmet und die Augen schließt,
dann schläft man endlich, sagen die Erwachsenen.

Hanja hatte sich inzwischen für die Hochzeit eine voll-
ständige Aussteuer zusammengeholt. Das meiste fand
sie im Hause, jedoch waren die vorhandenen Schlafzim-
mermöbel nicht nach ihrem Geschmack. Das gab eine Rennerei von Haus zu Haus, bis sie die richtigen gefunden
hatte. Auch das Brautkleid hing nicht gerade im nächsten
Schrank. Endlich eroberte sie mit Hilfe ihres Verlobten
eines in Rengersdorf. Es war aus derselben Spitze, die sie
sich erträumt hatte und paßte wie angegossen. Nur die
Länge mußte Mutter etwas korrigieren. Sie mußte ihr
auch zeigen, wie man die Hochzeitstafel am besten und
am schönsten decken konnte. Dazu wurden eigens ein
paar Tische aus dem Gasthaus herbeigeschafft und mit
feinen Damasttüchern, Mutters Geschirr und Silber gedeckt. Die Hufeisenform imponierte Hanja. Am meisten
begeisterte sie aber die Schiebewand. Zehnmal am Tage
versenkte sie die Harmonikatüren und verwandelte die
beiden Zimmer in einen kleinen Festsaal. Wie würden
ihre Gäste staunen!

Vieles gab es zu bedenken, anzuordnen und zu überwachen. Mutter und ein ganzer Stab Frauen würden in
der Küche stehen und für dreißig Gäste braten, kochen
und backen. An diese Hochzeit sollten sich alle erinnern,
so lange sie lebten. Wenn die schöne Hanja heiratete, war

das ein Ereignis, das mit allem Drum und Dran gefeiert werden mußte. Der Bürgermeister würde zu Gast sein, dieses Mal selbstverständlich ohne die schwarze Strumpfmaske vor dem Gesicht.

Schon reisten die Verwandten an. Sie kamen aus Ostpolen und wollten von nun an hier wohnen. Da waren zunächst Hanjas Brüder, der eine mit einem richtigen Galgenvogelgesicht, der andere mit Augen, die einen nicht anschauen konnten. Nur Hanjas Mutter hatte etwas Bescheidenes und Freundliches an sich, das die Mutter rührte. Sie betrat mit solcher Demut das Haus, das ihre Tochter sich angeeignet hatte, und jeder Blick bat Mutter dafür stumm um Verzeihung. Sobald das Kind die Treppe herunterkam, stand sie, wenn Hanja es nicht sehen konnte, unter der Küchentür und winkte es mit ihrem milden, zahnlosen Lächeln herbei. Dann reichte sie ihm einen Becher voll Milch. Das erste Mal war das Kind ängstlich davongelaufen, aber die Mutter hatte es beruhigt und ihm erklärt, daß die Milch ganz bestimmt einwandfrei sei und die alte Polin ihm nichts tun wolle.

Das bekümmerte Gesicht der alten Frau, die Unsicherheit, mit der sie sich auf dem spiegelnden Parkett in den Zimmern und auf den glatten Böden in Küche und Bad bewegte, ihre Hilflosigkeit, mit der sie moderne Haushaltsgeräte anfaßte, ihre Angst vor dem Elektroherd, all ihre Bewegungen verrieten, wie fremd sie sich vorkam und daß sie sich nicht berechtigt fühlte, in diesem Hause zu wohnen. Auf dem gestampften Lehmboden daheim hatte sie mehr Sicherheit unter den Füßen verspürt. Doch die Russen hatten sie von dort vertrieben. Wer mochte sich nun in ihrer Hütte breitgemacht haben? Oft stand sie versonnen am Fenster und es sah so aus, als blicke sie dorthin zurück.

Hanja ärgerte sich, daß ihre Mutter noch immer am liebsten in ihrem langen, schwarzen Rock umherging und ein Kopftuch umgebunden hatte. Zur Hochzeit mußte sie tüchtig herausgeputzt werden. Die Brüder waren viel leichter in die eleganten Anzüge geschlüpft, als die alte Frau in Mutters Abendkleid. Sie sah zu komisch darin aus.

Hanja war schrecklich nervös und sorgte sich, ob alles klappen würde. Zum wiederholten Male mußte ihr Mutter zeigen, wie sie die Füße zu setzen, wie den Strauß zu halten habe, damit es am wirkungsvollsten sei. Schließlich wurde es Zeit, in die Kirche zu gehen. Erst jetzt bemerkte Hanja, daß ihr ein langes, weißes Unterkleid fehlte.

»Suchen, schnell suchen!« rief sie im bekannten Befehlston durchs Haus. Sie glaubte an die Unerschöpflichkeit seiner Bestände und hatte wieder einmal Glück. Der Pfarrer mußte zwar eine Zeitlang warten, aber schließlich konnte die Trauung doch stattfinden. Als das Paar zurückkam, empfing es die alte Frau an der Haustür mit Brot und Salz. Dabei rollten ihr Tränen über das runzelige Gesicht. Verwandte und Freunde drängten hinterher, gegenseitig strahlten sie sich bewundernd in ihrer gestohlenen Festtagskleidung an, und das Essen konnte beginnen.

In der Küche ging es seit Stunden hoch her. Außer den Deutschen waren noch zwei Polinnen gekommen, die für die polnischen Spezialitäten zuständig waren. Während der ganzen Zeit stand ein Pole beobachtend an der Tür, ließ die Frauen nicht aus den Augen und achtete darauf, daß jede Speise, die aufgetragen werden sollte, zunächst von ihnen selbst gekostet wurde. Den größten Anklang fand die berühmte Kuttelsuppe, von der sogleich ein ganzer Wecktopf voll gekocht worden war.

Das Kind schlüpfte manchmal unbemerkt aus der Küche und sah zu, wie drüben das Fest immer lauter und ausgelassener wurde. Den duftenden Gänsebraten mußte Mutter, auf einen unauffälligen Wink der Braut hin, schleunigst zurück in die Küche tragen. Weil der neue Direktor der Rengersdorfer Fabrik nun doch nicht erschienen war, fand Hanja, daß man diese Köstlichkeit für den engsten Kreis der Familie aufheben sollte. Als dann Berge von Geschirr in die Küche zurückgebracht wurden, kam Hanja persönlich in ihrem schönen Brautkleid herüber, raffte das ungewaschene Silberbesteck zusammen und verstaute es in einem ihrer Schränke, damit Mutter es nicht zurücknehmen konnte.

Inzwischen war die Hochzeitsgesellschaft immer lustiger geworden, eine kleine Kapelle spielte auf, und man benötigte Platz zum Tanzen. Nach und nach wurden die störenden Tische zum Fenster hinausgeworfen und blieben mit abgebrochenen Beinen an den Spalierbäumen hängen.

Nun begannen die Gäste, ihre Fröhlichkeit in Sekt und Wodka zu ertränken, erprobten auch ihre Kräfte an einigen Möbelstücken und ließen die leeren Gläser laut klirrend zerspringen. Einige waren bereits stark angetrunken und torkelten mit stieren Blicken umher.

Zu diesem Zeitpunkt nahm Frau Weber das übermüdete Kind an der Hand, brachte es zu sich nach Hause und legte es zu Else ins Bett. Mutter und Tante würden spät in der Nacht nachkommen, denn die eigenen Betten sollten von den Hochzeitsgästen besetzt werden.

Das Kind konnte nicht einschlafen, aus den offenen Fenstern des Hauses drang Musik und lautes Gelächter herüber. Ein wenig erzählte es Else von der Hochzeit. Sie wollte wissen, ob der Bräutigam Hanja oft in den Arm genommen und geküßt habe. Ja, geküßt hatte er sie und sogar ein Lied gesungen. Recht großartig sah er aus in schwarzem Anzug und Zylinder, die beide ebenfalls aus einem Rengersdorfer Haus stammten. Wenn nur sein Gesicht und seine Stimme nicht wären, beklagte sich das Kind.

Eigentlich war es schön, einmal im Nachbarhause zu schlafen, dicht an Else gekuschelt, die einem die kalten Füße wärmte, dachte es. Ursprünglich wollte es bei Böhms übernachten, aber dort war der Platz so eng, seit die ganze Familie im oberen Stockwerk wohnen, kochen und schlafen mußte. Alle übrigen Räume bewohnte eine Polin, die von allen im Dorf sehr gefürchtet wurde. Sie hielt die Keller- und Speicherschlüssel und somit alle Vorräte unter Verschluß. Wer immer von der Familie das Haus verlassen wollte, mußte sich bei ihr abmelden und sich ihr nach der Rückkehr wieder zeigen.

Frau Böhm wußte bald nicht mehr, wovon sie ihre große Familie ernähren sollte. Deshalb ging Barbara von Haus zu Haus und nähte für die Polinnen Kleider. Weil sie so geschickt darin war, bekam sie reichlich Arbeit, erhielt aber nur wenige Zlotys dafür. Herr Böhm wurde ungeduldig, weil er untätig herumsitzen und zusehen sollte, wie die Kinder des Dorfes nach und nach ohne Unterricht alles verlernten. Unruhig auf- und abgehend, hörte er verärgert zu, wie unten auf seinem Klavier herumgehämmert wurde. Um sich abzulenken, nahm er Bücher zur Hand und frischte seine Fremdsprachen auf. Zum Schreiben fehlte ihm die innere Ruhe. Ein paar Zlotys verdiente er auch, indem er Polen Sprachunterricht erteilte.

Ein Trost war, daß Barbara und Isolde wieder heil nach Hause gekommen waren.

Das Kind erinnert sich an die schreckliche Zeit, als beide mit anderen Mädchen des Dorfes fortziehen mußten und alle Eiersdorfer acht Tage lang um sie in größter Sorge und Ungewißheit waren.

Es war Ende September gewesen. Seit Tagen wurden im Bieletal die Kühe aus den Ställen gezerrt und in großen Herden über die Landstraßen getrieben. Eng aneinandergedrängt schaukelten die schweren Leiber nebeneinander her. Jammervoll klang das Brüllen der Tiere, die tagelang nicht gemolken worden waren. Mit prallen, entzündeten Eutern und aufgedunsenen Leibern quälten sie sich durch die Straßen, und manches der Tiere verendete elend im Straßengraben. Schließlich waren mehrere hundert Kühe auf dem Wirtschaftshof zusammengepfercht worden.

Als die Polen einsahen, daß auf diese Weise das Vieh unmöglich lebend nach Polen gebracht werden konnte, holten sie viele Eiersdorfer Frauen und Mädchen zum Melken auf den Freihof.

Auch Barbara und Isolde mußten mithelfen. Christian gelang es mehrere Male, mit einer vollen Milchkanne un-

bemerkt zu entkommen. Eines späten Nachmittags mußten die Kühe weitergetrieben werden. Die Mädchen sollten die riesige Herde bis Scheibe bei Glatz begleiten.

Als sie weder nachts noch anderntags zurückkehrten,
wurde allen klar, daß man ihnen etwas Falsches versprochen hatte. Würden sie je wiederkommen?

Am nächsten Morgen war das milde Herbstwetter zuende. Der Himmel war mit schweren Wolken verhängt
und es regnete unentwegt. Die Mädchen, die vor
dem Abmarsch nicht mehr in ihre Häuser zurück-
laufen durften, waren in ihren leichten Sommerkleidern
unterwegs. Wie Barbara und Isolde später erzählten, fro-
ren sie entsetzlich. Die durchweichten Kleider klebten am
Körper und die Nächte, die sie in Scheunen oder zwischen
den Tieren im Freien verbringen mußten, wollten kein
Ende nehmen.

Jene Mädchen, die den Polen gefällig waren, bekamen
eine trockene Unterkunft, Fleisch von der Kuh, die täglich
geschlachtet wurde, dazu Schnaps und allerlei Freundlich-
keiten. Jedoch gewannen sie nichts, sondern verloren die
Achtung der anderen.

Wer wie Barbara und Isolde standhaft blieb, erhielt
morgens ein Stück Brot und Milch dazu für den ganzen
Tag. Sie verloren an Kraft. Hunger, Kälte und Nässe,
dazu das Brüllen der verendenden Kühe im Ohr, die kot-
bedeckten Straßen, der endlose Regen und die qualvolle
Ungewißheit, ob sie je wieder frei kämen. Langsam verloren sie die Orientierung, denn die deutschen Ortsschilder
waren überall entfernt worden. Nach einer Woche, sie mußten kurz vor Breslau sein, wurden sie endlich entlassen.

Mit letzter Kraft machten sie sich auf den Rückweg. Mit wunden Füßen schleppten sie sich von einem Kilometerstein zum andern. Schließlich hielt ein Militärauto. Russen erbarmten sich und brachten sie in die Grafschaft zurück.

Vom Hause drüben drang noch immer der Lärm herüber, doch bemerkte das Kind, wie leise die Tür aufging, die Mutter hereintrat, sich liebevoll zu ihm niederbeugte und ihm den Gutenachtkuß gab. Jetzt, wo es alle in Sicherheit wußte, würde es endlich schlafen können.

Schlafen im kleinen Nachbarhaus, das bis unters Dach gefüllt war von Herrn Webers lustigen und phantastischen Geschichten.

Noch einmal tauchte das Gesicht des Nachbarn vor ihm auf. Es sah sein fröhliches Augenzwinkern und sein lockendes Winken. Fliegen! Ja, gemeinsam wie früher zum Fenster hinausschweben, über dem blauen Band der Biele dahingleiten, an Höhe gewinnen, die Wolkenwand durchstoßen, im blendenden Licht die Linien suchen, wo Erde, Meer und Himmel einander berühren.

Der Lärm versank, die betrunkenen Hochzeitsgäste lagen wie gelähmt am Boden. Der böse Mann, der Hanja im Arm hielt, blieb als kleiner, schwarzer Punkt zurück.

Jetzt war es still! Ganz still!

Das Kind vernahm nur noch die leise Musik aus der Brunnenstube.

Der Zaun glitzernd von Rauhreif, in Eisblüten verwandelt die vertrockneten Dolden des Wiesenkerbels, die Gräser wie blitzende Nadeln, kristallen die gestern noch dunklen Äste der Bäume, weiß leuchtend die blauschwarze Linie des Märzdorfer Waldes und der kalte Eissaum der Biele!

Weit offen stehen die Fenster und Türen des Hauses, damit der Nordwind kalte Frische hereinblasen kann. Seit drei Tagen ist das Haus beängstigend von einem brodelnden Geräusch erfüllt. Das Wasser in den Heizröhren kocht Tag und Nacht, schlägt in wildem Aufruhr gegen das erhitzte Metall, so daß man keine Ruhe findet. Unten im Heizraum glüht der Ofen. Schon ist der große Koksberg zusammengeschrumpft. Hanja überhört jede Warnung. Lachend schippt sie den Vorrat für zwei Winter in den rotglühenden Ofen oder zwingt andere es zu tun.

Der Kessel wird platzen, das Haus kann in Rauch und Flammen aufgehen. Das alles stört sie nicht. Sie genießt das Wunder, durch einen einzigen Ofen ein so großes Haus erwärmen zu können und im Winter luftige Sommerkleider zu tragen. Sie denkt nicht an das, was kommen wird. Sie will neuen Koks besorgen und muß doch wissen, daß keiner zu bekommen ist. Mutter versucht, ihr zu erklären, daß man mit Holz allein eine Dampfheizung nicht betreiben kann. Daß das Haus während des Winters eiskalt sein wird, will sie nicht hören. Nichts mag sie mehr hören, kein Wort, Schluß damit! Unwillig stampft sie mit den Füßen auf, die in hohen, roten Stiefeln stecken. Solch hübsche Stiefelchen wünschte sie sich immer schon. Vorgestern hat sie mitten auf der Straße eine Frau angehalten, sie ihr ausgezogen und in Strümpfen über den vereisten Weg heimgejagt.

Trotz der geöffneten Fenster hängt ein süßlicher Geruch im Hause. Seit einigen Wochen stehen Mutter und Tante fast unentwegt in der Waschküche und kochen im großen Waschkessel Rübensirup. Immer neue Wagenladungen voller Rüben werden herangefahren. Das Kind hilft beim Abladen und läßt sie über eine schiefe Ebene in den Keller hinabkollern. Hanja holt ein paar Frauen herbei, die ab und zu beim Putzen und Zerkleinern helfen müssen, damit ja keine Pause entsteht.

Eimer um Eimer füllt sich mit dem dunkelsüßen, zähflüssigen Saft. Er schmeckt so gut, daß Hanja und ihr Mann ihn nach Warschau verkaufen können und einen guten Erlös haben. Die Mutter selbst darf nichts davon behalten. Nur aus dem Sud, der ein wenig nach Erde schmeckt, kann sie ab und zu eine Speise bereiten.

Still für sich in einer Ecke sitzen, neben dem hohen Bücherregal, die Geschichten aus den Büchern vor sich abrollen lassen, beim bloßen Hinschauen wissen, in welchen Freunde sitzen und in welchen die bösen Unholde und Zaubergeister. Sie alle vor sich tanzen zu lassen, noch einmal denken, was sie gesagt haben, mit ihnen lachen und weinen, krank sein und wieder gesund werden, Abenteuer bestehen, in die Welt reisen und wissen, daß alles gut ausgehen wird. Und das alles geschieht, während draußen vor den Fenstern der Schnee fällt und sich vor dem Fensterbrett anhäuft. In den Büchern geht meistens alles gut aus, in der Wirklichkeit ist es nicht sicher.

Immer auf der Hut sein vor denen, die von der Straße hereinkommen, die Treppe heraufstürmen und einem wegnehmen, was ihnen gefällt.

Still für sich da sitzen, neben sich den Puppenwagen mit den kleineren Puppen und dem traurigen Hampelmann. Und ein Seufzer, weil die große Puppe immer noch unten bei Hanja auf dem Sofa sitzen muß. Vor sich die Spielkiste mit den Schätzen, den Bauklötzen, dem Kreisel, den Bällen, dem Kaleidoskop, den Buntstiften und dem alten Notizbuch. Und die beiden Säckchen nicht zu vergessen, das eine mit Tabak, das andere mit farbigen Murmeln. Die drei Märchenfiguren aus der Kiste nehmen, nachdenken und sich erinnern:

»Na so etwas, daß es das heutzutage noch gibt«, hatte Mutter erstaunt ausgerufen, als die beiden Cousinen mit einem unförmigen Paket aus Neisse angekommen waren. Und auf die neugierigen Blicke des Kindes hin hatte sie es mit dem Hinweis, daß darin eine Weihnachtsüberraschung stecke, weggetragen.

Daß es von der Tante aus dem Oberhospital geschickt worden war, konnte das Kind leicht erraten. Sie dachte sich immer für alle die schönsten Dinge aus und zauberte sie dann irgendwie in die Wirklichkeit.

Die Wirklichkeit, das war vor einem Jahr ein wunderschönes Knusperhaus aus Neisser Pfefferkuchen gewesen. Mit Schokoladen- und Zuckerguß sah es sehr verlockend aus. Eiszapfen aus weißem Zucker hingen vom Dach herunter, aus dem Schornstein stieg helle Zuckerwatte wie feiner Rauch auf. An den Fenstern zeigten sich die schönsten Eisblumen, die süß schmeckten. Dunkel erhoben sich im Hintergrund Pfefferkuchentannen; das Ställchen und der kleine Zaun waren aus Schokolade. Über allem lag weihnachtlich der weiße Zuckerschnee.

Das neue Jahr hatte bereits angefangen, als das Kind sich endlich entschließen konnte, mit dem Aufessen zu beginnen. Verena und Christian waren dazu eingeladen worden, und zunächst wurde die Rückwand des Häuschens abgeknabbert. Schließlich folgten an den anderen Tagen die Tannen und das Ställchen. Es gab Lücken im Schokoladenzaun und Löcher in den zuckrigen Fensterscheiben, und schließlich war das Hexenhäuschen ganz und gar verschwunden. Übrig blieben die bunt bemalten Märchenfiguren: Die Hexe, Hänsel und Gretel.

Jetzt hält das Kind die Figuren in der Hand und betrachtet sie nachdenklich. Nicht nur das Pfefferkuchenhaus ist verzehrt, die meisten Häuser in Neisse und anderswo sind auch nicht mehr da. Die hat der Krieg gefressen. Am traurigsten aber ist, daß niemand weiß, wo die Tante geblieben ist, die kurz vor Kriegsende mit den Kranken auf Treck gehen mußte.

So vieles ist schon verlorengegangen.

Was wird bleiben?

Beinahe wäre sogar Weihnachten in diesem Jahr ausgefallen. Obwohl man sich das nicht richtig vorstellen kann. Ohne Weihnachten kann doch kein neues Jahr beginnen.

Und wenn sie aus jedem Kalender drei Blätter herausreißen würden, bleibt dann das Fest nicht trotzdem bestehen?

Man kann keine Lücke in die Zeit reißen.

Weil die Deutschen schlecht seien, haben die Polen gesagt, dürften sie Weihnachten nicht feiern. Vor allem bekämen sie keine Christbäume. Die seien strengstens verboten.

Bei Böhms war aus diesem Grunde schon am 23. Dezember heimlich Weihnachten. In einem Sack gelang es ihnen, eine kleine Tanne in das obere Stockwerk zu schmuggeln. Ganz heimlich haben sie bei verdunkeltem Fenster die Kerzen angezündet. Herr Böhm hat leise das Weihnachtsevangelium vorgelesen, und dann haben sie flüsternd ein paar Weihnachtslieder gesungen, immer mit einem Ohr an der Tür überprüfend, ob jemand die Treppe heraufkommt. Danach löschten sie eilig die Lichter, nahmen schnell den Schmuck vom Bäumchen wieder herunter, zerbrachen seine grünen frischen Zweige und steckten sie in den Ofen.

Hier im Hause war es besser. Gewiß hatte Hanjas Mutter gesagt, daß auch oben mindestens ein kleiner Tannenbaum stehen müsse. Sie hört ja auf die Stimme des lieben Gottes und weiß, daß er es nicht anders will.

Eigentlich war sowieso kein Platz für einen größeren Christbaum im oberen Stockwerk. Nachts stand er immer auf dem Küchentisch, tagsüber auf einem Brett, das Mutter quer über das Bett gelegt hatte. Einmal fiel er sogar um, ein paar der Kugeln zerbrachen, und das Silberlametta verwirrte sich.

Wir saßen eng beisammen und dachten nur an Weihnachten. Es gab keine Hetze und keine Aufregung wegen der Geschenke wie sonst immer, und Mutter mußte auch nicht immerfort aufstehen, um nach dem Karpfen, der Rosinentunke und der heißen Schokolade zu sehen. Freilich erinnerte sie auch einmal an die gute Gänsesülze, die es früher immer gegeben hatte, aber die Rennerei wegen des Gänsebratens, der Kartoffelklöße und des Rotkrauts am Ersten Feiertag gab es ebenfalls nicht. Trotzdem zog ein guter Duft durchs Haus, denn Mutter hatte für Hanja eine Menge Pfefferkuchen, Mohnstriezel und Streuselkuchen backen müssen, und ein wenig von allem hatte sie sogar behalten dürfen.

Der Teller mit dem Gebäck stand nun auf dem Tisch, und es schmeckte herrlich. Es war ja seit längerer Zeit das erste Mal, daß es wieder etwas Gutes zum Sattessen gab.

Abends, als die Kerzen am Baum und an der Krippe leuchteten und das kalte Zimmer ein wenig erwärmten, wußte man doch, daß richtig Weihnachten war.

Es war etwas ganz Besonderes im Zimmer, das man nicht erklären kann. Man fühlte sich irgendwie beobachtet, aber nicht auf die unangenehme Weise, wie wenn Hanja durchs Schlüsselloch späht. Alle spürten es, aber niemand wagte, etwas darüber zu sagen. Es war wunderschön und man kann gar nicht verstehen, warum Mutter Tränen in den Augen hatte. Tante Lena sagte daraufhin, daß man die Geschichte von Bethlehem erst ganz begreifen könne, wenn man so arm sei wie wir jetzt. Dann spürt man es und hört etwas von dem, was die Hirten auf dem

Felde vernommen haben. Sie muß also auch etwas bemerkt haben.

Schritte auf der Treppe! Nicht Hanjas herausforderndes Geklapper, das einen Befehl ankündigt, auch nicht das Poltern schwerer Stiefel, das jede Bewegung im Zimmer lähmt. Leichte Schritte, nachbarlich vertraut, die sich nähern, einen anlocken, die Tür zu öffnen.

Barbara tritt ein, nimmt das Kopftuch ab. Schneeflokken schmelzen auf ihrem Haar, verwandeln sich in kleine, durchsichtig schimmernde Perlen. Sie lächelt.

»Ein Brief ist angekommen«, sagt sie, holt ein Blatt aus ihrer Manteltasche, faltet es sorgsam auseinander, legt es auf den Tisch und fährt glättend mit der Hand darüber.

»Der einzige Weihnachtsbrief, der uns erreicht hat, denkt euch, der ist von Kosta.«

Sie beugen sich über das Papier, folgen mit den Augen den klaren Schriftzügen, während Barbara vorliest:

18. 12. 45

Guten Tag, meine Bekannte — Papa, Mama, Barbara, Isolde, Christian und Verena!!!

Heutiger Tag hab ich genug Zeit, um etwas Ihnen von sich zu berichten. Es ist schon zirka zwei Monate, wann wir das letzte Mal bei Euch gewesen sind. Dieses Datum, scheint es mir, kann ich niemals vergessen und wird es so bleiben. Wir alle vier, in Spitze Stefan, zu oft an Sie

erinnerten und viel gesprochen dazu an jene unvergeß-
lichen Tage und Abende, als die Zeit wie im Fluge ver-
ging. Wie froh und hübsch war damals. Zum nicht wenigen Mißfallen wohnen wir nicht zusammen an heutigen
Tag. Wir sind getrennt und wohnen voneinander zu weit.
Trotzdem alle drei baten mich, Euch im Brief begrüssen,
was ich heute ehrenhaft mache. Aber zum größten Weh
vermißt mir Worte und Sätze, die ich bei Schreibung
dieses Briefs gebrauchen wolte, daher bitte ich an Sie,
das es mir verzeien.

Papa, die Motive aus »Lorelei« hab ich nicht vergessen
und weiss ich es auswendig. Wir sind alle gesund und
froh, das wir allen Euch wünschen. Nach einiger Zeit
komme ich nach Hause. Von dort hoffe ich, ein Brief mit
Adresse Euch zu senden. Und Ihrerseits, Bitte um Sie,
ohne die Zeit zu verlieren, mir antworten und schreiben
mir dann ausführlich, ohne etwas zu versäumen. Meiner
Meinung nach wollen wir Briefverbindung mithalten.

Zur Beschließung zum Festtagen, zum Weihnachten,
das bald wird. Wünsche Euch dieses grosses Tag froh,
ohne Sorgen und vorbildlich zu verbring.

Gruß allen von Dschorsch, Stefan, Nicolai.

Großer Gruß von mir. Drücke allen Eure Hände. Wünsche Allen Gutes.

Kosta

»Wir werden den Brief aufheben, ihn zu den anderen
von den Brüdern legen«, meint Barbara, das Blatt zu-
sammenfaltend. »So müßte es sein, daß einer dem andern
wieder die Hand reicht, über das Grauen hinweg.«

Sie hat sich bereits den Mantel zugeknöpft und das Kopftuch umgebunden, denn sie darf die Zeit der Ausgangssperre nicht übertreten. Vor der Treppe wendet sie sich noch einmal zurück:

»Wieder dem trauen können, der vor der Tür steht! Kosta ist es, der auf solch eine Möglichkeit hoffen läßt. — Wenn er wüßte, was hier inzwischen geschehen ist und daß nach ihm keiner mehr gekommen ist. —

Deshalb, wißt Ihr, ist sein Brief so wichtig!«

Die letzten Worte wurden flüsternd gewechselt. Nun beugt sich Barbara über das Geländer, lauscht ins Treppenhaus hinunter, geht vorsichtig treppab und schlüpft, von den Polen unbemerkt, aus dem Haus.

Durchs Kammerfenster blickt ihr das Kind nach. Über den frisch gefallenen Schnee gelangt sie lautlos durch das Gartentor. Schneeflocken tanzen wirbelnd um sie herum, während sie heimgeht. Es dämmert. Aber ihre Spur bleibt noch eine Weile im Schnee sichtbar.

Eines Morgens im Januar läuft das Kind die Dorfstraße hinunter. Ein paar hundert Meter vor ihm balgen sich zwei Polenjungen im Schnee. In sicherer Entfernung bleibt das Kind stehen und wartet ab, bis die beiden genug haben, sich schreiend den Schnee von den Anzügen klopfen, die umgekippten Taschen auf die Schlitten laden und davonziehen. Dort wo sie miteinander gerauft haben, bleibt ein dunkler Punkt im Schnee zurück, der im Näherkommen größer wird.

Das Kind läuft jetzt schneller, bückt sich und hebt ein Brot von der Straße auf. Ein ganzes Brot, das die kalten Hände erwärmt, von dem ein wunderbarer Duft aufsteigt: Köstliche Verheißung für den Hunger. Das Wasser läuft ihm im Munde zusammen, während es ein kleines Stück der Rinde abbricht und davon kostet: Braun und hart wie die Erde im Sommer und dunkelgolden wie Korn kurz vor dem Schnitt.

Sattsein, einmal wieder, wie damals in der Mulde, mit Wolkenschiffen und den gebauschten Segeln des Himmels über sich. Und die Linien der Grannen verstehen, zwischen die man schreiben kann: Brot!

Aber das wußte man damals noch nicht. Dachte sich nichts bei dem Wort und bei der Geschichte, in der Fünftausend gesättigt wurden. Warum gibt Gott nicht mehr solches Brot? Denn es sind ja mehr als Fünftausend, die jetzt danach schreien und jeden Brosamen mehr achten würden als Gold und Silber.

»Du öffnest Deine milde Hand und erfüllest alles, was da lebt, mit Segen.«

Aber der Junge, der auf der Straße liegt und stirbt, er kann das Brot nicht nehmen aus der milden Hand. Und die Frauen sind davongezogen, ohne sich danach umzublicken.

Brot in der Hand, ofenwarm, frisch und duftend, daß man keinen anderen Gedanken richtig zuende denken kann.

Vielleicht haben es die Jungen gar nicht verloren?

Möglicherweise lag es schon vorher da und nur, weil sie satt waren, konnten sie es nicht erkennen.

Für die Satten deckt der Schnee ein weißes Tuch über die Erde, sie füllen es selbst mit ihren Schätzen. Den Hungrigen aber wird von jetzt an Manna vom Himmel geschickt.

So ist es doch schon einmal gewesen. Warum sollte es nicht wieder so sein?

Es ist nur, weil es so wunderbar duftet!

Unser Brot hatte früher einen ganz anderen Geruch, es schmeckte auch nicht so gut.

Vielleicht haben es die Jungen tatsächlich nicht verloren?

Oder es ist ihnen doch nur aus der Tasche gefallen?

Ich glaube schon, daß ich es mitnehmen darf. Die Jungen sind längst davongelaufen. Wir hatten so lange kein Brot. Zuhause werden sie sich freuen. Die Scheunen und Ställe des Dorfes sind leer, seit die Ernte abgeholt und das Vieh fortgetrieben wurde.

Jetzt schneit es wieder. Das Brot gleitet schwer und warm in den Beutel. Nachhausegehen! Die Wärme dringt durch den dünnen Stoff und tut dem Körper wohl, daß man die Kälte nicht mehr spürt.

Und wie es duftet! Die Flocken schmelzen, zergehen darauf wie Sternschnuppen.

Auf dem Dach des ungeheizten Hauses dagegen bleiben sie liegen und auch auf dem Zaun mit dem weißen Wintergitter.

Feuer! Es brennt! Rote Garben schießen in den Himmel, zersprühen im Dunkel!

Das Kind schreckt auf, öffnet verwirrt die Augen, zieht witternd in kurzen Stößen die Luft ein: Es riecht brandig!

Mit klopfendem Herzen aus dem Bett steigen, die Taschenlampe in die Hand nehmen, auf Suche gehen nach heimtückisch schwelendem Feuer. Am Haken hängt Mutters Mantel, rauchige Luft in seiner Umgebung.

Leise ins Treppenhaus hinauslauschen!

Nachtschwärze, kein rötlicher Schimmer! Aber der brenzlige Geruch bleibt in der Nase. Vorsichtig, damit die Dielen nicht knarren, den Fuß auf die Stufen setzen! Fuß vor Fuß! Die Bodentüre läßt sich lautlos öffnen, indem man sie ein wenig anhebt, Dunkel und staubige Luft, wenn man die Augen offenhält, Feuer und Brandgeruch, wenn man sie schließt!

Sorgfältig den Dachstuhl ableuchten, den Lichtstrahl über die Balken wandern lassen, sich zwischen den Kisten hindurchtasten, lauschen, ob es in den vertrockneten Sträußen zu knistern beginnt, die Dielen reihenweise überprüfen, die Hand über die gekalkte Mauer gleiten lassen, fühlen, ob Hitze durchschlägt. Kalter Hauch vor dem Mund, eisige Kälte, Frostschauer im Körper! Jetzt nicht nachgeben, bis der letzte Winkel beäugt ist! Die Müdigkeit friert weg. Hellwach feststellen, daß alles in Ordnung ist.

Die Bodentüre darf nie abgeschlossen werden, damit dahinter nicht auch Kerzen niederbrennen und das Haus in Brand setzen können. Das wird Hanja nicht tun, sagt Mutter. Sie ist viel zu stolz auf das Haus. Und so abgrundböse wie die andere ist sie nicht.

Man hätte gleich Verdacht schöpfen sollen, als plötzlich die Polin in Böhms Haus die Sachen ausräumen ließ. Den ganzen Tag über fuhren Wagen hin und her und transportierten Möbel und Kisten ab. Aber wer denkt schon an so etwas?

Abends die Schreie: »Es brennt! Feuer!«

Isoldes gellende Stimme oder auch Christians aufrüttelndes Trommeln an der Tür: »Helft!«

Während Mutter und Tante ihre Mäntel überwerfen und davonhasten, zitternd die Vorhänge beiseiteschieben: Hinter dem Nachbarhaus schießen rote Garben in den Himmel, zersprühen im Dunkel. Es brennt!

Irgendwo brennt es!

Bei Böhms nicht!

Das ist nicht wahr!

Der Schuppen neben dem Bahnhof wird es sein, muß es sein, obwohl er nicht direkt in der Luftlinie hinter dem Hause liegt. Aber in der Dunkelheit ist alles etwas verschoben. Da täuscht man sich leicht. Alles sieht dann so nah aus.

Das Nachbarhaus brennt nicht!

Es kann gar nicht brennen, denn es ist aus ganz festen Steinen erbaut.

Um den alten Holzschuppen ist es nicht weiter schade.

Warum so viele Leute durch den Nachbargarten rennen? Man kann sie nicht richtig erkennen. Wie Schatten irren sie hin und her.

Und Schreie von drüben!

Feuergarben schießen in den Himmel. Jetzt sind sie

schon viel größer und viel höher. Wind kommt auf, trägt Funken wie zerstiebende Wolken in die Nacht.

Das Fenster öffnen, damit man klarer sehen kann!

Eisige Kälte fällt ein und Brandgeruch und Schreie von drüben.

Jetzt schlagen aus den Dachluken Flammen heraus. Die Augen schließen, sie krampfhaft wieder öffnen:

Das Nachbarhaus brennt!

Von Schluchzen geschüttelt die Treppe hinunterjagen: Retten, helfen, machen, daß alles nicht wahr ist.

Hanjas Mutter streckt Fangarme aus, schüttelt den Kopf, schaut betrübt, schlägt das Kreuzzeichen über Stirn und Brust. Zurück zum Fenster!

Der Feuerschein ist schon viel heller. Oder kommt das daher, weil alles vor den Augen verschwimmt? Aus einem Fenster des oberen Stockwerks lodern bereits die Flammen. An den anderen Fenstern sieht man abwechselnd eine Gestalt: Barbara! Es werden Möbelstücke hinuntergeworfen, Betten von den Leuten unten aufgefangen.

Warum die Feuerwehr nicht endlich kommt?

Jetzt ist der Hof schon vom Feuerschein erhellt. Mutters Gestalt ist für einen Augenblick an der Pumpe zu erkennen. Ein Mann hebt einen Stock, prügelt auf sie los. »Mama! Mama!«

Mehrere Männer mit Stöcken treiben die Helfer vom Brunnen weg, schlagen auf sie ein. Nun ist es klar. Rechts auf dem Weg, vom Gebüsch halb verdeckt, steht die Feuerwehr. Langsam begreifen, daß sie nicht helfen darf. Gaffer haben sich angesammelt, johlen, treiben sie zurück.

Warum denn, mein Gott, warum?

Siehst du es nicht, hörst du es nicht?

Und hole Barbara aus dem Feuer!

Feuer! Nichts ist da, außer diesem Meer aus Feuer! Sein Schein breitet sich über den Schnee! Funkenheere ziehen durch die Nacht. Das Gerippe des Dachstuhls bricht dröhnend zusammen. Aus allen Fenstern des oberen Stockwerks schlagen die Flammen, lecken rechts und links davon über das Mauerwerk, fressen das Nachbarhaus in unersättlicher Gier.

Als nicht mehr viel zu retten ist, wird das Tor für die Feuerwehr geöffnet. Schläuche werden gelegt, angeschlossen. Der Wasserstrahl verzischt. Der Brunnen ist leer. Männer rennen auf unser Haus zu, rollen Schläuche ab, schließen sie an, pumpen und pumpen. Der Wind hat gedreht, treibt die Funkenheere gegen unser Haus, bläst sie auf dem Schneedach aus. Hanja schreit, irr vor Angst.

Spät in der Nacht kommen sie zurück, rauchig, mit geschwärzten Gesichtern, angesengten Augenbrauen. Das Feuer drüben ist zusammengesackt, flackert nur manchmal noch auf, schwelt in den eingestürzten Balken.

Schläft doch ein Feuer unter unserem Dach?

Weiß der Traum mehr als die überwachen Augen?

Noch einmal alles ableuchten, sich vergewissern. Vor Kälte zitternd schleicht das Kind zurück ins Bett. Die Decke über dem Gesicht, eingeigelt in der warmen Höhle, kann es die Bilder nicht abschütteln.

Was kam danach?

Ein Sonntagmorgen ohne den gewohnten Blick auf das

Nachbarhaus. Dann vielleicht der Besuch drüben im Schloß. Durch den dunklen Gang gehen mit zitternden Knien. Ins Zimmer treten mit allerlei nützlichen Dingen in den Händen.

Alle sind da, alle leben!

Erschreckter Blick in erschrockene Augen!

Frau Böhm liegt krank. Rauchvergiftung, sagen sie. Herrn Böhm haben sie eben zurückgebracht. Mit Spuren von Schlägen im Gesicht erhebt er sich mühsam. Sie haben ihn geschlagen. Verprügelt haben sie ihn, irgendwo dort, wohin sie ihn noch in der Nacht gebracht hatten. Er sagt nicht viel. Schweigen müssen alle, die von dort kommen. Aber angeklagt wird jeder, der dorthin kommt.

Er soll sein Haus selbst angezündet haben.

Wo jeder weiß, daß er nicht zuhause war, daß er erst heimrannte, als die Flammen bereits zum Dach herausschlugen, daß er die Familie aufschreckte, die unter dem brennenden Dach friedlich und ahnungslos beisammensaß.

Doch alle sind sie da, leben alle!

Christian und Verena mit erstickten Tränen, Isolde mit quälendem Husten. Den hat sie, seit sie am Silvesterabend die Stämme der Alleebäume bis zum Melling hinauf kalken mußte. Und Barbara? Sie kam unverletzt aus dem brennenden Haus. Irgend etwas hat sie sicher durch die Flammen geleitet und vor dem beißenden Qualm geschützt.

Daß sie singen konnte, nach der Brandnacht, sagen die Leute verwundert. Unbeschadet schwingt sich ihre Stimme durch das Kirchenschiff, macht sich los aus dem zugeschnürten Hals. Erlöst von dem schrecklichen Feuer schwebt sie hoch und klar durch den Raum, tröstet alle, die jeden Sonntag auf sie warten, öffnet die Ohren, daß sie den lieben Gott wieder hören können, und man kann deutlich erkennen, wie sich selbst die Figuren der Heiligen auf ihren steinernen Sockeln zu rühren beginnen.

Und was geschah noch an jenem Morgen im Januar?

Am Zaun stehen und hinüberblicken zur Ruine des Hauses. Die Räume im Erdgeschoß sind nicht alle ausgebrannt. Im Hof liegen viele Sachen, die Barbara zuletzt noch aus den Fenstern hinausgeworfen hat. Aber das Tor wird bewacht. Sie dürfen sich nichts holen. Nicht einmal einen Kochtopf. Auch nicht die Fotos und die Feldpostbriefe der Brüder, die im Schnee liegen und die der Wind über die spiegelnde Eisfläche des Hofes fegt.

Halb verdeckt hinüberblicken! Auf die verkohlten Balken, aus denen noch Rauch aufsteigt, auf die geschwärzten Mauern mit ihren Fensterhöhlen und darüber in die Leere. Dorthin, wo sie alle beisammensaßen zwischen vertrauten Wänden und Tapeten und Bildern. Die Luft ausfüllen mit den Möbeln und allen den Dingen, die zu ihnen gehörten, und sie selbst dazu denken, sie hin und hergehen lassen.

Der eisige Wind löscht sie aus.

Immer wieder der Blick ins Leere!

Ins Nichts!

Nur Rauch steigt auf. Dahinter erhebt sich der Akazienberg mit den Bäumen und ihren kahlen Ästen.

Nie wieder!

Noch einmal der Versuch: Sehen, wie Herr Böhm am

Schreibtisch sitzt, denken, es sei nur der Rauch aus seiner Pfeife. Frau Böhm und Barbara mit einer Näharbeit, die anderen, die Köpfe zusammensteckend, über ein Buch gebeugt.

Doch es gelingt nicht mehr. In der Leere bleiben die Bilder nicht hängen, fallen und fallen, wie du sie auch aufbauen magst.

Nie wieder, das weißt du, nie wieder!

Der gläserne Baum neben der Ruine ist in einem bösen Zauber gefangen. Das Löschwasser hat ihn beregnet und ist zu Eis gefroren. Erstarrt unter der Eishülle sind Äste und Zweige mit den schlafenden Knospen.

Baum, der nie wieder blühen wird!

Nie wieder der Griff nach seinen Blättern und Früchten! Baum, jetzt der schönste von allen, eisig glitzernd in der kalten Wintersonne, die ihn nicht erlösen kann.

Und davor der Zaun und das Tor und das Schild: Betreten verboten! So geht es mit Häusern und Gärten, die doch für immer hätten sein sollen.

Wer in diesen Tagen den Weg zum Schloß durch den Park nimmt, der trifft dort bestimmt den Wirtschafter mit ein paar Männern beim Holzfällen an. Es ist die einzige Möglichkeit, auf diese Weise größere Mengen Brennholz zu beschaffen, denn seit die vielen Ausgewiesenen und Flüchtlinge im Schloß Unterkunft gefunden haben, müssen sämtliche Räume geheizt werden. Das ist wegen ihrer Höhe beinahe unmöglich und verschlingt eine Unmenge

Holz. Großzügig gibt die Schloßherrin davon aber auch anderen Eisersdorfern, denn es ist verboten, im Walde welches zu schlagen. Außerdem ist es jedem, dem sein Leben lieb ist, viel zu gefährlich, sich heutzutage vom Dorf zu entfernen. Einige Polen holen sich ungefragt ebenfalls aus dem Park, was sie brauchen, bei vielen jedoch ist es Brauch, Zaunlatten, Dielenbretter, Zimmertüren und Möbelstücke zu verheizen.

Wer beim Wirtschafter stehenbleibt und bedauernd auf die umgestürzten Bäume weist, dem sagt er, daß wir alle vom Park bald sowieso nichts mehr hätten. Und er verbreitet ein solch haarsträubendes Gerücht, daß manche Leute böse werden, weil er so viel Unruhe und Angst aussät.

Was er erzählt, passe ins finstere Mittelalter, sagen einige. Damals seien auch die ärgsten Greuelmärchen erfunden worden, weil es keine Möglichkeit zur Information gegeben habe. Das sei heute wieder so, da doch seit Kriegsende niemand mehr ein Radio besitze und seither auch keine Zeitungen mehr erschienen seien. So wisse kein Mensch, was in der Welt eigentlich los sei.

»Geschehen in unserem Dorf und in seiner nächsten Umgebung nicht genügend entsetzliche Dinge, von denen wir früher in den schlimmsten Angstträumen nichts wußten? Erleben wir nicht mit eigenen Augen und am eigenen Leibe täglich den Beweis dafür, daß es Schreckliches gibt?« halten ein paar andere entgegen.

»Das menschliche Gehirn hat sich noch nichts Böses umsonst ausgedacht«, meint der Wirtschafter. »Irgendwann geht die böse Saat auf, und es folgt die Tat.«

Das könne nicht sein, widersprechen einige. Es kann einfach nicht wahr sein, daß man Menschen eines ganzen Landes aus ihrer Heimat vertreiben könne. Und schon gar nicht für immer. Selbst Einwohner von Orten, in denen Kämpfe tobten oder über die Naturkatastrophen hereinbrachen, kehrten immer wieder zurück, wenn alles vorüber war. Lawinen stürzen über Ortschaften, Vulkane gießen Lava über sie, Wassermassen ertränken und Feuersbrünste verwüsten sie. Aber das verheerte Land bleibt ihnen, und sie bauen es wieder auf. Auch wir werden wieder frei sein und mit dem Aufbau anfangen.

Im Februar jedoch beginnen die Eiersdorfer, an die Möglichkeit zu glauben, daß sie ihr Dorf ebenfalls verlassen müssen. Es sickern Berichte durch, nach denen die Vertreibung in allen ostdeutschen Ländern bereits durchgeführt werde. Jeder dürfe nur mitnehmen, was er selbst tragen könne, heißt es. Man überlegt, wägt sorgsam ab, sucht aus, packt ein, tauscht aus, packt von neuem, prüft das Gewicht.

Mutter näht aus dem groben Rupfen von Zuckersäcken große Rucksäcke und befestigt breite Trägergurte daran. Diese Rucksäcke erscheinen praktischer als Koffer, die sich nicht so leicht tragen lassen und zudem öfter abgenommen werden. Prall gefüllt stehen die Säcke jederzeit griffbereit in der Kammer.

Das Kind hat den Schulranzen mit seinen Schätzen gepackt und dazugestellt. Häufig räumt es ihn aus, packt ihn wieder ein und hält ihn nachdenklich in der Hand: Fortmüssen aus Eisersdorf? Aus diesem Hause, aus Großvaters gutem Hause? Niemals! Und wohin auch? Alle Häuser, in denen wir früher wohnten, sind zerstört.

Vom Park her dröhnen wieder Axthiebe. Ächzen dringt durch die klare Winterluft. Ein Knacken, Bewegung in den Ästen, eine Baumkrone senkt sich, fällt mit dumpfem Aufprall in den verharschten Schnee. Die Zweige der Nachbarbäume schnellen zurück. Schnee stäubt auf.

Zwischen die Männerstimmen scheinen sich die Rufe der Kinder zu mischen. Komm doch! Komm herüber! meint das Kind zu vernehmen. Jetzt hört es auch das Mittagsläuten von der nahen Kirche her.

Die Schule ist aus!

Wirf deinen Ranzen weg!

Vergiß, was du inzwischen gelernt hast! Komm in den Park! Es ist alles wie früher!

Der Schulranzen gleitet zu Boden. Unverwandt starrt das Kind auf die lichter gewordenen Baumgruppen, stützt sich auf das Fensterbrett und ruft hinaus:

»Ich komme gleich!«

Zwischen den Baumstämmen hindurch erblickt es das lustigbunte Gewimmel der Schlittenfahrer. Noch einmal das seltsame Gefühl, das es in der Magengrube spürt, wenn es den steilen Hang abwärtsfliegt. Unten steht Christian mit ausgebreiteten Armen und winkt. Weist in die grüne Ruhe unter den schattigen Bäumen. Und es ist Winter und Sommer zugleich. Am Teichgrund sind Seerosenblüten mit langen Stielen verankert, Sonnenblitze schießen über den Wasserspiegel. Unter wilden Heckenrosenbüschen schlafen Geschichten und Abenteuer, und bei den uralten Bäumen sind heimliche Schätze vergraben. Zwischen den Schatten sieht man das helle Haus von Böhms auftauchen, und dahinter erhebt sich der Berg mit den blühenden Akazien. Einen leichten Duft trägt der Wind herüber, während das fröhliche Schellen eines Pferdeschlittens erklingt.

Winter und Sommer zu gleicher Zeit, das gibt es nicht, denkt jetzt das Kind. Es muß sich getäuscht haben.

Üben zu sehen, was wirklich ist!

Bäume, die gefällt werden, wachsen nicht wieder fest!

Es gibt keine Spiele mehr drüben im Park, und der Akazienberg bleibt verschlossen.

Betreten verboten!

Und die Häuser sind nicht so fest gebaut, wie man früher einmal glaubte. Sie halten nicht stand, lassen jedermann ein, der gegen ihre Türen tritt und wissen nicht einmal, wem sie gehören.

Das Kalenderblatt zeigte den vierzehnten Februar an, und dieser Tag ging auf irgendeine Weise nie zuende. Die Sonne mochte seither wer weiß wie oft auf- und untergegangen sein, der vierzehnte Februar blieb. Es lag nicht allein daran, daß später niemandem mehr einfiel, ein weiteres Blatt vom Kalender abzureißen. Das war eher auf einen Zufall zurückzuführen. Viel Zeit blieb ohnehin nicht, alle Geschehnisse begannen, sich zu überstürzen, so wie von einer gesprungenen Uhrfeder die Stunde sausend abrollt und die Gewichte fallen.

Wie Barbara später berichtete, schreckte sie am frühen Morgen dieses Tages aus dem Schlaf auf und wußte, daß etwas Schreckliches geschehen würde. Das war ein unangenehmes, wenn auch nicht unerklärliches Gefühl, denn in dieser Zeit passierten ja laufend entsetzliche Dinge. Es schwand auch wieder, nachdem sie sich die Augen mit kaltem Wasser klargewaschen hatte und ihre Angst als natürliche Reaktion auf das Erlebte deutete.

Tagsüber ging sie dann wie gewohnt zum Nähen in eines der Häuser, doch immer wieder fühlte sie etwas Bedrohendes aufsteigen, das sie vergeblich zu verscheuchen suchte. Am späten Nachmittag machte sie sich dann früher als gewohnt auf den Weg ins Schloß und legte einen Schritt zu.

Auf der Straße, die zum Bahnhof führt, kam ihr die Schloßherrin entgegengelaufen. Schon von weitem las Barbara aus ihren Gesten, daß etwas geschehen sein mußte, das sie zunächst nicht zu schildern vermochte. Für Barbara deckte sich nun auf, was sich ihr bereits morgens angekündigt hatte.

Ihre Mutter und Isolde waren abgeholt und gegen Mittag zerschlagen zurückgebracht worden. Der Vater äußerte den heftigen und für die anderen unerklärlichen Wunsch, in seine Heimat nach Altlommnitz und Pohldorf zu gehen. Er wußte, daß er das Dorf nicht verlassen durfte, doch sehnte er sich so danach, wie der Verdurstende nach Wasser. Vielleicht, so sagte Barbara später erklärend, spürte er, daß der Abschied nahe bevorstand.

Frau Böhm wurde mit Isolde zur Brandstelle gezerrt. Dort zwang man beide, mit bloßen Händen unter den Trümmern nach einem Motorrad und nach Gold zu graben. Gekrümmte Rücken, Stockschläge, aufgesprungene Hände, vergebliche Quälerei!

Inzwischen drang die Miliz, die den Vater suchte, noch einmal in das Schloß ein, begann mit ihrem erfolglosen Verhör und schleppte ihn ebenfalls fort.

Als endlich die Peiniger an der Brandstelle einsehen mußten, daß unter der Ruine des Hauses keine Schätze vergraben waren, gaben sie Frau Böhm und Isolde den Befehl, Schluß zu machen, stießen sie in ein Auto und fuhren ebenfalls mit ihnen davon.

Es war nicht zu erfahren, wohin alle gebracht worden waren. Barbara hatte alle Kraft nötig, um die beiden jüngeren Geschwister zu versorgen, zu trösten und mit ihnen eine Nacht in aufreibender Ungewißheit zu überstehen.

Ein langer Gang in einem leeren, verdunkelten Haus in Ullersdorf, gerade hell genug, um die beiden einzigen Stücke, die über die Garderobehaken geworfen worden waren, zu erkennen: Hut und Krawatte.

Es müßte Frau Böhm nur unnötig quälen, wenn man sie fragen würde, ob sie sich nicht vielleicht doch getäuscht habe. Die Angst, die Aufregung, das dämmerige Licht lassen selbst vertraute Dinge oft anders erscheinen. Doch Isolde hat es auch gesehen. Kein Zweifel, es sind sein Hut und seine Krawatte gewesen.

Jeder kennt seinen Hut, mit der Einbuchtung in der

Mitte, gegen die er leicht die Finger drückte, um ihn grüßend zu lüften, wenn er am Grundstück vorbeiging und mit der Mutter über den Zaun hinweg ein paar Worte wechselte. Dieser leichte Schwung, mit dem er ihn anhob, war wie eine freundliche Einladung, ihn ein Stück des Weges zu begleiten. Immer zwei eigene Schritte paßten zu einem von ihm; sein nachdenkliches Gesicht mit den braunen Augen dem eigenen aufmerksam zugewandt.

Sein Hut und seine Krawatte! Sie hängen allein und bewegungslos im dunklen Gang eines schrecklichen Hauses, aus dem Frau Böhm und Isolde zurückgebracht wurden. Das Gehen fiel ihnen schwer.

Nichts sagen, nur leise über die Hände streicheln und mit ihnen weinen.

Sie haben ein Schriftstück unterschreiben müssen, daß sie nichts gesehen und gehört hätten.

Aber sie haben den Hut und die Krawatte gesehen und die Schreie gehört.

Unterschreiben daß ihnen nichts getan wurde!

Aber Frau Böhm hat eine blauschwarz unterlaufene Gesichtshälfte und hört nichts mehr auf dem linken Ohr. Von Stiefeltritten braucht sie gar nicht zu reden.

Isolde liegt in der Ecke und schweigt. Sie kann nichts sagen. Wegen ihres zerschundenen Rückens liegt sie abgewandt, das Gesicht in die Kissen gedrückt. Man sieht den Verband an ihrem Handgelenk. Auf dem Höhepunkt des Schmerzes hatte sie sich eine Ader durchgebissen, um mit dem hervorquellenden Blut ihre Peiniger abzuschrecken und vom Leibe zu halten.

Dennoch sind die Schmerzen nicht das Schlimmste. Es

sind die Schreie, die im Ohr geblieben sind, der Hut und die Krawatte. Obwohl das Stöhnen so fremd klang, so unmenschlich und ungewohnt. Die ganze Nacht drangen Poltern, laute Stimmen und Schreie durch die dämpfende Decke des oberen Stockwerks dorthin, wo sie verhört wurden:

Daß er sein Haus selbst angezündet habe!

Daß sie ein Nazi sei!

Wo das Gold vergraben wäre?

Wo das Motorrad stecke?

Wer hat diese Verleumdungen erfunden? Wer will sie vernichten? Jemand, der Befriedigung findet in der Qual anderer?

Damals im vorletzten Sommer, als sie den Jungen mit den Striemen auf dem Rücken aufgenommen hatten, war ihnen Rache angedroht worden. Dem Mann, der seinen eigenen Sohn so zurichtete, der sich als deren Landsmann mit der Miliz verbrüdert hatte, ihm allein wäre es zuzutrauen gewesen.

Später hörten sie Schritte auf der Treppe, ein schleifendes Geräusch und Türenschlagen. Jetzt quälte sich das Stöhnen durch die Wand des Nebenraumes, die seltener werdenden Aufschreie, das absterbende Wimmern.

Lieber Gott, wenn der arme Mensch da nebenan sterben könnte! Erlöse ihn endlich von seiner Qual!

Im Morgengrauen war es still geworden. Totenstill! Bis die Leute zurückkamen, sie emporrissen und hinausstießen. Dann im Flur — sein Hut und seine Krawatte!

Vielleicht war beides neulich nur vergessen worden?

Er war doch zuhause?

Als sie geholt worden waren, ist er zuhause gewesen.
Die Schreie heute nacht?

Er kann es nicht gewesen sein!

Obwohl die Stimme der seinen manchmal zum Verwechseln ähnlich war.

Aber in der höchsten Not gleichen sie sich alle!

Schweigen, mit den Schreien im Ohr, immer den Hut und die Krawatte vor Augen und die Hoffnung, daß er zurückkommt. Am Abend ist das Warten unerträglich geworden. Suchen nach einem letzten Ausweg, sich das Hirn zermartern beim Nachsinnen, woher noch Hilfe kommen könnte.

In der Dunkelheit, bereits während der Ausgangssperre, macht sich Barbara auf. Sie geht zu dem einzigen deutschen Kommunisten des Dorfes. Er ist zur Fürsprache bereit. Auf dem schmalen Fußpfad tasten sie sich an der Biele entlang nach Glatz. Er spricht auf der russischen Kommandantur vor. Ja, er tut es wahrhaftig.

Von jetzt an bleiben sie unbehelligt. Die Verhöre wiederholen sich nicht mehr. Doch der Vater ist noch immer nicht zurückgekehrt. Man braucht nicht zu fragen, man liest es aus ihren Gesichtern, wenn man einem von ihnen begegnet.

Immer wieder am Kammerfenster stehen und die Straße beobachten. Genau hinhören, ob das Geräusch eines Motors anschwillt, ob ein Wagen auf den Weg zum Schloß einbiegt.

War das nicht seine Gestalt, dort bei den Schatten zwischen den Bäumen?

Winkt er nicht endlich wie damals nach der langen Nacht aus dem oberen Fenster des Nachbarhauses, das es jetzt nicht mehr gibt? Hebt er nicht bald grüßend den Hut mit der gewohnten Bewegung: Komm herüber! Irgendwann einmal oder auch hier: Nie wieder?

Eines Morgens ist es so weit.

»Zweiundzwanzigster Februar«, sagt Herr Klix, obwohl das Kalenderblatt noch den vierzehnten zeigt. Aber das ist jetzt Nebensache und auch zu spät, um noch in Ordnung gebracht zu werden.

Es ist einfacher als man denkt. Jeder zieht sich warm an, während das Wasser kocht, trinkt im Stehen ein paar heiße Schlucke, hängt den Rucksack über, nimmt die anderen bereitgestellten Gepäckstücke und geht schweigend hinaus.

Die Miliz versiegelt »amtlich« die Türen, niemand soll glauben, daß etwas wegkäme. »Ja, so gut behandelt man die Deutschen, die das gar nicht verdienen«, übersetzt Hanja ihre Bemerkungen.

Aus allen Eisersdorfer Häusern kommen die Menschen schwer bepackt hervor. Diesseits und jenseits der Biele ziehen sie langsam über die Straßen und sammeln sich im Gasthof »Zum Eisernen Kreuz«. Im Saal und in den anderen Räumen haben nicht alle Platz. Die meisten bleiben frierend im vereisten Hof, wechseln sich hin und wieder ab, um sich drinnen aufzuwärmen.

Die Stunden frieren dahin. Man trifft sich wieder, hat

sich lange nicht gesehen. Während der letzten Monate war man einander nur selten und scheu begegnet. Aber nun ist der schwache Schutz der Häuser auch dahin. Man erzählt sich flüsternd von den Geschehnissen der letzten Zeit, rückt nahe zueinander.

Und was wird kommen?

Wohin wird man uns treiben?

Wenn wir nur alle beieinanderbleiben!

Unser aller Ziel liegt nirgendwo!

Gegen Abend wird überraschend das Tor geöffnet. »Heimgehen! Ihr könnt bleiben!« gibt die Miliz bekannt. Mit dem freudigen Aufschrei jener, die es zuerst gehört haben, setzt sich die Nachricht in Wellen fort. Bewegung kommt unter die frierenden, mutlosen Menschen.

Sich umarmen, lachen und weinen!

»Wir dürfen nachhause!«

Wie trunken greifen sie nach ihren Gepäckstücken, schleppen sie vor Aufregung sinnlos hin und her, trennen sich endlich fröhlich wie nach einem Dorffest.

»Seht ihr, wir haben es ja immer gesagt, ganze Dörfer können sie nicht einfach vertreiben.«

»Es war nur eine der üblichen Schikanen Man gewöhnt sich nur nicht daran, läßt sich immer wieder unnötig Angst einjagen, geht nur alle heim, geht nachhause!«

»Wie werden wir gut schlafen in dieser Nacht nach der Aufregung! Und verflixt kalt ist es gewesen!«

Daheim! denkt das Kind glücklich, als es todmüde zu Bett geht. Nebenan hört es die Schritte der Erwachsenen, die beim Auspacken sind, die Kleider auf Bügel hängen, die Wäsche in Schränke und Kommoden einordnen, die Wertsachen verstecken.

»Jetzt kann man sowieso noch nicht gleich einschlafen«, hat Mutter gesagt und hantiert noch ein wenig in der Küche.

Wie schön es ist, den gedämpften Geräuschen im Haus zuzuhören! Nein, einschlafen will das Kind trotz aller Müdigkeit jetzt auch nicht.

Spüren, wie die Wärmflasche die erstarrten Füße auftaut und ein wohliges Gefühl im Körper aufsteigt. Ganz still liegen, bis zur Nasenspitze in die weiche Daunendecke gehüllt und nach dem Lichtstreifen unter der Kammertür blinzeln. Über sich das sichere Dach, das die große Schneelast trägt und neben sich eine der festen Mauern des Hauses. Das Gefühl, wie der Schlaf kommt, wie man leise hineinsinkt. Und halb im Traum noch das vertraute Summen vernehmen, wenn die Pumpe sich einschaltet, um das Quellwasser in die Zisterne des Hauses zu holen.

Dreiundzwanzigster Februar neunzehnhundertsechsundvierzig, sechs Uhr früh.

Die Miliz bricht überraschend in den Sonntagmorgen, trommelt gegen die Türen, reißt die Menschen aus dem Schlaf und brüllt: »Noch zehn Minuten!«

Dieses Mal ist es ernst, das spürt jeder. In unbeschreiblicher Verwirrung fahren sie in ihre Kleider, stopfen alles, was ihnen in die Hände gerät, in die leeren Säcke. Viel

Sinnloses, Unnötiges wird eingepackt, das Brauchbare, Wertvolle übersehen. Der Plan ist geglückt! Zu viel wird nicht mitgenommen werden können.

Hanja kam bereits heraufgestürmt, schloß das Schlafzimmer, in dem sich die meisten Sachen befinden, zu und steckte den Schlüssel ein. Während Mutter und Tante überstürzt nach ein paar Dingen greifen, nach den Alltagskleidern am Garderobehaken, nach den Betten in der Kammer und sie fest zusammenschnüren, rafft Hanja mit beiden Händen, was sie nur tragen kann. Sie will es nicht abwarten, ihre Gier nicht zehn Minuten lang zügeln. Unter Mutters kurzem fragenden Blick wird sie rot und erklärt, daß sie alles nur in Sicherheit bringen und bis zur Rückkehr aufbewahren wolle. Dasselbe sagt sie von der Puppe, die sie auch jetzt dem Kind nicht zurückgibt.

Das Kind steht in der Kammer und kleidet sich hastig an: Mehrere Garnituren Unterwäsche zieht es übereinander, das rote Strickkleid streift es über das blaue; der Wintermantel läßt sich nur schwer zuknöpfen, mit dem zweiten, einem leichten Hänger, ist es noch schwieriger.

Das alte Ehepaar ist vor Schreck völlig durcheinander. Frau Klix ringt weinend die Hände. Sie zittert so sehr, daß sie ihre aufgelösten Haare nicht bändigen kann. Mutter flicht ihr in aller Eile einen langen Zopf und steckt ihn zu einem Knoten auf. Rasch stopft sie einige Sachen in die Rucksäcke der beiden, dadurch bleibt ein eigener halb leer, so sehr sich die Tante auch beeilt.

Jetzt ist es so weit. Die Frist ist verstrichen. Die Miliz kehrt zurück, kommandiert ungeduldig, pflanzt sich mitten im Haus vor dessen Bewohnern auf.

Das Kind erstarrt. Beengt durch die dicke Kleidung schluckt es ein paarmal.

Sie stehen mitten in Großvaters Haus, das ihnen nicht gehört! Hierbleiben, denkt das Kind, dessen Körper noch warm ist von der vergangenen Nacht und dessen Herz sich wieder eingenistet hat zwischen den Mauern des Hauses.

Jetzt wird es darum kämpfen, das Haus gegen alle Eindringlinge verteidigen. Aus seiner Entschlossenheit wächst ein Schrei, den es mit erhobenen Händen der Miliz entgegenschleudert. Nicht zu bändigen ist dieser Schrei, weder von der Mutter noch von den übrigen Erwachsenen, die das Kind erschrocken anblicken.

Nur einer von der Miliz weiß ein Mittel, ihn für immer das Schweigen zu lehren. Er reißt wütend das Gewehr hoch, bringt es in Anschlag, richtet den Lauf langsam auf das Kind. Mit kurzem Klicken spannt er den Hahn. Die Mündung ist ein schwarzes Loch, das vor den Augen des Kindes näherrückt, wächst und wächst, es blind macht für seine Umgebung und den Schrei plötzlich abwürgt.

Die Mutter hat sich dazwischengeworfen, preßt das Kind an sich, bettelt und fleht, nicht zu schießen.

»Es ist doch noch ein Kind!« ruft sie zitternd, »um Gottes Willen, schießen Sie nicht!«

Jetzt schaltet sich auch Hanja ein, sagt auf polnisch einige Worte zu dem aufgebrachten Mann, der keinen Widerspruch dulden kann. Zögernd und widerwillig senkt er den Gewehrlauf.

Schweigend läßt sich das Kind den Schulranzen umschnallen, das Bündel an die Hand hängen, zur Tür schieben. Es läuft jedoch noch einmal zurück, beugt sich über den Puppenwagen, umschließt die Puppen, den Teddy und den Hampelmann mit einem besorgten Blick. Hanja hat bereits eine Hand auf den Wagen gelegt und deutet damit an, daß er jetzt ihr gehöre, aber sie läßt es zu, daß das Kind etwas herausnimmt. Seine älteste Puppe, die einmal ein Loch im Kopf hatte, preßt es fest an sich, während es sich umwendet und die Treppe hinunter- geht.

Hinuntergehen, ohne auf die Stufen zu achten, im Ge- fühl haben, wann die Treppe endet. Unten steht Hanjas Mann und grinst höhnisch. Vorbeigehen, mit der Miliz im Rücken. An der Haustür Hanjas Mutter bemerken. Sie hat Tränen in den Augen vor Schmerz und Scham. Durch den Garten gehen, den festgetretenen Schnee unter den Füßen. Einen Blick durch das Gitter des Zaunes auf die Straße werfen, wo sich die Menschen wie gestern schwer bepackt vorwärtsbewegen, nur heute in der entgegenge- setzten Richtung. Beim Tor nicht anhalten, an der Bie- gung des Weges sich langsam einreihen in den nicht ab- reißenden Strom!

»Nicht umdrehen!« sagt eine Stimme.

Weil Lots Weib zur Salzsäule erstarrt ist, durchzuckt es das Kind. Aber es wendet sich dennoch um nach dem Haus, nach der Ruine, die zwischen den kahlen Winter- büschen sichtbar ist, und nach dem ausgeholzten Park.

Auf dem Schulhof drängen sich die Menschen, wartend und frierend, bis alle Eisersdorfer versammelt sind. Dort kommt der Herr Pfarrer, den die Miliz in aller Frühe aus dem Beichtstuhl geholt haben soll.

Und die Nachbarn?

Wo sind sie alle?

Und Herr Böhm?

Dort kommt er, dort!

Endlich!

Ihm entgegenwinken!

Er hat seinen Hut auf und macht ein ernstes Gesicht, schaut gar nicht herüber.

Ihm ein Stück entgegengehen und erkennen, daß er es doch nicht ist.

Eine Täuschung!

Wo ist er?

Wird er rechtzeitig freigelassen werden, damit er uns nicht verliert?

Dann eine dunkle Lücke. Sich wiederfinden auf der vereisten Straße. Schritt für Schritt über das aufgeschürfte Eis gehen. Das Ortsende ist noch nicht erreicht. Acht Kilometer bis Glatz, und schon jetzt bleiben Gepäckstücke rechts und links am Straßenrand zurück.

Ein Würgen im Halse. Das schwarze Loch des Gewehrlaufs wieder vor dem Gesicht. Wie es größer wird, wächst, schwarz wird vor den Augen. Nichts mehr sehen! Stehenbleiben! Kalter Schweiß auf der Stirn! Fühlen, ob die Puppe noch da ist!

Schneidender Wind, doch keine Luft zum Atmen!

Irgend jemand nimmt das taumelnde Kind und hebt es

auf den Pferdewagen, auf dem Leute sitzen, die nicht laufen können. Herr Weber legt ihm die Arme um die Schultern, lockert ihm ein wenig die Kleidung am Halse.

Zurückschauen, wo die vielen schleppen und stolpern und keuchen und schlurfen.

Mutter nickt ihm aus der Ferne zu.

»Mutter«, ruft das Kind. Nur sie nicht verlieren!

Das Finanzamt ist bereits von Menschen überfüllt, als die Eisersdorfer endlich ankommen. Sie werden in ein paar Räumen eingepfercht. Es ist gerade genug Platz für jeden, um auf dem Boden hockend an seinem Gepäck zu lehnen. Widerlicher Gestank verbreitet Übelkeit. Die Toiletten eines jeden Stockwerks sind zerschossen, verstopft und überschwemmt. Kalte Zugluft macht den Aufenthalt in dem großen Gebäude ebenfalls unerträglich. Die Russen haben die Kachelöfen zerschossen, viele Fensterscheiben zerbrochen und Türen zersplittert.

Jeder versucht, so gut es geht, sich einzurichten und gegenseitig zu wärmen. Irgendwann gibt es eine lauwarme Wassersuppe, und es kommt wieder ein wenig Leben in die erschöpften Menschen.

Nach und nach stellen die Eisersdorfer fest, wer fehlt, wer zur Arbeit im Dorf zurückbehalten wurde. Es sind nicht sehr viele. In Ortschaften mit Industrie ist es schlimmer. Dort benötigt man Facharbeiter, welche die Maschinen bedienen oder reparieren müssen und zwingt sie zum Bleiben.

Drüben in der Ecke lagert Familie Böhm. Frau Böhm hat noch eine dunkle Gesichtshälfte, sieht krank aus und

hat etwas mehr Platz, um sich auszustrecken. Mit abge-
wandtem Gesicht hockt Isolde dicht neben ihr. Die beiden
Jüngsten bewegen sich öfter und winken traurig herüber.
Barbara ist auf der Suche nach den Ullersdorfern durchs
Haus gegangen und lange fortgeblieben.

Jetzt kommt sie zögernd auf Mutter und Tante Lena zu.
Ihr Gesicht, denkt das Kind erschrocken. Sie hat Tränen in
den Augen. Es versenkt seinen Kopf rasch wieder zwischen den Armen, um nicht laut aufzuweinen.

»Ich habe eure Verwandten gesehen«, beginnt Barbara leise. Doch ihrer belegten Stimme hört man an, daß
sie nicht deshalb herübergekommen ist, um ihnen das
mitzuteilen. Sie schweigt eine Weile, und man vernimmt
ihr kurzes, trockenes Aufschluchzen.

»Das Kind schläft doch?« fragt Barbara, sich langsam
fassend.

»Mutter ist zu krank. Ich kann es ihr nicht sagen.
Isolde weiß es schon. Ich muß es noch jemandem sagen.
Euch sage ich es: Papa ist tot!«

Wieder das dunkle Loch, das sich nähert und größer
wird, wächst und wächst, und das Kind mitzureißen droht.
Es überläßt sich dem schwarzen Wirbel. Die Stimmen werden leiser, verschwimmen irgendwo in der Ferne.

»Und nicht einmal ein Grab«, vernimmt das Kind undeutlich, dann wird alles ringsum still und verliert sich
in Schwärze.

Als es viel später zu sich kommt, verstört aufsteht und
in den Gang hinausläuft, um mit niemandem sprechen zu
müssen, begegnet ihm unversehens Barbara. Sie beugt sich
zu ihm nieder, nimmt es kurz in die Arme und flüstert:

»Du hast es gehört. Du hast also doch nicht geschlafen?« Das Kind nickt stumm.

Nichts sagen, nur immer daran denken. Sind es ein oder zwei Nächte, die sie frierend und in Hockstellung in diesem fürchterlichen Gebäude zugebracht haben? Dösen, nicht schlafen und immer daran denken. Trotzdem ist am nächsten Morgen der eine Sack gestohlen worden, der bis zur Hälfte mit Wertsachen gefüllt gewesen ist.

»Nicht, daß man nach allem an diesen Dingen noch besonders hängen würde«, hat Mutter gemeint, »aber man hätte sie irgendwann einmal gegen Lebensmittel eintauschen können, wo man für die in den Mantelsäumen eingenähten Geldscheine sowieso nicht mehr viel bekommt.«

Was soll das alles, wenn man immer an das Eine denken muß?

Aus den oberen Stockwerken werden inzwischen Hunderte zum Bahnhof getrieben. Dafür langt unten auf der Straße ein neuer Treck an. Eine Frau zieht einen Handwagen stockend hinter sich her. Ein Rad ist zerbrochen und verlorengegangen. Der Wagen ist schwer und kippt seitwärts ab. Nicht nachlassen, wo doch eine alte, gelähmte Frau darin sitzt und ihr Stöhnen durch die zerbrochenen Fensterscheiben hörbar wird.

Kann man noch zusätzlich traurig werden? Ein Mehr ist nicht spürbar. Immer daran denken!

Da unten kommen neue Leute ins Haus. Wer seine Lederkoffer bis hierher gerettet hat, dem werden sie jetzt von der Miliz abgenommen. Auf diese Weise kommt sogar ein Arzt um seine so wichtige Arzttasche.

Säcke sind besser, haben einige Leute immer geraten. Wenn auch mal einer gestohlen wird. Etwas bringt man schon durch. Das aber ist jetzt alles nicht mehr so wichtig, wenn man an das Eine denkt.

Es ist durchgesickert, daß sich nun die Eisersdorfer für den Abtransport fertigmachen müssen. Ein Franziskanerpater geht von Raum zu Raum, spricht den Menschen Mut zu, teilt den Segen aus für den Gang ins Ungewisse, reicht die Wegzehrung für die bevorstehende Reise, die irgendwo enden wird im Himmel oder auf der Erde.

Auf sämtlichen Geleisen stehen lange Güterzüge. Alle Bahnsteige sind überfüllt. Die Menschen hocken frierend bei ihrem Gepäck oder laufen unruhig hin und her.

Jetzt aufpassen!

Dicht aneinandergedrängt darauf achten, daß man sich nicht verliert!

Beim Abzählen der Miliz hoffen, daß die Zahl dreißig einen nicht von der Familie, von den Nachbarn trennt.

Immer dreißig Personen für einen Viehwaggon.

Mühsam hinaufklettern und aufpassen, daß einem kein Gepäckstück weggerissen wird.

In der Mitte des Waggons liegen ein Kohlenhaufen und etwas Holz neben einem schmalen Kanonenofen. Während der Fahrt wird die Schiebetür wegen des Ofenrohres einen Spaltbreit geöffnet bleiben müssen. Ringsum ist Stroh verstreut worden. Darauf lagern die Menschen. Es ist ein frostkalter Februarmorgen, und der Atem schwebt in weißen Wolken vor den Gesichtern.

Christian hockt an der Tür und meldet:

»Es ruft jemand euren Namen.«

Dann beugt er sich hinaus und schreit:

»Hier sind sie!«

Tante Hedwig schiebt sich durch die Menge und nähert sich dem Waggon. Ein Pole will sie zurückdrängen, aber sie schaut ihn so mißbilligend an, daß er zur Seite tritt. Schnell reicht sie ein Päckchen herein. Etwas Eßbares aus Tante Paulas Laden sei darin, erläutert sie. Einige kurze Worte, ein Händedruck, dann eilt sie auf den anderen Bahnsteig zurück, auf dem die Ullersdorfer verladen werden.

Noch jemand beweist seine treue Freundschaft, setzt sich über die Angst vor russischen und polnischen Wachen hinweg, durchquert die Stadt, zwängt sich durch die unübersehbare Menschenmenge, fragt so oft, bis sie den Transportzug der Eisersdorfer gefunden hat, ruft immer wieder, schon atemlos, schwenkt ein Tuch: Tante Maria.

Auch sie bringt ein paar Lebensmittel, umarmt alle, verabschiedet sich weinend und sagt mit erstickter Stimme: »Gott beschütze euch und uns und gebe, daß wir uns wiedersehen. Irgendwann, irgendwo!«

»Hier werdet ihr euch wiedersehen«, mischt sich ein Eisersdorfer aufmunternd dazwischen. »Die Polen, die jetzt auf unserem Hofe sitzen, haben es selbst gesagt. Sie wollen gar nicht hierbleiben, sondern so schnell als möglich in ihre Heimat zurückkehren. Genau wie wir!«

»Dasselbe wurde uns auch versprochen«, bestätigten einige andere, die ebenfalls zugehört haben, voller Zuversicht.

»Dann werden wir alles wieder schön instandsetzen«, verkündet der Maurermeister seine Zukunftspläne. »Wenn ich mein Häusel in Ordnung gebracht habe, dann sehe ich gleich euer Dach nach. Na, und dann helfen wir alle zusammen und bauen Lehrers Haus wieder auf. — Ist er denn immer noch nicht da, unser Lehrer?«

Betretenes Schweigen! Der Maurermeister verstummt und kehrt mit gesenktem Blick auf seinen Platz zurück.

Das Kind schaut sich um. Die Augen gewöhnen sich langsam an das Halbdunkel des Waggons. Bis auf die Familie zur Linken umgeben es lauter vertraute Gesichter. In der Nähe der Tür haben sich die Nachbarn ihr Lager zurechtgemacht. Schräg gegenüber grübelt der Herr Pfarrer dem Verlust seiner Predigtbücher nach. Auch er hat in der Verwirrung die falschen Dinge ergriffen, und nun schweigt er, damit es ihm mit den Worten nicht ebenso ergeht. Halb verdeckt von Eisersdorfern, die das Kind nur vom Sehen kennt, sitzt Fräulein Franke auf ihrem Gepäck und lamentiert wegen der schlechten Behandlung. In der hinteren Ecke liegt, von seiner Familie mühsam gestützt, ein alter Mann mit Rückenmarkslähmung auf dem Stroh ausgestreckt. Immer wieder sein gequältes Stöhnen, und niemand kann helfen. Dann ist da noch das verstörte Ehepaar Klix. Es ist eng im Waggon, zu wenig Platz, um sich genügend Bewegung schaffen und die erstarrten Glieder erwärmen oder sich nachts ausstrecken zu können.

Das kleine Mädchen der fremden Familie hält zwei Puppen auf dem Schoß. Seine Eltern erzählen, daß sie aus Eckersdorf stammen, daß sie fast ununterbrochen für die

Polen Brot backen mußten und deshalb den Anschluß an die Leute ihres Dorfes verloren hätten.

Wo mögen die Eckersdorfer sein?

Wo die Verwandten, die Freunde, die Nachbarn?

Auf die wiederholten schüchternen Anfragen bei der Miliz gab es jedesmal nur wegwerfende Handbewegungen und gleichgültiges Achselzucken zur Antwort.

Niemand erfährt auch, wohin dieser Zug fahren wird. Irgendwohin!

Wir wollen aber nirgendwohin!

Heim wollen wir!

Irgend jemand schluchzt, der alte Mann schreit vor Schmerz auf, als der Zug ruckend und schüttelnd anfährt.

»Wir werden uns nicht unterkriegen lassen«, sagt Barbara mühsam und stimmt ein Lied an. Ja, Singen! So wie früher, wenn es auf eine Reise ging. Nach und nach mischen sich auch andere Stimmen ein.

Durch den schmalen Türspalt blickt das Kind hinaus in die verschneite Landschaft. Telegraphenmasten fliegen vorbei, Häuserdächer und Bäume tanzen vorüber, und im Hintergrund wandert die gewellte Linie der Glatzer Berge mit.

Unter grobem Rütteln bremst der Zug, hält an: Kamenz!

Oben auf dem Berge steht das ausgebrannte Schloß.

Jetzt beginnt es wieder zu schneien. Flocke um Flocke schwebt aus dem weißgrauen Himmel und legt sich auf die Wolldecke, welche Mutter der Tante, dem Kind und sich selbst über die Knie gebreitet hat. Eiskalt sind die

Hände, so daß darauf die weißen Sterne lange liegenbleiben, ehe sie langsam zergehen.

Das Kind blickt zur Wagendecke empor. Über ihnen klafft ein großes Loch, durch das der Schnee unaufhaltsam rieselt. Im Anfahren wirbelt der Fahrtwind jedesmal eine pulvrige Wolke vom Dach ins Innere. Es wird immer kälter, obwohl alle darauf achten, daß das Feuer im Kanonenofen nicht ausgeht.

»Markt-Bohrau«, sagt die Mutter. »Einige Kilometer von hier muß es liegen!«

Das war schön, denkt das Kind, schließt die Augen, wendet das Gesicht nach oben und fühlt das kühle Sprühen auf seinem Gesicht.

Aus dem Rütteln des Viehwaggons wird das gefederte Wiegen der Pferdedroschke, welche die Reisenden von der Bahnstation Wäldchen nach Markt-Bohrau bringt. Zu beiden Seiten breiten sich riesige Kornfelder aus: Das Goldgelb der Wintersaat und das helle glänzende Grün der Sommerfrucht. Sonne und Schatten huschen in schnellem Wechsel durch die Fenster. Das kommt vom lückenhaften Dach der Kirschbaumallee. Vor der Molkerei, aus der das geschäftige Klappern der Milchkannen dringt, steht schon der Vater, hebt es lachend aus der Kutsche, nimmt es huckepack auf seine Schultern und trabt mit ihm zu den Pferden vor, die schnaubend ihre Köpfe in die Hafersäcke versenken.

»Na, war es schön, Großstadtluft zu schnuppern?« fragt er die Mutter und nimmt ihr mit der freien Hand ein schweres Paket ab.

Jetzt sind wir zu Hause! Am Gartenzaun bleibt Vater stehen. Er blickt stolz auf seine Blumen. Mutter pflückt einen großen Strauß davon, und es schaut inzwischen zum Kirchturm hinauf, den die schwarzen Dohlen umkreisen.

Spät in der Nacht noch einmal aufwachen, vor Glück, daheim zu sein. Der Nachtwind hat die Gardine zur Seite geweht. Das Mondlicht ist durch das Fenster gestiegen und wandert durch das Schlafzimmer.

Ein Vogel singt ganz in der Nähe. Aus der Ferne antwortet ein zweiter mit süßen, verzauberten Tönen. Nachts singen die Nachtigallen, hat Vater einmal verraten. Die nisten drüben in der Niederung, im feuchten Ufergebüsch der Lohe.

»Schlaf nicht, Kind! Hier iß einen Bissen, du bist ja eiskalt«, sagt die Mutter, schiebt ihm ein Stück Brot in den Mund und reibt seine erstarrten Hände zwischen den ihren, um sie zu erwärmen.

»Willst du nicht deine Puppe für einen Augenblick zur Seite legen?«

Das fremde Mädchen ist aufgestanden, kommt herüber und zeigt dem Kind seine Puppen. Beide unterhalten sich leise miteinander. Doch seine Mutter ruft es bald zurück, während sie ihre blonden Locken unter die Wollmütze schiebt.

»Breslau!« verkündet Barbara und öffnet die Tür.

Breslau! Wie vertraut der Name und wie fremd die zertrümmerte Stadt dort draußen. Ruinen! Eingestürzte Giebel! Inmitten von Trümmerhaufen Schornsteinreste, verbogenes Eisengestänge. Rauchgeschwärzte Turmstümpfe ragen in den dämmerigen leeren Himmel. Sitzt nicht der Prophet auf den zerfallenen Steinen und weint über die untergegangene Stadt?

Es genügt! Die Tür wird geschlossen. Jemand legt Kohlen nach. Rötlicher Feuerschein irrt über die Decke. Der Kanonenofen qualmt. Der Rauch beißt in die Augen und weckt Hustenreiz. Durch das Loch in der Waggondecke dringt der Nachtfrost ein. Hüsteln, Strohrascheln, ab und zu ein Seufzer, dann wieder Stille! Ein Stöhnen des alten Mannes, ein Wort aus einem schweren Traum! Erschöpfung und Kälte kämpfen gegeneinander mit Schlafen und Wachen.

Schlafen und Wachen!

Versinken und Auftauchen!

Auf und ab!

Rolltreppe fahren!

Im Aufwärtsschweben hinunterblicken auf die bunten Herrlichkeiten, welche die Verkäufer auf ihren Tischen ausgebreitet haben. Eine Straßenbahn fährt rasselnd über die Lessingbrücke. Ein Dampfer gleitet zu Füßen der Holteihöhe vorüber, er hat den Dom und die Kreuzkirche geladen und fährt oderabwärts mit schwankenden Türmen.

Drüben winkt die Frau aus dem Gemüseladen von der Adalbertstraße.

Herr Lawatsch öffnet den Vogelkäfig und läßt seinen Kanarienvogel frei. Der flattert über die Zacken des Rathausgiebels und setzt sich auf den Stundenzeiger der großen Uhr.

Im nächsten Stockwerk steht die Jahrhunderthalle. Bunte Boote rudern über den Teich. Wilder Wein rankt sich von der Pergola bis zur gewaltigen gläsernen Kuppel hinauf. Oben dreht sich ein riesiges Rhönrad. Sechs Schwäne fliegen mit breiten Schwingen darüber, einer hat einen menschlichen Arm.

Die steinernen Löwen erheben sich brüllend über dem Zooeingang. Tante Hede hält eine Torte in der Hand und füttert die Affen, die an den Gitterstäben auf- und niederturnen. Braunbären tanzen auf den Felsen, und ein Elefant hebt die grauen Ohrlappen, trompetet laut und spritzt Wasser aus seinem langen Rüssel. Goldfische tauchen bei den Seerosen auf, und Kolibris schwirren zu den weißen Blüten. Zebras tragen Kinder auf ihren gestreiften Rücken.

Aufwärtsgleiten! Am Breslauer Chimborasso ist eine schöne Rodelbahn. Sausend fahren die Schlitten abwärts. Wer unten ankommt, versinkt in der Schneelawine und steigt als Schneemann mit Besen und schwarzem Zylinder steifbeinig wieder bergauf. Oben erwartet sie Tante Marie-Luise und droht mit dem Zeigefinger. Dann wachsen die Schneemänner fest.

Vorsicht am Bahnsteig! Alle zurücktreten! ruft der Mann mit der roten Mütze. Die Rolltreppe hält an. Hier ist noch jemand ohne Fahrschein, sagt er und drückt auf den Knopf.

Rasselnd geht es abwärts. Tiefer und tiefer! Die Verkäufer fliegen mit ihren bunten Tischen vorbei und lachen lautlos. Schneller, immer schneller. Das Geländer entfernt sich. Es wird dunkel. Die Schwärze ist ohne Halt. Nicht fallen!

Die Rolltreppe bleibt mit einem Ruck stehen.

Mühsam erheben sich die Menschen im Waggon, stöhnen mit steifgefrorenen Gliedern, hauchen in die hohlen Hände und reiben die erstarrten Finger gegeneinander. Von draußen vernimmt man Stimmen, laute Rufe. Die Tür wird aufgeschoben. Für jeden gibt es einen Becher mit einer lauwarmen Flüssigkeit und eine Scheibe trockenes Brot.

»Geht sparsam damit um!« heißt es, »das ist die Tagesration.« Krampfhaft umschließen die steifen Hände den Becher. Schlürfen, langsam und mit kleinen Schlucken, damit man lange daran hat. Miliz durchsucht mit geschulterten Gewehren den Wagen. Russen patrouillieren über den Bahnsteig.

Vor dem rötlichen Feuer der Morgensonne sieht die Stadt aus, als ob sie noch brennen würde.

»Schaurig!« meint jemand.

»Wir müssen jetzt an das Nächstliegende denken«, gibt Tante Lena zur Antwort. »Wir brauchen irgendwelche Behälter, ein Behelfsklo, einen Wassereimer, eine Waschschüssel. Ich werde etwas aufzutreiben versuchen.«

Damit klettert sie aus dem Wagen.

»Bleib hier!« schreit das Kind erschrocken hinter ihr her. »Wenn der Zug nun abfährt?«

»Es ist unvorsichtig!« rufen auch die anderen durcheinander, aber jeder weiß, daß diese Dinge dringend gebraucht werden.

Tante Lena ist bereits über die Geleise gelaufen, übersteigt einen Schutthügel, verschwindet für eine Weile und taucht auf der anderen Straßenseite wieder auf. Jemand entschließt sich, läuft ihr nach und begibt sich mit ihr in die Ruinen.

Inzwischen wird in der Waggonecke ein eisernes Notbett aufgeschlagen und Stroh über das Gitterrost gebreitet. Nun betten sie den gelähmten Mann vorsichtig darauf. Die Stöße des ungefederten Waggons sollen gemildert und die Schmerzen erträglicher werden.

Endlich sieht man drüben bei den Ruinen zwei Gestalten. Sie eilen über die Straße, halten etwas in den Händen, das man aus der Entfernung nicht erkennen kann. Jetzt klettern sie über den Schutt, rutschen ein Stück zurück, krallen sich mit der freien Hand fest und ziehen sich mühsam hinüber. Sie kommen näher, überqueren Bahnsteige und Geleise, hasten über Gepäckstücke, schieben sich durch die Menschenmenge, reichen ihre Fundstücke herein und lassen sich keuchend heraufhelfen.

»Wenn wir auch im Viehwagen reisen«, meint Tante Lena noch atemlos, »so werden wir trotzdem Menschen bleiben. Das wenigstens kann uns niemand nehmen!«

Sie sind keine Minute zu früh eingestiegen. Ohne ein Signal zu geben, setzt sich der Zug in Bewegung. Es sind noch einige Wagen dazugekoppelt worden. Sie haben bereits an Geschwindigkeit gewonnen, ehe sie die zerschossene Halle durchfahren. Das Bahnhofsgebäude erinnert an früher; der Name, der daransteht, jedoch ist fremd und im raschen Vorbeifahren nicht entzifferbar.

Unterdessen wandern die Behälter von Hand zu Hand:

Ein zerbeulter Stahlhelm, eine Wasserschüssel und ein Wassereimer, dessen Emailüberzug an mehreren Stellen abgeschlagen und rostig ist. Doch da alle drei noch wasserdicht sind, haben sie für die dreißig Menschen einen unbezahlbaren Wert.

Immer noch Trümmerfelder, draußen vor der halb geöffneten Tür. Jemand erinnert an die grausige Festungszeit, als Breslau eingeschlossen war, ringsum Kämpfe tobten, und an seine zahllosen Toten.

»Wir wollen nicht mehr an die Ruinen denken«, unterbricht Barbara. »Wir dürfen das, was an uns frißt, nicht groß werden lassen in uns, sonst gehen wir unter. Kommt, laßt uns singen!«

Gemeinsam mit ihren Geschwistern stimmt sie ein Lied ums andere an. Ihre mitreißende Zuversicht verbreitet sich im Waggon, gibt den anderen wieder Mut. Vereint singen sie sich von der Verzweiflung frei!

Aber das hält nicht immer an.

Ab und zu bleibt der Zug auf freier Strecke stehen. Draußen jagt ein Schneesturm vorüber. Schnee fällt durch das schadhafte Dach. Der Blick durch den geöffneten Türspalt ist getrübt, endet nirgends auf den weißen Feldern. Vergessen, irgendwo verloren, warten sie Stunde um Stunde. Der Kohlenvorrat und die Nahrungsmittel werden knapp. Kälte und Hunger nisten sich fest. Man teilt sich die Bissen ein, ißt langsam und bedächtig, kaut lange, um etwas im Munde zu spüren, das den Hunger beschwichtigen soll.

Das fremde Mädchen kommt wieder herüber, schaut traurig mit großen Augen zu.

»Hast du Hunger?« fragt die Mutter leise. Das Mädchen nickt stumm. Mutter bricht ein Stück Brot ab und reicht es ihm. Gierig greift es danach und ißt es heißhungrig auf. Jetzt geben auch Tante Lena und das Kind ihm abwechselnd von ihren verdorrten Schnitten.

»Habt ihr denn nichts mehr zu essen?« forscht Mutter weiter.

Wieder das schüchterne Nicken.

Endlich kommt es ans Licht. Seit Tagen leben die Eckersdorfer nur von dem Stückchen Brot und der Wassersuppe, die einmal täglich ausgeteilt werden. Nun fällt es den anderen auch auf. Niemand hat sie zu anderer Zeit jemals essen sehen.

»Von dem Brot, das wir bis zum letzten Augenblick backen mußten, durften wir nicht das kleinste Stück mitnehmen«, berichtet der Mann. Warum sie das alles nicht eher erzählt hätten, kommen nun die Fragen von allen Seiten.

»Ihr habt ja selbst kaum noch etwas«, antwortet der Mann, »deshalb haben wir es vor euch verheimlicht.«

»Aus diesem Grunde riefen Sie das Mädchen immer zurück, so oft es zu uns kommen wollte«, begreift jetzt die Mutter.

Von nun an wird geteilt. Da ist niemand, dem seine Bissen noch schmecken würden, wenn er zuvor den Eckersdorfern nicht etwas davon abgelassen hätte.

Ruckend fährt der Zug weiter. Wieder vergeht eine Nacht im Halbschlaf, wieder bleibt der Zug auf dem Abstellgleis eines vergessenen Bahnhofs stehen. Wieder Kontrollen, wieder Wassersuppe und ein kleines Stück

Brot. Wieder das Rattern und Schütteln des Waggons. Wieder ein Aufenthalt auf freier Strecke.

Das Schneetreiben hat sich inzwischen gelegt. Die Weiterfahrt scheint sich noch hinauszuzögern; eine Auskunft darüber wird nicht erteilt. Aus allen Waggons kriechen die Menschen steifbeinig heraus, um sich draußen die Füße ein wenig zu vertreten, die Hände mit Schnee abzureiben, mit denjenigen ein paar Worte zu wechseln, von denen man so lange abgeschnitten war.

Ein Zischen von der Lokomotive her, ein leichtes Schütteln, das die Wagen weiterleiten, künden unversehens die Abfahrt an.

Hastig trennt man sich, rennt auf seinen Waggon zu und läßt sich mit klopfendem Herzen hinaufziehen. Einige springen noch auf, als der Zug sich bereits in Bewegung gesetzt hat. Jetzt aufpassen! Nur kein Fehltritt! Wer hier nicht mitkommt, wird nie zu den Seinen zurückfinden.

Das Kind steht mit einigen anderen am Türspalt und schaut ängstlich zu, ob es auch dieses Mal alle schaffen werden.

»Da! Seht doch, dort drüben!« schreit Christian und deutet hinaus. Auch aus den Nachbarwaggons dringen entsetzte Rufe. Aus dem Gebüsch unterhalb des Bahndammes stolpert eine alte Frau, ruft, schreit, winkt, wirft verzweifelt die Arme in die Höhe, ringt die Hände!

Keine Notbremse, nichts, womit man den tauben Lokführer bewegen könnte. Mit zunehmender Geschwindigkeit gleiten die Wagen vorüber. Immer kleiner wird die alte Frau, ähnelt für einen Augenblick einem Baum, der zwei Äste reckt, ein winziger, einsamer Punkt zuletzt in der endlosen Schneeöde.

Weit und breit ist kein Haus zu sehen. Tief liegt der Schnee auf den Feldern, und die Wege sind verweht. Leer ist das Land, an den Bahnübergängen warten keine Menschen, keine Autos, keine Pferdeschlitten.

In der Ferne taucht ein Dorf auf. Kein Rauch steigt aus seinen zerfallenen Dächern. Gespenstisch leer auch die Bahnhofsruine, an der sie vorüberfahren. Nur die Weichen an den sich verzweigenden Geleisen geben Klopfzeichen: Immer weiter! Immer weiter!

Wieder eine Nacht! Mutter und Tante sind eng aneinandergerückt und halten das Kind wärmend auf ihrem Schoß. Es hat die Augen geschlossen:

Ein einsamer Punkt auf dem Schneefeld wird größer und größer. Zwei Äste wachsen daraus. Der Baum winkt mit den Armen und hat das Gesicht der alten Frau, die draußen zurückgeblieben ist.

Ein paar Schritte vielleicht noch durch den hohen Schnee am Bahndamm entlang, haben sie gesagt. Dann wird man müde, setzt sich für eine Weile nieder und schläft vor Ermattung ein. Es tut nicht weh, und man träumt von zuhause, vom Sommer vielleicht sogar und von Blumen im Garten.

»Das ist ein ganz ruhiger Tod«, hat der alte Mann in der Ecke gesagt, der sonst vor Schmerzen kaum spricht.

»In dem Alter gewöhnt man sich sowieso nicht mehr an fremde Häuser.«

Vielleicht werden wir nie wieder in Häusern wohnen, denkt das Kind, ehe es einschläft.

Nachts hat es einen seltsamen Traum, den es nach dem Erwachen erzählt. So lebhaft haben sich seine Bilder bewahrt, daß es ihn drüben bei Böhms noch einmal wiedergibt.

Ihm träumte, es sei nach Eisersdorf zurückgekehrt und die lange Dorfstraße entlanggelaufen. Unbemerkt konnte es durch den Garten ins Haus gelangen. Niemand entdeckte auch, wie es in das Wohnzimmer ging, die Puppe vom Sofa nahm und mit ihr davoneilte. Am Ende der langen Straße hörte es dann eine Stimme: Du sollst nicht stehlen!

»Wer war denn gemeint? Hanja oder ich?« fragt das Kind. »Ich weiß nicht, wer jetzt der Dieb ist!«

Das Kind blickt ratlos von einem zum andern.

»Es kommt darauf an, wer gesprochen hat«, gibt ihm jemand zur Antwort.

»Der liebe Gott kann es nicht gewesen sein!« meint das Kind nachdenklich.

»Unser Volk hat anderen namenloses Leid zugefügt«, beginnt nach langer Pause der alte Mann, »daß die anderen nun nicht besser sind, ist kein Trost, nicht einmal ein billiger. Im Gegenteil! Seid ihr . . . . .«

Er möchte noch etwas sagen, jedoch unterbricht ihn ein Hustenanfall, dem ein qualvolles Röcheln folgt, und das Kind geht leise in seinen Winkel zurück.

Jetzt bemerkt es, daß der Zug stehengeblieben ist. Die Waggontür rollt zurück. Die Suppe ist heute nur lau und noch wässeriger, das Brotstückchen kleiner. Im einfallenden Morgenlicht erkennt man, wie schmal und grau die Gesichter geworden sind. Die mitgebrachten Vorräte sind inzwischen aufgezehrt.

»So geht es nicht weiter. Wir dürfen unsere Kräfte nicht verlieren«, sagt Tante Lena, »ich werde versuchen, etwas Eßbares aufzutreiben.«

Damit deutet sie auf einen einsam liegenden Bauernhof. Rauch steigt aus dem Schornstein auf und verrät, daß dort noch Menschen wohnen.

Das Kind klammert sich angstvoll an sie, Mutter und die anderen beschwören sie, hierzubleiben. Aber sie läßt sich nicht zurückhalten, lehnt dieses Mal auch jede Begleitung ab. »Ich will keine Zeit verlieren! Macht euch keine Sorgen um mich. Selbst wenn ich den Zug nicht erreichen sollte, werde ich mich irgendwie durchschlagen.«

Damit ist sie bereits aus dem Waggon geklettert und entfernt sich querfeldein. Auch die Leute in den anderen Wagen sind aufmerksam geworden und hängen mit den Augen bewundernd und angstvoll zugleich an ihrer kleiner werdenden Gestalt.

Nach einiger Zeit sieht man sie im Hofe verschwinden.

Wen wird sie dort antreffen?

Wird sie einer Streife in die Hände fallen?

Wird ihr jemand etwas antun?

Wird die Zeit noch ausreichen?

Ist sie nicht viel zu lange schon fort?

»Lieber Gott!« sagt das Kind.

»Dort!« rufen ein paar Stimmen durcheinander.

»Das ist sie! Ja, sie kommt!«

Schnell, doch ohne zu hasten, stapft sie über das verschneite Feld. Ab und zu wechselt ihre Tasche von der einen Hand in die andere. Die Art, wie sie dabei ihr Gewicht verlagert, ihr Körper sich einmal leicht nach der rechten, dann nach der linken Seite neigt, läßt vermuten, daß sie etwas in der Tasche trägt, daß sie sogar schwer daran trägt.

Man will sich nicht zu früh freuen, aber einzelne Rufe tönen ihr schon jetzt entgegen. Sie hebt die freie Hand und winkt zurück, gibt zu verstehen, daß sie gehört hat.

Seht, da kommt sie über das leere Feld, ist rings von Schnee umgeben. Über ihr der Himmel ist grau verhängt, wie nicht vorhanden. Das Haus in ihrem Rücken steht wie verlassen. Aber der Rauch aus seinem Schornstein und die schwere Tasche geben Zeichen, daß es noch Menschen gibt.

Viele Hände strecken sich ihr entgegen. Sie klopft zuerst den Schnee von den Kleidern und von den Schuhen, übergibt sodann Barbara die warme Tasche und klettert selbst erleichtert aufatmend in den Waggon.

Kartoffeln! Dampfende Kartoffeln! Ein wundervoller erdiger Geruch steigt auf.

»Die Bäuerin wollte sie gerade den Schweinen vorwerfen«, berichtet Tante Lena, noch ganz außer Atem, »aber ich konnte ihr klarmachen, daß drüben im Viehwaggon Menschen wären, die sie dringender brauchten.«

Barbara geht von einem zum andern und legt die heißen Kartoffeln in die ausgestreckten Hände. Immer zwei für jeden. Jeder segnet die unverhoffte Mahlzeit, die fremde Bäuerin, Tante Lenas Mut und ihre Bereitschaft zu teilen.

Ganz still ist es! Jeder schaut auf das kostbare Geschenk, wärmt sich die Hände daran, zieht den Duft ein, kostet genußvoll davon. Wie die braune Schale aufbricht! Wie es mehlig und buttergelb leuchtet! Niemand wußte zuvor, daß in diesen unscheinbaren Knollen so viel Wärme, Wohlgeschmack und Leben steckt.

Rundes, Braunes in der Hand, Warmes, Weiches auf der Zunge und das Glück, gesättigt zu werden. Das ist die Mahlzeit über allen Mahlzeiten, die wir nie vergessen werden!

Auch dem kranken Mann hat Barbara zwei Kartoffeln in die erstarrten Hände gelegt. Er umschließt sie lange, und sein Röcheln wird leiser. Essen möchte er nicht, darum tastet er nach der Hand seiner Tochter und legt sie hinein.

»Er will etwas sagen«, murmelt sie und stützt ihn ein wenig.

Der Blick des alten Mannes wandert langsam reihum, von Gesicht zu Gesicht, verweilt hier und da, sucht auch das Dach nach der schadhaften Stelle ab, ruht auf dem verlöschenden Feuer im Ofen, entfernt sich über das Schneefeld und kehrt aus der endlosen Weite zurück.

Dann beginnt er zu sprechen, leise, aber klar: »Seid ihr die ersten eines neuen Geschlechts, das nicht aufsteht, um sich zu rächen!«

Und nach einer langen Pause fährt er fort: »Nehmt jedoch auch nicht heimlich Rache, indem ihr zum Unrecht schweigt und es wachsen laßt!«

Mühsam ringt er nach Atem: »Wer wehrlos wie wir so viel Leid erduldet, auf den wird noch mehr Leid gehäuft werden. Manchmal glaubte ich schon, daß Gott uns verspotte oder einfach vergessen habe.«

Der alte Mann schließt nun die Augen und spricht: »Aber jetzt bin ich weiter.

Ganz nahe schon!

Ich sehe es deutlich!

Gott schaut uns an und wartet, daß wir damit beginnen. Endlich!

Seid ihr die ersten eines neuen Geschlechts, das sich nicht rächt!«

Der alte Mann schweigt.

»Ich spürte die ganze Zeit über, daß er uns noch etwas sagen wollte«, unterbricht seine Tochter mit Tränen in den Augen die Stille und läßt ihn vorsichtig auf das Stroh zurückgleiten. »Lassen wir ihn nun ruhig schlafen.«

»Er ist der erste, der das Unheil besiegt hat«, sagt Barbara.

Jetzt ist nur noch das Rattern des Zuges vernehmbar. Das Weiß der vorüberfliegenden Felder erhellt ein wenig das Dämmerdunkel des Waggons.

Alles habe ich nicht verstanden, denkt das Kind, aber später werde ich danach fragen, und wenn ich erst groß bin, kann ich es sicher ganz begreifen.

An irgendeiner Station, an irgendeinem Tage hält der Zug endgültig an. Draußen herrscht dasselbe aufgeregte Durcheinander wie in Glatz und in Breslau. Auf allen Geleisen stehen Güterzüge, auf den Bahnsteigen drängen sich Menschen mit ihrem Gepäck. Jedoch scheint sich die größte Angst und Aufregung gelegt zu haben. Die russischen Wachen verziehen sich, in Kohlfurt waren bereits die polnischen verschwunden. Dafür gehen Soldaten in fremden Uniformen ruhig auf und ab.

»Engländer! Wir sind im Westen!« sagt jemand erleichtert.

Steifgefroren verlassen alle mit ihrem Gepäck die Waggons. Jetzt aufpassen, daß wir uns nicht verlieren! Vor einem großen Gebäude wartet eine unübersehbare Menschenmenge im Regen. Über dem Eis haben sich bereits Pfützen gebildet. Nässe dringt durch die Schuhe, saugt sich in den Kleidern fest. Stück für Stück vorrücken, bis man endlich in den Schutz der Baracken kommt.

Sich auskleiden, zitternd vor Kälte mit seinen Sachen über dem Arm durch einen Raum gehen. Desinfektionsmittel werden verstäubt. Sich mit klammen Fingern mühsam wieder anziehen. Warten!

In der Reihe nachrücken.

Sich Puder aus Kleidern und Haaren schütteln.

Warten!

Fragebogen. Ausweise vorzeigen!

Ein Blick, ein Stempel!

Warten!

Nachrücken!

Aus dem Becher heiße Suppe schlürfen.

Vorwärts!

Auf das Gepäck achten!

Sind wir noch alle beisammen?

Im Eisregen warten!

Drüben steht ein Zug mit Personenwagen. Seine Fenster sind mit Brettern vernagelt. In den Abteilen wird es unerträglich eng. Das viele Gepäck läßt sich nicht verstauen und versperrt den Durchgang. Es bleibt keine Bewegungsfreiheit. Nur wenig Licht fällt durch den schmalen Sehschlitz.

»Es ist doch nicht wieder Krieg?« fragt das Kind und erklärt sich dann die vernagelten Fenster anders:

»Sie sind verdunkelt, damit wir den Weg nach Hause nicht mehr finden können.«

Es ist mühsam, die fremden Gesichter zu unterscheiden, die sich inzwischen unter die vertrauten gemischt haben. Nicht alle Eisersdorfer sind mehr in diesem Zug, aber beruhigt stellt das Kind fest, daß die Nachbarn noch da sind. Sie haben auch Frau Weber getroffen, die voller Sorgen berichtete, daß das andere Bein ihres Mannes, in dem er schon lange Schmerzen spürte, erfroren und wohl nicht zu retten sei. Nach der Ankunft müsse er schnellstens in ein Krankenhaus.

Der Zug fährt ab. Von Zeit zu Zeit berichtet Christian, was er durch das Fensterloch sehen kann, zählt Namen von Ortschaften auf, spricht immer wieder in die Dunkelheit hinein.

Wie lange dauert die Fahrt? Wie lange? Tag und Nacht, oder Tage und Nächte? Das ist schwer zu messen.

Es bleibt wenig Luft zum Atmen, aber es ist jetzt nicht mehr so kalt. Dicht aneinandergedrängt, das eintönige Räderrollen im Ohr, dösen die Menschen vor sich hin.

Riesige Tunnelröhren tauchen vor dem Kind auf.

»Betreten verboten! Eltern haften für ihre Kinder!«

steht auf einem weißen Schild zu lesen. Die anderen sind schon vorangekrochen.

»Komm doch!« ruft eine bekannte Stimme.

Das Kind bückt sich und kriecht hinterher. Es ist schwarz ringsum und unheimlich. Das Echo vieler Stimmen irrt durch die Röhren. Jetzt kommt ein Schwall eiskalten Wassers, aber das andere Ende ist bereits zu sehen. Drüben steht das Haus. Es hat sein gewohntes Dach, seine Fenster und Türen. Aber die Treppen fehlen. Die Zwischendecken und die Zimmer sind auch weg. Doch an den Balken kann man sich hinaufziehen. An den Wänden hängen wie immer die Bilder, und die vertrockneten Sträuße schaukeln oben unter dem Dachfirst. Auf dem Gebälk hocken Christian, Verena und die anderen Kinder des Dorfes und lassen die Beine herunterbaumeln.

»Komm herauf!« ruft Verena und streckt eine Hand nach ihm aus.

»Ja, was ist denn?« fragt Christian, wendet sich vom Sehloch des Abteilfensters ab und blinzelt in das Dunkel des Waggons. »Hast du etwas gesagt?«

Aber das Kind antwortet nicht.

Nie mehr in einem Hause wohnen, jedenfalls nie mehr richtig wohnen, denkt es und schließt wieder die Augen.

Oben auf dem Akazienberg sitzen, im hohlen Stamm eines Baumes eingeigelt, der wie die Weißkoppe hoch in den Himmel reicht. Die grünen, gefiederten Fächer aufgespannt gegen Sonne und Regen. Aus den Blütendolden rieselt Schnee, und aus der Höhle steigt Pfeifenqualm.

Herr Weber reicht drei goldgelbe Blätter über den Zaun, hebt lachend den Zeigefinger und zwinkert mit einem Auge.

Den Wettlauf mit der Kletterziege verloren und dafür ein Loch im Knie!

»Heul nicht«, sagt Christian, »es wird alles wieder gut«, und er klebt ein großes Pflaster darüber.

»Leute wie wir, die halten was aus«, spricht der Käptn und hißt die Segel, »zieht den Anker ein und dann aber los!«

Mutter winkt vergeblich mit dem Suppenteller aus dem Mansardenfenster, und Frau Böhm hält umsonst den Milchkrug in die Höhe.

»Der Akazienberg ist davongefahren«, ruft Herr Böhm, schwenkt seinen Hut und wirft blaue Pflaumen in die Luft.

Schau durch das Fernrohr in die bunten Scherben, die klirrend ineinanderstürzen! Die Bilder fallen wie Blätter vom Baum und tanzen auf den Wellen der Biele. Immer weiter! Immer weiter! Schlüpf' durch die Lücken im Zaun, dann fängst du sie noch!

Wieder die Klopfzeichen der Weichen, die den Zug nordwärts führen.

»Ich habe geträumt«, sagt das Kind in das Rattern hinein, steht auf, steigt über die Säcke und drängt sich zum Fenster durch.

»Ich möchte wissen, wohin wir fahren. Sehen was draußen ist!«

Es stellt sich auf die Zehenspitzen, aber das Sehloch ist

trotzdem noch zu weit oben. Christian hebt das Kind in die Höhe.

»Das ist Marschland«, erklärt er, »wir sind hier ganz nahe am Meer.«

Das Meer, denkt das Kind, dort, wo das Land zuendegeht.

Draußen wölbt sich ein endloser Himmel. Das Land hat sich flach unter ihm ausgestreckt wie ein unübersehbares, grünes Tuch. Weiden, von Wassergräben zerschnitten! Fast leer ist das fremde Land, wären nicht Bäume im Hintergrund, die, vom Sturm schiefgewachsen, in den Himmel greifen und mit kahlen Ästen nach fliegenden Wolken angeln, flüchtige Wolkenberge am ferngerückten Horizont kurz festhalten und entgleiten lassen.

Der Zug hält zum letzten Male.

Nordenham! Endstation!

Aussteigen, mit dem was noch geblieben ist. Die Bahnsteige füllen sich mit Menschen und Gepäck. Eisig bläst der Wind, daß die Augen tränen. Und wieder warten! Niemand weiß, wie es weitergeht.

Ein paar Neugierige haben sich angesammelt, lehnen über dem Geländer und betrachten die Ankömmlinge.

Daß der vierte März sei, kann man von ihnen erfahren.

»Schon wieder Flüchtlinge, die fehlen uns noch«, sagt betont eine Frau mit stahlgrauem Blick.

»Sich einfach vertreiben zu lassen! Das könnte mir jedenfalls nie passieren! Aus meinem Hause nicht, nee!« entgegnet ihre Nachbarin mit einem törichten Lächeln.

»Komm mit!« rufen Verena und Christian und nehmen das Kind in ihre Mitte. Hundert Meter weiter verläuft der

Deich. Sie drängen sich durch die Menge und rennen hinüber. Mit wenigen Schritten sind sie oben und schauen auf den mächtigen Strom, der seine gewaltigen, grauen Wassermassen dem Meere zuträgt. Fischkutter tuckern vorüber. Eine rote Schwimmboje zeigt an, daß Flut ist, und ein riesiger Ozeandampfer gleitet gemächlich stromaufwärts. Mit einem langgezogenen Heulton grüßt er den Hafen. Möwen fliegen auf, umkreisen ihn.

Das jenseitige Ufer der Weser ist kaum sichtbar. Es bleibt nur die schmale, gerade Linie des Deiches mit den breiten Dächern der rotziegeligen Häuser, die sich hinter seinem Rücken verstecken.

Die Kinder kehren mit einem salzigen Geschmack auf den Lippen zurück. Auf den Bahnsteigen beginnt sich die unübersehbare Menschenmenge zu ordnen und stadteinwärts zu ziehen. Mutter steht wartend da, nimmt das Kind in ihre ausgebreiteten Arme und lädt ihm dann das Gepäck auf. Daraufhin hängt sie sich selbst die schweren Säcke über die Schultern. Für einen Augenblick glaubt das Kind, vor Hunger, Kälte und Fremdheit zu schwach zu sein, um alles tragen und weitergehen zu können.

Doch dort kommt Tante Lena winkend über die Geleise gelaufen. Sie hat einen rußgeschwärzten alten Feuertopf in der Hand, hält ihn prüfend gegen den grauen Himmel, befestigt ihn sodann an ihrem Rucksack und sagt: »Der ist dicht! Ein Kochtopf ist immerhin ein Anfang!«

Neu beim Bergstadtverlag W. G. Korn

Architekturführer zu den Burgen des Deutschen Ordens

Christofer Herrmann

Burgen im Ordensland

Ein Reisehandbuch zu den Deutschordens- und Bischofsburgen in Ost- und Westpreußen

288 Seiten mit 160 Abbildungen

13,9 x 21,4 cm. Pappband

ISBN 3-87057-271-X, € 24,90 / sFr. 43,70

Eine außergewöhnliche europäische Burgenlandschaft: über 70 Burgen des Deutschen Ordens, der Bischöfe und Domkapitel im Preußenland – kompakt und reich bebildert dargestellt. Einleitung zu Geschichte und Architektur. Mit Grundrissen, alten und aktuellen Ansichten, Auswahlbibliographie und Übersichtskarte.

Die Oder – Entdeckung eines europäischen Stromes

Wolfgang Tschechne

Große Oder, großer Strom

Reisen zu einem verschwiegenen Fluß

192 Seiten mit 25 Abbildungen

13,9 x 21,4 cm. Pappband

ISBN 3-87057-270-1, € 19,90 / sFr. 34,90

Die Oder – feuilletonistische Reisebilder von der Quelle im Odergebirge bis zur Mündung in die Ostsee: Landschaft und Städte, Geschichte und Gegenwart. Ein großer europäischer Strom, der Tschechien, Polen und Deutschland zur Gemeinsamkeit verpflichtet. Mähren, Schlesien, Brandenburg und Pommern – alte Kulturlandschaften heute gesehen.

Fordern Sie bitte kostenlos unser Gesamtverzeichnis an!

Korrespondenzadresse:

Bergstadtverlag, Hermann-Herder-Straße 4, 79104 Freiburg, Telefon 0761/2717-346, Fax 0761/2717-212

Auslieferung: Brockhaus/Commission, Kreidlerstraße 9, 70806 Kornwestheim, Telefon 07154/1327-54, Fax 07154/1327-13, E-Mail: bergstadt@brocom.de